Homo Ekstasis Project No. 1

'초감각적 지각' 탐구 보고서:
풍수지리와 건축

지은이 서현수

(사)한국정신과학학회 총서 NO.2
THE KOREAN SOCIETY OF BODY·MIND·SPIRIT SCIENCE

Homo Ekstasis Project
(호모 엑스타시스 프로젝트)

호모 엑스타시스 프로젝트는 '**현재의 제약에서 벗어나 현상을 있는 그대로 알아차릴 수 있는 존재**' 라는 고대부터 전해 내려온 인간관에서 끌어온 이름이다. 앞으로 인류 발전의 향방은 모든 인간에게 내재하는 원형적 능력이 얼만큼 발휘될 것인가에 달려있다. 그러기 위해서는 그 능력을 가리고 있는 기존의 사고체계, 틀을 벗어 던지는 노력이 필수이다. 호모 엑스타시스 프로젝트는 바로 이런 인간 본연의 정체성을 탐구하고 이를 축으로 삼아 그 원형적인 삶에 거하는 방식을 다루는 것을 목표로 한다. 그 핵심에 감각을 벗어나 알아차리는 지각 체계인 '초감각적 지각' 이 있다.

'초감적 지각 탐구 보고서: 풍수지리와 건축' 은 호모 엑스타시스 프로젝트의 첫 번째 책이다. 하늘과의 교감을 통해 신성한 해답을 구했던 고대의 지각법을 고찰하고 이를 실제 공간과 건축에 적용해봄으로써 그 실체와 응용의 핵심을 알아보는 내용이다. 하지만 초감각적 지각의 응용적 가치는 무궁무진하다. 이 책이 다루는 응용 분야는 공간과 건축의 한 부분(자리잡기, 기본설계)에서 한정 지어졌지만 이와 관련하여 더 알려져야하는 내용은 아직도 많다. 하물며 초감각적 지각은 건강, 음식, 의상, 농업, 경영, 운동 등 인간과 관련된 모든 분야에서 적용 가능하기에 이에 대한 실용적 연구가 시급한 실정이다. 필자의 역할 또한 바로 이 맥락에서 하루빨리 많은 사람들이 초감각적 지각의 참 가치를 확인하여 일상의 순간 순간에 사용할 수 있도록 돕는 것이라고 생각한다. 초감각적 지각에 대한 이론과 실용적 가치가 널리 세계에 퍼져 인간과 세상을 이롭게 할 수 있는 날이 하루 빨리 오기를 기대하며 이 책이 그 첫 디딤돌이 되기를 희망한다. 필자 또한 본 책을 시작으로 다양한 실용서 보급에 최선을 다할 예정이다.

약 력

지은이 서 현 수

네덜란드 Delft University of Technology에서 건축으로 학사와 석사를 졸업했다. 건축을 공부하며 알게 된 초감각적 지각을 통해 공간의 실체를 알게 되었고 건축의 원래 의미를 다시 생각하게 됐다. 이 후 대전 카이스트 미래도시연구소에 재직하였고 지금은 건축 원형에 대한 탐구와 그 응용에 집중하고 있다. 현재 건축/경영 컨설팅사인 Proper Mediation 대표이며 그 외 (사)한국정신과학학회 총무이사, 정신과학문화원 연구위원, 참나찾기수련원 연구실장, 도안계풍수지리학회 연구실장을 맡고있다.
이메일: propermediation@gmail.com

감사의 말

이 책은 2020년 (사)한국정신과학학회 정규석 회장님을 위시한 임원진의 기획과 지원 아래 가능할 수 있었던 프로젝트이다. 먼저 이 자리를 빌어 회장님과 학회 임원진 여러분께 고마움을 전한다.

이 책의 핵심인 '초감각적 지각' 그리고 이의 응용이 적용된 풍수지리와 건축에 대한 내용은 이를 심도있게 체계화한 참나찾기수련원 설영상 선생님의 연구(관련 저서: 명당 만들기, 사상체질 건강법, 도안계 풍수지리, 깨달음이 주는 선물)에 힘입은 바 크다. 이 책의 내용은 선생님의 연구와 가르침이 틀리지 않다는 근거를 좀 더 다양하게 밝히는 내용일 뿐이다. 설영상 선생님은 2002년 필자를 초감각적 지각의 세계로 인도해주신 분이며 지금도 많은 가르침을 주시고 계신다. 선생님이 아니었으면 필자 또한 초감각적 지각은 물론 개인의 삶에서 지금의 행복을 가질 수 없었을 것이다. 아직까지도 많이 부족한 제자를 이끌어 주시고 계신 선생님께 이 기회와 공간을 빌어 진심어린 감사를 표한다.

같이 공부하고 있는 참나찾기수련원 도반들께도 고마움을 전한다. 목적지를 향해 같이 걸어가는 동지가 있다는 것은 정말 큰 행복이다. 혼자는 할 수 없었던 많은 것들이 같이 할 수 있어서 가능했다. 앞으로 남은 수련 여정에서도 힘찬 발걸음으로 한걸음씩 같이 걸어나가게 되기를 희망한다.

그리고 나를 이 땅에 태어날 수 있게 해주신 부모님, 그리고 언제나 나를 믿고 응원해주는 가족 모두에게 감사를 드린다. 부모님의 든든한 지원이 없었으면 지금 이 책을 쓴 필자 또한 없었다. 특히 이번 책의 전반적인 편집에 물심양면으로 힘써주신 아버지께, 바른 생각과 자신감있는 자세로 많은 사람들을 도울 수 있는 사람이 되기 위해 더욱 노력하겠다는 다짐과 함께 깊은 고마움을 표한다. 멀리 스페인에서 응원해주는 누나 가족에게도 고마움을 전한다. 마지막으로 같은 방향을 향해 힘차게 걷고 있는 아내 나윤경에게도, 지향하는 삶의 가치를 함께 나눌 수 있는 사람을 만나 더 없이 행복할 뿐인 마음을 전한다.

Extra-sensorial look at Feng-Shui and Architecture

목 차

Homo Ekstasis Project(호모 엑스타시스 프로젝트)
감사의 말
서문
들어가며
    모서리엔 앉지 말라고… 우리나라 뿐만 아니라 저멀리 루마니아에서도
    내가 있는 공간에 대한 관찰
    나를 내려놓고 즐거운 모험을

1부. 인간 잠재 능력

1. 아무 것도 모르는 나

1.1 고대 건축이 던지는 질문 • 23
    왜 이곳에 이렇게, 어떤 생각으로
    '불가사의' 라고 그저 내버려 둘 것인가?
    인간의 인식 능력 회복을

1.2 인간이 가진 능력은 어디까지 일까? • 30
    20분 만에 테니스 치는 걸 배웠다.
    인간의 비범함? 지극히 당연한 우리의 능력

1.3 비범함을 어떻게 끄집어낼 것인가? • 34
    생명체 안에 태고의 정보가 잠들어 있다니
    모든 것은 우리가 인식을 하고 나서야 비로소 존재하기 시작한다.

2. 내 안에 뭐가 있기에

2.1 2002년 여름의 비범한 체험 • 38
    L자로 생긴 막대기를 들고 걸으라니

2.2 내 안에 내어맡김을 • 42
    인간의 인식 수준이 현상을 따라 가지 못한다.
    진리가 나로 인해 가려져 있다./내 안의 완전한 인식에 내어맡기라.

2부 다우징(Dowsing)

3. 다우징을 이용한 인간 인식능력의 확장

3.1 스스로 반응하다니 • 47
올바른 자세, 편안한 자세를 취하다.
특별한 생각 없이 걸었을 뿐이다.
반응이 나타났다. 그러나 왜 그런지 모르겠다.

3.2 오감을 벗어나 지각한다. • 50
과연 인간의 지각은 어디까지 일까?
감각적 지각, 사실(事實)이 아닌 주관에 의해 왜곡된 투영
감각적 지각을 벗어난 지각이란 무엇일까?

3.3 다우징, 초감각적 지각 방식 • 55
다우징, 대상을 '있는 그대로' 알게 해주는 지각 방식
다우징의 바른 이해가 절실

3.4 Dowsing의 어원으로 본 다우징 행위 • 59
[영국]광맥 찾기로부터: 갑자기 꺾이다./신의 응답을 받아내는….
[독일]읽어내다, 해석하다, 설명하다, 소원 성취의 막대기

3.5 다우징, 가장 본질적이고 높은 개념과 맞닿아있는 객관적 지각 행위 • 61
어느 누구든 빠른 시간 안에 체득할 수 있는 다우징 행위
다우징, 무한한 정보를 능동적 그리고 체계적으로 직관하는 행위

4. 역사 속의 다우징, 그 알아차림의 이야기
객관적 지각을 얻으려는 노력의 역사

4.1 고대 문명으로부터 다우징 본래의 모습을 본다. • 65
지혜를 구하는 행위와 객관적 진리를 실재화하는 도구로서
이집트 에드프 신전 벽화가 보여주는 하늘과의 교감을 통한 건축 과정
고대 이집트 상형문자 Was(막대기 형상의 문자), 알아차림의 도구?
전지전능의 표상들: 함무라비 법전 석비의 막대기/델피 신탁소의 물푸레 나뭇가지/
일리아스의 재판장이 든 막대기/오디세이의 신성한 막대기
[9,000년 전]사하라 사막 타실리나제르 고원의 암벽화, 샤먼의 행위는 다우징
성경 속의 막대기, 예수도, 모세도, 베드로도 막대기로…
에스겔의 구체적 묘사, 다우징으로 성전 건축을 했다고…

[기원 전 2,200년]중국 우왕의 대대적 치수공사에 쓰인 도구들
금척[금으로 만든 자] 설화/삼국유사의 '밝은' 지팡이

4. 2 중세 이후의 다우징, 흑마술로 치부되어 크게 배척 당하다! • 83
[1,300년 경 독일]다우징으로 광물 탐사 성행. 실용적 다우징의 원류
[1518년 이후]종교개혁가 마틴 루터, 다우징은 악마의 행위
[중세 프랑스]다우징은 마녀사냥의 근거
[1800년 경부터]맹신적 믿음에서 과학적 이해를 향해

4. 3 1900년대 이후 지금 • 90
[2017년]첨단 장비가 있어도, 다우징이 효과적이라
[1900년대]현장다우징, 정보다우징
[1920년]이 프랑스의 의료 분야, 오답과 오진을 이유로 다우징이 부정될 수는 없다.
[1930년]이 노벨 생리학상을 수상한 샤를 리셰, 이제 논쟁을 멈추고 발전시키자.
[20C 많은 연구와 실험]원리와 근거는 알 수 없지만, 실제로 작동하는 특유의 지각법
[오늘]다우징, 인간을 통해 드러나는 행위. 바르게 사용해야 할 텐데

5. 다우징의 심층 이해

5. 1 다우징을 통한 인식 능력의 확장-인류의 미래 • 99
아인슈타인, 다우징은 인간 신경계의 반응이 증폭되어 보여지는 것이다.
다우징, 잘 사용하는 과정을 통해 정확한 이해에 도달할 것.

5. 2 초감각적 지각의 실체-우리 안에 '선천적 앎'이 있다. • 101
경이로운 현상들로 가득 찬 자연
또한 비범한 지각 능력을 내 안에 지닌 인간들
이미 알고 저절로 작동하는 신비한 '나의 몸'-불수의근, 자율신경계, 자연 치유력
[1984년, GFBG]인간은 왜 수맥을 찾을 수 있는가? 인간은 민감한 수용체
내 몸은 스스로 생명 유지를 위한 기본 기능과 활동을 보장한다.

5. 3 다우징, 이미 알고 있는 것을 드러내는 초감각적 지각 도구 • 110
반복성을 뛰어넘는 편재(遍在, Ubiquitous)성
재현성을 뛰어넘어 누구라도 할 수 있는 보편(普遍, Universal)성
개체성/주관성을 벗어던진 초감각(탈감각)을 통한 온전(穩全, Perfect)성
'내어맡김'을 통해 드러내는 수용(受容, Receptive)성

Extra-sensorial look at Feng-Shui and Architecture

3부 참된 공간 지각-고대 건축의 비법

6. 새로운 공간에 대한 모색

6.1 공간에 대한 질문 • 118
공간은 살아 숨쉬는 생명체-특정 생각과 행동을 유발한다.
히포크라테스, 공간이 치유와 연관된다.

6.2 공간의 총합적인 물질장(物質場)-인간과 상호교감하는 생명체적 특성 • 119
건축은 이에 새로운 장을 더하는 행위-경이로움이 주는 '큰 그림 효과'
공간, 인간의 생각과 태도 그리고 행동에 영향을 준다.

7. 공간 지각의 원형 회복

7.1 공간을 원래 모습을 볼 수 있다면 • 125
왜 하필 그곳에
붓다가 찾아가 앉은 터
고대 거석 문화 유적, 자연과 합일된 의식 속에서 건축됐으리라

7.2 공간의 원래 모습(Genius loci)이란? • 133
Genius loci: 정령이 거하는 공간-공명하는 '떨림'이 깃든 곳
공간의 원래 모습을 바라보려는 노력-단군신화로부터 공맹도

7.3 공간의 원래 모습을 초감각적으로 지각하게 된 획기적 사건 • 136
고대에는 막대기로 공간의 원래 모습을 봤다는데…
1996년, 이런 일이 터질 줄이야! 다우징으로 땅의 생기(生氣)를 측정하다!
초감각적 지각에 대한 새로운 깨달음-명확히 질문하면 정확한 답을 준다.
다우징으로 고대 유적의 택지술을 도출하자.-역공학(Reverse Engineering)적 접근

8. 땅의 본래 가치를 드러내는 지기(地氣)

인위적으로 자연에 손을 대지 말라! 땅의 본래 가치를 따라서

8.1 감각을 벗어난 알아차림. 신화인가 실재인가 • 145
바다의 용이 된 문무대왕, 수중 능의 신묘스런 입지 선정
지기(地氣), 눈에 보이지 않는 실재이며 공간의 모든 것
하늘로부터 내려오는 '원통형 지기'의 '중심'에 선 비슈바나트 사원

Extra-sensorial look at Feng-Shui and Architecture

목 차

8.2 건축과 통하는 주요 지기들-20년에 걸친 고대 유적 답사와 지기 분석을 통해 • 152
하방향 원주형 천기(A cylindrical force from above)
상방향 원주형 지기(A cylindrical force from below)
형기(A form-generative force)
환형지기(A looping force)
수륙/해륙접경지기 (A dragon-shaped force from the nearby river or sea)

8.3 지기 측정 방법-꾸준한 훈련과 기량을 다하여 몰입해야 • 158
가벼운 마음으로, 틀릴 수 있다는 겸손함과 꾸준한 자기 성찰을
다우징 잘 하는 법
수맥파 찾는 법

9. 다우징으로 본 고대 건축_지기와 상응(相應)
고대 건축 현장을 찾아서

9.1 하방향 원주형 천기 • 166
1) 이집트 기자 피라미드, 하방향 원주형 천기생기를 중심축으로
   피라미드 건축의 숨은 아이디어-역공학적 해석
2) 중국 서안의 대안탑(大雁塔), 천기생기의 크기가 상륜부의 규모와 정합

9.2 상방향 원주형 지기 • 175
모세의 샘들, 열댓개 모두가 상방향 원주형 지기생기가 중심축에

9.3 형기와 하방향 원주형 천기의 합일 • 177
1) 선운사 대웅전, 형기생기와 하방향 원주형 천기생기와 정묘하게 합하는 배치
2) 형기생기가 중심축으로 관통하는 왕도(王都) 한양과 중심에 자리잡은 경복궁

9.4 생장에 영향을 주는 환형지기 • 179

9.5 수륙접경 지기 • 180
1) 수륙접경지기와 정확히 상응하는 김성수 생가의 규모
2) 하방향 원주형 천기생기와 수륙접경 지기생기가 겹쳐진 타지마할의 중심축
3) 아일랜드의 뉴 그랜지, 수륙접경 지기생기에 맞춰진 신성한 지성소

4부 원형 건축

10. 건축의 미래_다시 원형으로 돌아가기

10.1 원형을 찾아서: 지기 분석을 이용한 역공학적 해석 • 185

1) 보로부두루 불탑의 역설계적 관찰 및 분석
   [과정 1] 불탑을 정점으로 한 계단형 건축의 전반적 공간 해석
   [과정 2] 불탑의 중심부로 떨어지는 하방향 원주형 천기생기의 이해와 성질
   [과정 3] 하방향 원주형 천기생기의 크기와 성질 분석
   [과정 4] 불탑의 최적 규모 설계
2) 지기와 건축 양식의 상관관계 실험-건축물과 지기는 서로 공명해야 한다.
   [실험 설계 1] 동일한 지기 하에서 형상 차이로 나타나는 최적 규모 도출
   [실험 설계 2] 동일 지기 하에서 유명한 건축물의 최적 규모 도출 및 비교

10.2 자리잡기와 최적 공간 형상을 찾아서…원형 설계 프로세스[의도-집중-허용] • 197

[P1] 명확한 의도
[P2] 냉철한 주의 집중
[P3] 내어맡김
[P4] 나타난 반응 확인

11. 원형 건축 설계 사례

11.1 원형으로 돌아가자! 거창한 선언이 아니라, 당장 체험할 일상 • 200

건축, 주관적 판단에서 벗어나 원래 모습을 인식하며 참된 가치를 드러내는 행위

11.2 원형 건축 설계 사례 • 202

1) 치유 공간의 목적과 기능을 진지하고 치밀하게 설정
   나와의 치열한 싸움
2) 최적의 입지 선정과 공간 형상 드러내기
   강 건넌 후, 배를 불 태우다
   지극히 당연한, 그러나

나가며

건축의 원형을 향하여
자유로이 날아 오르자!

참고문헌

부록

부록1: Ekstasis: Displacement of perception and its connection to spatial understanding (Architecture, Culture and Spirituality Forum, 10th, 2018)
부록2 : (사)한국정신과학학회, 정신과학문화원, 기탐지평가사 제도, 토지품질(명당)인증제도 소개

서 문

다우징(Dowsing)

두뇌의 판단 작용을 거치지 않고 몸에 나타나는 반응을 쉽게 알아차릴 수 있게 해주는 행위로서 그 쓰임의 시작은 고대이며 영역에는 제한이 없다. 두뇌의 판단 작용을 거치지 않는 알아차림이기에 '감각을 벗어난 지각' 또는 '초(超)감각적 지각'이라고도 한다.

무모한 도전

2009년 3월 어느 날 새벽 4시. 나는 도저히 잠을 이룰 수 없었다. 몇 시간 후면 나의 건축 석사 졸업 프로젝트의 중요한 중간 발표가 열린다. 그 동안 내가 한 작업을 설득할 100% 확신을 갖지 못하고 있었기에 조만간 있을 발표에 내가 잘 할 수 있을지 정말 알 수가 없었다. 오히려 망칠 것 같은 두려움이 더 컸다.

'내가 만든 것을 잘 알아줄까?'
'나 스스로 확신이 없는 마당에 어떻게 다른 사람들을 설득하고 믿게 할 수 있을까?'

정말이지 시간이 멈췄으면 하는 바람이었다. 지금까지 내가 무엇을 해 왔는지, 그리고 이런 상황을 맞닥뜨리지 않기 위해 나는 무엇을 더 할 수 있었는지 곰곰이 생각해 보지만 이미 배가 강을 건넌 후였다. 3명의 심사위원이 마치 먹이를 기다리는 야수처럼 나의 약점을 노리다가 틈만 보이면 바로 공격을 해올 것이다. 그럼 나는 그냥 잡아먹히는 사냥감과 같이 그저 나의 운명이라 받아들이겠지. 지금 나의 문제는 무엇일까?

기역자로 생긴 막대기를 들고 첫 지하 수맥을 찾은 지 벌써 19년, 그동안 나의 삶을 되돌아 보며 생각해보니 많은 절실했던 순간들 중 가장 기억에 남는 사건이 바로 이 기역자 막대기와 관련되어있다. 2009년 석사 졸업 때였다. 그 때의 나는 지금 내가 볼 땐 형편없는 다우징 실력을 가지고 있었다. 하지만 무슨 일이었던지 가장 중요하고 까다로운 대학원 졸업 프로젝트로 **'다우징을 기반으로 건축 설계'**를 하고자 결정했다. 지금 생각하면 무척 **무모한 도전**이었다.

학교마다 차이가 있겠지만 필자가 다닌 대학원은 한번의 시도로 졸업하기가 무척 힘들다. 모두 4번에 걸친 중간 점검 발표를 거쳐야만 최종적인 졸업 발표를 할 수 있는 권한이 주어진다. 그 4번의 중간 점검은 말 그대로 피를 말리는 작업이다. 자칫 까다로운 심사위원을 만나면, 말 그대로 '내년'을 기약해야한다. 이런 상황에서 대개 학생들은 모두 자신이 가장 잘 할 수 있는 설계를 하게 된다. 간혹 실험적인 프로젝트를 감행하는 학생들도 더러 있지만 대개 자신의 안전지대 안에서 머물러있고 싶어한다. 안전지대 안에도 종종 지뢰가 있지만 그럼에도 안전지대는 안전지대니까. 하지만 당시 나의 선택은 안전지대를 완전 벗어나는 결정이었다. 내가 한번도 해보지 않은, 심지어 현대 건축계가 전혀 모르는 특이한 방식으로 설계를 시도한다는 것이었다. 지금 생각해도 약간 살이 떨리는 것을 보면 그 당시 내가 받았을 스트레스는 정말 컸었다고 생각된다. 나는 왜 이런 선택을 하게되었을까?

놀라운 체험, 다우징은 모든 것을 찾을 수 있는 인지 시스템

19년 전인 2002년, 생전 처음으로 기역자로 생긴 막대기를 들고 걸어갔다. 그리고 어느 순간 갑자기 막대기들이 꺽이며 나를 멈추게 만들었다. 이게 무슨 일일까? 필자가 처음으로 지하 깊숙히 흐르는 수맥을 찾은 순간이다.

'눈에 보이지 않는 것을 어떻게 정확히 찾을 수 있다는 말인가?'
'내 안에 무엇이 있길래 이런 능력을 보이는 걸까?'

많은 질문이 이어졌고 인간의 신비스러운 능력에 대한 관심이 시작되었다. 그 후 알게 된 사실은 정말 엄청났다. 기역자 막대기를 들고 걷는 행위, 즉 **'다우징'이라고 불리는 행위는 이미 고대부터 사람들이 사용했던 지각 방식으로서 아주 중요한 일을 결정함에 있어 핵심 바탕이 되었던 고유한 인식 체계였다.** 그 응용의 영역 또한 정말 다양했는데 필자에게 가장 직접적으로 영향을 미치게 된 계기는 바로 공간에 대한 부분이었다. 다우징은 수맥 뿐만이 아니라 모든 것을 찾을 수 있는 인지 시스템으로서, 놀랍게도 다양한 기운의 분포를 확인할 수 있었던 것이다. 더 놀라운 것은 많은 고대 건축물이 이러한 분포에 맞게 지어졌다는 것이었다. 고대의 신성한 신전, 교회, 성당, 사찰은 그냥 아무데나 지어진 것이 아닌 꼭 유익한 기운의 흐름이 있는 곳에 지어졌는데 이런 장소가 바로 **'제자리'**라는 것이다. 만약 건축의 원형이 이런 구도 안에서 짜여졌다면 지금 우리도 같은 방식으로 회귀하는 것이 옳지 않을까? 이것이 필자의 생각이었고 2009년 새벽녘 잠 못이루는 밤을 맞게 된 원인이었다.

본 책은 필자가 다우징에 대해 직접 겪은 체험을 중심으로 다양한 문헌 자료와 실제 설계 사례를 곁들인 내용으로 구성되어있다. 최대한 신빙성 있는 자료를 기초로 다우징의 역사와 응용에 대해 소개하고자 하였지만 오히려 독자에게 바라는 것은 필자의 1인칭적 체험이 담긴 내용에 더 집중을 하였으면 하는 것이다. 두뇌의 판단 작용을 거치지 않고 몸을 통해 드러나는 반응을 알아차리는 다우징은 비단 머리로만 이해될 수 있는 것이 아니다. 직접적인 체험을 통해 그 행위가 가진 가치를 실제적으로 맞닥뜨리지 않는 한 그 진가를 알기 어렵다. 많은 사람들이 가지고 있는 오해 또한 바로 이러한 바탕에서 나타났다고 생각한다. 다우징은 책 한권 보고 끝날 수 있는 기술이 절대 아니다. 스스로 다우징이라는 행위를 하면서 이 행위를 통해 드러나는 자신의 능력에 대해 고찰하며 이를 통해 인간 본연의 정체성, 마음의 작동 방식, 나아가 우주의 섭리, 자연의 법칙 등 영적인 면까지 이해해야 다우징이 가진 본래의 모습을 알 수 있다. 이론보다 실제 체험이 그토록 중요한 이유이다.

다우징, 나의 발전에 도움을 주는 '실재' 하는 획기적 도구

그래서였다. 2009년 잠 못이루는 밤은 필자가 스스로 만든 결과이기도 했지만 그만큼 피할 수도 없는 것이었다. 다우징을 통한 건축 설계는 적당한 이론과 관념적인 해석으로 전개되는 것이 아닌, 실제 다우징으로, 즉 내 몸을 통해 나타나는 반응의 알아차림을 통해, 가장 좋은 자리를 잡고 가장 적합한 모양을 구축하고 가장 어울리는 크기를 직관적 판단에 의해 결정해 나가는 특이한 장이었다. 이 방식의 설계는 심사 위원들에게 무척 생소했다. 감각적 논리와 해석으로 바라보던 공간에 대한 관점이 무너지며 전혀 다른 모습의 공간이 드러나기 시작했던 것이다. 아무리 다우징에 친숙했던 필자도 그 과정 속에서 가졌던 불안과 정신적 불편함은 실로 엄청났다. 그동안 배워온 건축 설계 방식에서 완전히 벗어난 무엇을 한다는 것을 실제로 감행하려니, 심지어 '졸업' 학위를 걸고 한다는 것은 정말이지 두려움의 연속이었다. 하지만 그럼에도 중도에 포기를 하지 않았던 것은 하나의 사실 때문이었다. 그것은 바로 '다우징' 이라는 이 놀라운 지각법은 단순한 이론이 아닌 '실재' 한다는 것이고 이를 통해 우리가 몰랐던 현상의 원래 모습을 발견할 수 있다는 믿음때문이었다. 높은 성적을 받는 것 보다 현상을, 자연을, 우주를 제대로 본다는 가치가 더 소중했기 때문이다.

본 책 또한 똑같은 이유에서 쓰게되었다. 필자의 바람은 본 책에 담긴 다우징과 실제 체험에 대한 내용을 통해 많은 사람들이 다우징의 사실적 가치를 알 수 있었으면 하는 것이다. 다우징은 미신도 아니고 비과학적인 마법도 아니다. 다우징은 인간이면 누구나 가질 수밖에 없는 인식의 한계를 벗어날 수 있게

도와주는 유용한 지각 도구로서 현상의 진짜 모습을 보게 해주는 탁월한 인지 방식이다. 편견 없이, 나의 주관적인 잣대 없이 현상을 있는 그대로 바라볼 수 있다는 것은 그 자체로 '과학(Science)'이며 그래서 앞으로 인류 발전에 커다란 도움을 줄 수 있는 획기적인 도구이다.

다우징을 세상에 널리 알리려고..

그래서 발표는 어떻게 되었을까? 새벽을 꼴딱 지새우고 발이 떨어지지 않는 몸을 움직여 발표장에 도착하였다. 항상 그랬지만 이런 날엔 심사위원들의 심기가 불편해 보인다. 나만 그런 것일까? 쉼호흡을 해보지만 이미 긴장된 몸을 추스리기가 쉽지 않다. 쉼호흡은 이내 한숨으로 바뀐다. '내가 지금 의지할 수 있는 것이 무엇일까?' 불안한 마음을 가다듬으며 생각해보지만 자꾸 생각이 끊긴다. 결국 내가 지금 하려는 것은 지난 몇 년 간 수없이 체험하고 검증했던 다우징이라는 지각을 새로운 세상에 던지는 작업이다. 왜? 다우징은 진짜니까. 그리고 다우징을 통하면 우리가 그토록 경탄해 마지 않는 고대의 신비스러운 건축까지도 재현해낼 수 있으니까. 내가 이 사실을 믿는다면, 그리고 앞으로도 이 진짜의 세계를 탐험하며 살아갈 것이라면 오늘 내가 하는 발표도 즐겁게 할 수 있지 않을까? 어짜피 돌아갈 수 없으면 즐기자. 이내 발표를 시작했고 필자의 우려와는 달리 심사 위원들의 격려와 기대가 섞인 평을 받으며 예상치 못한 즐거운 마무리를 할 수 있었다.

필자가 이 책을 통해 바라는 것 또한 위의 과정과 같다. 설사 이 책의 내용과 그 실체적 증거가 맞다 하더라도 독자에 따라 받아들이는 방식과 깊이가 다를 것이다. 때론 불편할 수도 있고 때론 이해가 안 될 수도 있다. 그럴 땐 잠시 책을 덮어두고 다우징 체험을 해보길 권한다.

나의 머리로 이해하는 세상을 잠시 떠나자는 것이다. 집에서 옷걸이 등을 끊어서 쉽게 기억자 막대기를 만들 수 있고 줄을 엮어 추를 만들 수도 있다. 그리고 한번 천천히 걸어보자. 그리고 어떤 반응이 나타나는지 차분하게 스스로를 관찰해보라. 반응이 나타나는가? 그럼 다시 또 걸어보자. 또 나타나는가? 그럼 이제 질문을 던져보자. 이 반응은 왜 나타날까? 본 책은 바로 이 부인할 수 없는 현상에 대한 질문에 조금이나마 답을 해보려는 필자의 시도이다. 아직 부족한 부분이 많지만 본 책을 통해 독자가 스스로에 대해, 세상에 대해 많은 질문을 해 볼 수 있게 되기를, 그리고 그 과정에서 조금이나마 인식의 지평을 넓힐 수 있게 되기를 기원한다.

기욤 아폴리네르의 시 '끝으로 오라(원제: Come to the Edge)'로 필자의 마음을 대신하며 책을 시작한다.

"끝으로 오라." 그가 말했다.
"아니요, 할 수 없습니다. 무서워요." 그들이 말했다.
"끝으로 오라." 그가 말했다.
"갈 수 없습니다! 우리는 떨어질 거에요." 그들이 말했다.
"끝으로 오라." 그가 말했다.
그들은 끝으로 갔다.
그리고 그는 그들을 밀었다.
그리고 그들은 날아올랐다.

(영어 원문)
"Come to the edge." he said.
"We can't. We're afraid" they said.
"Come to the edge." he said.
"We can't. We will fall!" they said.
"Come to the edge." he said.
And they came.
And he pushed them.
And they flew.

기욤 아폴리네르
(Guillaume Apollinaire, 1880~1918)

들어가며

모서리엔 앉지 말라고… 우리나라 뿐만 아니라 저 멀리 루마니아에서도

대한민국에서 살면서 누구나 한번쯤은 이런 말을 들어보았을 것이다. 대개 가족들이 같이 끼여 앉아야 하는 식자자리에서 들을 수 있는 말이다.

"모서리에 앉지마라. 복 나간다"

어릴 때부터 어른들이 말씀하시던 다양한 터부1) 들 중 유독 모서리에 앉지 말라는 이 말은 나에게 많은 궁금증을 유발했다. 왜 모서리에 앉지 말라는 것일까? 모서리가 왜 안좋을까? 각이 져서? 어떤 것은 90도보다 더 작은, 아주 뾰족한 각을 가진 모서리도 있었다. 그렇다면 이 모서리는 90도 모서리보다 더 안좋다는 것일까? 많은 질문을 해 볼 수 있었지만 그 당시에는 이렇다 할 해답을 찾지는 않은 채 잊어버리고 말았다. 그냥 당연히 안좋을 것이라는 인식의 틀에 더 이상 질문을 달지 않기로 한 것이다. 그러다가 중학교 시절 아버지를 따라 동유럽 국가인 루마니아에 가서 살게 되었다. 어느 날 현지인 집에 초대를 받아 식사 자리에 가게 되었다. 정성스럽게 차린 식탁의 어디쯤 앉을까 고민하며 이래저래 더듬거리다가 어른들이 중앙 자리에 앉고 나는 가에 앉을 생각으로 식탁 모서리를 반쯤 걸친 부분에 자리를 잡았다. 하지만 내가 앉는 순간 그날의 호스트인 루마니아분이 모서리에 앉으면 절대 안된다며 식탁을 더 마련해 주시는 것이 아닌가. 왜냐고 물으니 그분의 답은 이렇다.

"루마니아에서는 모서리에 앉으면 결혼을 못한다는 관념이 있어요. 결혼을 이미 한 저 같은 경우는 상관 없겠지만 아이들의 경우는 모서리에 앉으면 절대 안되죠."

그 말을 들으면서 모서리에 대한 터부가 한국뿐 아니라 루마니아에서도 아주 비슷하다는 사실을 알게 되었다. 한국에서는 모서리에 앉으면 복이 나간다는 것 외에도 태교 시에는 '모서리에

---

1) 문화인류학 등에서 터부라는 말은 다음과 같은 한정된 의미로 이용된다. 즉, 어느 사상(사물, 인간, 행위 등)을 감염성의 위험을 띠고 있다고 보고, 그에 접촉하거나 그 행위를 하는 것을 금지하는 규칙이 있으며, 그 규칙에 위반한 자는 자동적으로 재앙에 휘말린다고 생각될 때, 그와 같은 규칙을 터부라고 한다. [네이버 지식백과] 터부 [taboo] (종교학대사전, 1998. 8. 20.)

앉지 말고 좋은 음식을 먹어야[2] 한다 ' 는 관습이 전해 내려온다. 분명 이 뿐만이 아닐 것이다. 모서리와 관련된 부정적인 관념들은 지역에 따라 달리 전해 내려오는 그 무엇인 것이다.[3] 더군다나 서양에서도 거의 동일한 관습이 행해지고 있었다는 사실은 그냥 막연하게 흥미롭다는 생각에 그치기에는 뭔가 더 심오한 차원이 존재할 것이라는 생각을 지울 수 없다. 언어와 문화가 전혀 다른 두 나라에서 모서리는 피해야 하는 그 무엇인 것이다. 아주 흥미롭지 않은가?

모서리가 부정적으로 인식되는 이유에 대해서는 이미 많은 해석이 존재한다. 예로부터 밥상 모서리를 '귀'라고 했는데 이 '귀'를 통해 밥상의 안좋은 기가 나가기에 모서리에 앉으면 좋지 않다는 해석에서부터 그 모양새가 마치 날카로운 칼끝을 닮아 불길한 기운을 담고 있는 구조라는 주장 등 여러가지를 찾아볼 수 있다. 실제 모양 혹은 형상을 기준으로 해석을 하는 부류는 동양학 중 하나인 풍수지리학에서 자주 언급되는 해석과 일맥상통하는 면을 가진다. 뾰족한 형상 구조물은 기의 원활한 흐름을 방해하거나 그만큼의 날카로운 특성을 지닌 기운(살기)을 방사하기에 인간의 입장에서는 피해야 한다는 지론이다. 정확한 이유가 무엇이든 중요한 점은 이것이다. 한국 뿐만이 아니라 저 멀리 루마니아에서도 같은 결과론적 관습을 행하고 있다는 사실이다. 언어와 문화가 전혀 다른 두 나라이지만 모서리에 대한 관찰은 하나로 귀결된 듯 하다. 그들은 어떻게 같은 그림을 보았을까?

내가 있는 공간에 대한 관찰

인간은 태어난 후 부터 늘 지구상에 어떤 공간을 점유하며 산다. 어떻게 보면 태어나기 전 엄마 뱃속에 있었던 10개월 또한 나름의 공간을 점유하고 있었다고 보아도 과언이 아니다. 이처럼 인간에게, 혹은 이 땅에 존재하는 모든 생명체에게 공간은 뗄래야 뗄 수 없는 필수 불가결한 존재 요소이다. 하지만 우리는 공간을 제대로 알기는 할까? 지금 내가 서 있는 곳은 과연 어떤 공간인가? 쉽게 질문해보자. 지금 내가 서 있는 이 곳은 나에게 좋은 공간일까? 나쁜 공간일까? 주변을 둘러보면 여러가지 물체와 형상들이 나를 둘러싸고 있다. 둥근 모양의 시계, 완만한 모양의 소파, 사각 모양의 책장과 무수히 많은 책들, 그리고 이들 사이사이에 보이는 다양한 크기와 각도의 모서리들이 저마다의 재질과 다채로운 색깔을 띠며 존재하고 있다. 언뜻 둘러보아도 셀 수 없는 많은 모양, 재질, 색깔들로 구성된 물체들에 둘러싸여 있음을 부인할 수 없다. 심지어 동서양을 막론하고

---

[2] 태교신기(胎敎新記)는 청주 출신의 사주당이씨(1739~1821)가 1남 3녀 4남매를 키우는 과정 속 자신이 겪은 임신·육아의 경험과 경서 및 의서 등에 기초한 저술
[3] 러시아에서도 처녀가 모서리에 앉게되면 7년간 결혼을 못한다는 풍속이 있어 큰 결례로 인식된다.

인간에게 안좋다고 전해지는 '모서리' 또한, 그 크기가 작든 크든, 내가 피할 수 있는 가능성은 없어 보인다. 이런 상황에서 나는 어떻게 내 주변 공간을 판단할 수 있을까? 이런 복잡한 자연 속에서 나는 나에게 좋은 공간을 어떻게 선별할 수 있을까? 단순히 모서리만 피한다고 끝날 일이 아니다.

이 책의 목적은 인간의 인식 능력을 일깨워 이제까지 우리가 놓치고 있었던 공간의 본질을 제대로 탐구하고자 함이다. 이 탐구를 통해 우리는 우리를 둘러싸고 있는 공간에 대한 새로운 앎을 얻을 것이다. 우리가 '공간'이라는 대상을 인식하는 과정에서 무엇을 인식하고 무엇을 인식하지 못하는지 그 차이를 알아볼 것이며 이를 통해 공간에 대한 통제력, 즉 자리잡기(Placement)에서부터 건축설계(Architectural design)까지의 과정에서 인간의 잠재능력을 어떻게 적용시켜 가장 최선의 결과를 얻어낼 수 있는지에 대한 고찰을 함께 할 것이다.

본 책의 총 4부로 구성된다. 1부에서는 인간의 잠재능력에 대한 질문을 통해 다양한 사례를 알아볼 것이다. 이 과정에서 필자의 개인적인 체험 내용 또한 중요한 역할을 하며 우리가 몰랐던 인간의 능력에 대해 심층적인 고찰을 제시한다. 2부는 다우징(Dowsing)이라는 독특한 지각 행위에 대해 면밀히 알아보는 장이다. 필자의 개인적인 체험 또한 바로 이 다우징을 중심으로 나타난 것이며 이는 고대부터 전해내려온 '원형의 지각(The Primeval Perception)'이라는 것이 필자의 주장이다. 다우징의 어원에서부터 역사적인 사례, 학계의 이론 그리고 실체적인 관찰을 통해 다우징은 감각을 벗어나 지각하는 인식 방식이며 이는 모든 것을 정확하게 알 수 있는, 즉 '과학적(Scientific)' 지각 능력임을 밝히고자 한다. 3부에서는 바로 이 다우징을 통해 발동되는 초감각적 지각을 바탕으로 '공간'에 대한 새로운 앎을 제시한다. 감각을 벗어나 바라본 공간은 우리가 일상적으로 보던 그 모습이 아닌 다양한 에너지 흐름속에 놓인 살아 숨쉬는 생명체임을 보여주며 고대 건축 유적에서 그 흔적을 제시한다. 이 과정을 통해 독자 스스로가 엄청난 지각 능력을 이미 지니고 있는 존재라는 것, 그리고 조금만 시간을 들여 천천히, 차분히 연습을 하면 자신이 이 능력을 이미 가졌다는 사실을 스스로 입증하며 활용할 수 있다는 것을 알게 되리라 생각한다. 마지막으로 4부에서는 초감각적 지각을 활용한 건축설계를 보여준다. 초감각적 지각은 다우징이라는 지각 행위를 통해 드러나는 실체적인 지각법으로서 모든 영역에 적용할 수 있다. 공간 설계에 대한 응용적 탐구 과정을 보여줌으로서 이 지각법의 활용의 한 면과 다양한 응용 가능성을 고찰해보고자 한다.

나를 내려놓고 즐거운 모험을…

본론으로 들어가기에 앞서 독자들께 부탁하고 싶은 말이 있다. 이미 많은 성인들의 가르침으로부터 듣고 배웠지만 실천이 쉽지 않은 부분이다. 바로 여태까지 나를 만든 지식, 관념, 믿음 등을 잠시 내려놓는 것이다. 그럴 때 비로소 이제까지 못 보고 있던 사실들이 보이기 시작할 것이며 이를 통해 원래 가지고 있던 지식의 확장은 물론 막연한 믿음 또한 사실에 기초한 믿음으로 바뀌어 갈 수 있기 때문이다. 내가 이미 가진 이 능력을 모르고 있었다는 사실만으로도 우리는 한 가지 사실을 알게 된다. 그것은 의식적이든 무의식적이든 내가 나를 한계 짓고, 구속하고, 스스로의 발전을 가로 막고 있었다는 것이다.

그래서 바로 이 지점에서 시작하고자 한다. 지금의 나는 내가 선호하고 옳다고 믿고 있는 생각들의 총합으로 구성된 것 뿐이다. 여기서 우리가 던질 수 있는 질문은 무엇일까? 나는 지금보다 훨씬 더 많은 것을 보고 싶은가? 나는 지금의 나보다 좀 더 많은 것을 알 수 있고 할 수 있는 사람이 되고 싶은가? 만약 그렇다면 잠시 지금의 나를 내려놓고 즐거운 모험을 해보길 권한다.

인간 잠재 능력

"만약 우리의 지각(知覺)의 문들이 깨끗했다면,
모든 것들이 '있는 그대로' 보였겠지…."

윌리엄 블레이크(William Blake, 1757-1827),
The Marriage of Heaven and Hell, Plate 14

1. 아무 것도 모르는 나

인간은 각자 보는 만큼 세상을 이해하며 살아간다. 달리 얘기하면 지구상에는 70억명의 사람들이 바라보는 70억개의 세상이 있다. 제각각의 인식의 틀로 세상을 경험하기에 그럴 수밖에 없다. 하지만 그런 인식의 주관성을 불가피한 무엇인 양 그저 받아들이기에는 석연치 않은 점들이 많다. 70억의 사람이 제각각 바라보는 세상이 있겠지만 역설적이게도 이 세상은 언제나 스스로 그러하게 존재하는 '하나'일 뿐, 이를 70억개의 드라마로 만든 것은 인간들이기 때문이다.

무릇 더 많이 아는 자가 더 많은 것을 할 수 있다. 세상을 더 폭 넓고 깊게 이해하는 자가 그 인식 수준에 맞는 행동과 능력을 펼칠 수 있다함은 상식적으로 볼 때 당연하다. 따라서 우리는 우리 눈 앞의 현상을 얼마나 정확하게 인식하고 있는지 따져 묻지 않을 수 없다. 나는 현상을 얼마나 정확히 인식하고 있을까? 나의 판단과 행동은 얼마나 '객관'에 가까울까?

놀랍게도 주관적 관성을 버리고 객관적인 사실을 알고자 하는 노력이 바로 인간 안에 잠들어 있는 잠재된 능력을 깨우는 비밀이다. 다음 사례를 통해 이에 대한 고찰을 이어가 보도록 한다.

1.1 고대 건축이 던지는 질문

Figure 1. 고창 고인돌 전경. 출처: 문화재청

왜 이곳에 이렇게, 어떤 생각으로

전라남도 고창에 가면 고인돌군을 볼 수 있다. 한국을 대표하는 세계문화유산 중 하나이다. 제각기의 크기와 모양으로, 전혀 계획되어 보이지 않는 흩뿌려진 배치로, 넓은 산 아래를 뒤덮고 있는 이 축조물을 실제 현장에서 보면 누구나 그 신비로움에 취할 수밖에 없다. 하지만 그 신비로움 뒤에는 참을 수 없는 궁금증이 밀려온다. 그 당시 이 고인돌을 지었던 사람들은 왜 이 무거운 돌덩이들을 옮겨와 이 자리에 이 모양과 이 크기로 만들었을까? 심지어 평평한 지대가 아닌 산 중턱의 깊숙한 곳에 위치한 대형 고인돌군을 보면 그 궁금증은 한층 더해진다. 상식적으로 볼때 아주 불필요해 보이고, 불편하고, 인력으로는 불가능해 보이는 일을 해낸 그 당시 사람들의 머릿 속이 궁금해진다.

고인돌만이 아니다. 강화도 마니산 꼭대기에 위치한 참성단을 보면 도대체 왜 저 꼭대기에 굳이 제단을 설치했을까를 질문하지 않을 수 없다. 의례를 지내는 것이 목적이었으면 평평한 대지 위에 만들어도 무방하지 않은가? 실제 접근이 용이한 평평한 대지나 강가 옆에 위치한 절이나 불탑, 릉 등이 많은 것을 보면 도대체 어떤 기준으로 위치를 정했는지 알 길이 없다. 무거운 돌을 들고 마니산 꼭대기로 향하는 그들의 머릿속에는 어떤 방향타가 있었을까? 하물며 경주 봉길리에 있는 문무왕릉의 경우는 어떠한가? 왜 하고 많은 땅을 두고 해변에서 200미터 떨어진 바다 속에 무덤을 만들었을까? 상식적으로 생각하기엔 수수께끼 같은 현상들이 너무 많다.

Figure 2. 스톤헨지 전경. 출처: Photo by Diego Delso, Wikipedia_CC BY-SA 4.0

고대 유적과 관련한 이런 궁금증은 비단 한국에서만 찾아지는 것이 아니다. 영국 남부에 위치한 스톤헨지(Stonehenge)를 봐도 같은 질문을 할 수밖에 없다. 왜 그들은 무거운 돌을 저 멀리서 가져와 이곳에 덩그러니 세웠을까? 도대체 어떻게 세웠으며 왜 원형 배치일까? 이 장소는 어떤 기준으로 선택되었던 것일까? 흥미롭게도 스톤헨지와 관련한 전설을 접해 보면 거인이 만들었다는 설도 있다. 물론 증거는 없다. 단순히 거석의 크기가 일반적인 사람이 움직이기엔 불가능해 보이기에 '거인'이라는 상상의 도구를 통해 풀어보려는 시도였으리라 생각한다. 현재에도 스톤헨지에 대한 논의는 끊이지 않고 있다. 이제까지 나온 이론들로서는 아직까지 스톤헨지의 설계 의도와 과정을 정확하게 파악할 수 없기 때문이다. 저자가 2017년에 참석한 'Archaeoacoustic III'이라는 학회는 음파(Sonic wave)를 통해 고대 건축을 관찰하는 연구 집단으로서 현재에도 유럽 전역의 고대 거석 건축물을 답사하며 음파와 거석 구조물의 상관관계를 파악하는데 주력을 하고 있다. 이 학회에서도 면밀한 현지 조사를 통해 스톤헨지 중앙에서 특정 음파를 발생했을 때 소리의 공명 효과가 다른 구조물과는 확연히 다르다는 결과를 보고한 적이 있다. 물론 그 정도 정보만으로 스톤헨지의 비밀을 풀었다고는 말할 수 없다. 소리 공명은 공간의 여러 질적인 요소 중 하나일 뿐 더 핵심적인 요소, 즉 위치와 배열, 좌향 등에 대한 정보와는 무관하기 때문이다. 스톤헨지와 관련해서는 아직도 끊임없이 다양한 학설과 주장 그리고 신화적인 이야기까지 더해지며 계속되고 있다.

Figure 3. 인도 엘로라 카일라사 석굴 전경

인도 중서부에 위치한 마하슈트라 주에 위치한 엘로라(Ellora) 석굴군에 도착하면 가장 먼저 제16번 사원인 카일라사(Kailasa) 사원이 관광객들을 반겨준다. 시바 신을 모시는 이 사원은 높이

90m, 너비 60m의 하나의 큰 자연석을 조각하여 만든 대규모 석굴 사원이다. 그냥 단순히 조각했다고 표현하기엔 부족하다. 이 신전은 종종 서양의 대표적인 신전인 그리스 아테네 아크로폴리스 중심에 서 있는 파르테논 신전과 비교되기도 한다. 알려지기로는 카일라사 신전이 파르테논 신전보다 그 규모가 약 두 배 정도 크다고 한다. 하지만 크기가 크다고 더 가치를 인정받는 것은 아니다. 실제 이 신전에는 파르테논 신전에서 볼 수 없는 그 무엇이 있다. 바로 건축기법이다. 신전의 크기나 섬세한 조각의 아름다움을 비교하기에 앞서 건축기법을 꼭 따져보아야 하는 이유이다.

파르테논 신전이 필요한 석재들을 깎고 다듬어 쌓아 만들었다면 카일라사 사원은 하나의 바위산을 위에서 아래로 각출하며 깍아 들어가며 공간을 구축했다. 공간 또한 단순한 석굴이 아닌 다양한 구조와 구획, 그리고 화려한 장식이 조화를 이루는 아주 정교한 건축이다. 이 기법의 차이때문에 두 신전을 외형적으로 단순 비교하는 것은 불가능하다. '필요한 것을 쌓아 올리는 건축'과 '불필요한 것을 덜어내는 건축'은 그 기법에서 정반대이다. 전자는 위치와 좌향, 설계에 관한한 얼마든지 시행착오를 겪으며 수정 보완의 과정을 담아낼 수 있지만 후자는 그런 실수를 용납하지 않는다. 한번 떨어져 나간 돌은 다시 붙일 수 없다. 말 그대로 커다란 암석을 한 땀 한 땀 조각해 내려가며 수많은 지성소와 이를 둘러싸는 섬세한 장식을 드러낸 것이다. 엘로라 석굴의 건축가는 도대체 어떻게 이런 작업을 했을까? 왜 굳이 커다란 바위산을 깨고 들어가 이 곳에 사원을 만들어야 했을까? 주변에 널린 땅이 많은데도 왜 이런 수고를 마다하지 않았을까? 한 땀 한 땀 암석을 파내는 장인들은 어떤 생각을 했을까?

'불가사의'라고 그저 내버려 둘 것인가?

앞서 소개한 유적 건축 외에도 전 세계에는 수수께끼같은 고대의 흔적이 많이 남아있다. 경이로운 구조물을 가리켜 우리는 **'불가사의'**라는 개념을 사용한다. 어떤 사물이나 현상의 본질, 즉 참 모습을 아직 완전하게 인식하지 못하는 상태를 가리킨다. 어떤 건축이 불가사의 하다는 것은 곧 설계 의도를 정확하게 알 수 없다는 말과 같다. 건물이 왜 이 지점에 이 방향과 모양으로 서 있는지 그 본래 의도와 축조 과정을 알 수 없을 때 사용하는 개념이다. 단순히 기술적인 '어려움' 때문에 우리는 불가사의라고 묘사하지 않는다. 고대 7대 불가사의[4] 만 보더라도 인간이 가진 인식의 한계를

---

[4] '고대의 세계 7대 불가사의' 목록은 지중해 주변과 중동에 국한된 지역의 건축물과 조각 등으로 이루어져 있으며, 목록과 건립 시기는 다음과 같다. ① 이집트 기자의 쿠푸왕 피라미드(대피라미드, BC 2584~2561년) ② 바빌론의 공중정원(BC 600년?) ③ 올림피아의 제우스신상(BC 435년) ④ 에페소스의 아르테미스 신전(BC 550년?, 재건립 BC 323년) ⑤ 할리카르나소스의 마우솔레움(BC 351년) ⑥ 로도스의 거상(BC 292 - 280년) ⑦ 알렉산드리아의 등대(BC 280년?). 출처: 두산백과

여실히 보여준다. 7개 중 유일하게 현존하는 쿠푸왕 피라미드의 경우 그 축조의 핵심은 아직까지도 알지 못하고 있다. 계속 발전하고 있는 GPR(지중 관통 레이다) 등의 관측장비를 사용하여 피라미드 안에 어떤 공간들이 숨어 있는지를 더 알아가고 있는 수준이다. 하지만 피라미드 내부에 공간 몇개를 더 찾았다고 피라미드 설계의 핵심을 알 수 있는 것은 아니다. 피라미드 외 불가사의 건축물들은 아예 그 흔적을 찾을 수 없거나 터만 남아 있어 더 이상의 관찰은 불가능해 보인다.

아이러니하게도 이렇게 '왜?' 라는 질문에 명확한 답을 제시하지 못할 경우 사람들은 객관적인 사실 추구보다는 감성적, 문화적 선호를 앞세우게 된다. 불가사의에 대한 현대 인류의 호기심이 지난 2007년 인터넷 투표로 선정된 뉴세븐원더스(New 7 wonders)[5]를 통해 드러났다. 선정 기준을 현재 존재하는 건축으로 한정하였다고 하지만 많은 면에서 이미 축조의 역사와 근거를 알고 있는, 심지어 근대에 지은 건축물까지 포함되었다. 물론 그 중 불가사의한 요소를 담고 있는 대단한 건축물도 있지만 7개의 건축물이 일관성있는 불가사의의 정의를 담기엔 부족해 보인다.

어쨌든 중요한 사실은 전 세계에는 이런 수수께끼 같은 건축 유적이 많다는 사실이다. 이런 불가사의한 건축물들을 보며 신비감에만 도취되기에는 분명 뭔가 아쉬워 보인다. 이 땅의 모든 것이 저만의 존재 근거를 가진다면 우리가 아직 모르는 근거에 대한 탐구는 반드시 필요해 보인다. 과연 그들이 주는 메시지는 무엇일까? 이 모든 현상에서 우리가 유일하게 받아들일 수 있는 사실은 무엇일까? **그것은 바로 지금 우리가 보지 못하는 것을 고대 사람들은 볼 수 있었다는 사실**이다. 현재 우리의 인식 수준과는 다른 인식 수준으로 자연을 관찰할 수 있었고, 그 속에서 목적에 맞는 건축을 가능하게 하였다. 이 전제를 인정하는 것은 무척 중요하다. 모든 탐구의 시작은 부인할 수 없는 사실을 알아차리는 데에서부터 시작하기 때문이다. 인식 수준의 차이였으리라는 착안을 인정하느냐 마느냐는 선택이 아니다. 인정을 못한다면 이런 신비스러운 건축물들이 왜 그 위치에 그런 모양과 크기로 조성이 되었는지를 명확히 밝히면 된다. 특히 입지에 대한 부분은 더더욱 설명이 되어야 한다. 왜 그들은 저 멀리 300km 밖에서 부터 수백톤에 해당하는 돌들을 끌어와 세웠을까? 왜 그 무거운 고인돌들이 알 수 없는 배치로 조성되었고, 왜 높은 산꼭대기의 보이지도 않는 곳에 불탑이 서 있으며, 왜 굳이 깨뜨리기도 힘든 암석을 깨어내며 사원을 만들었고, 왜 관을 들고 바다 속으로 들어갔을까? 주변에 평평하고 접근이 용이한 땅이 널려 있는데도 말이다.

---

[5] 2007년 뉴세븐원더스(New7Wonders) 재단은 '새로운 세계 7대 불가사의'로 ① 만리장성 ② 요르단의 페트라 ③ 브라질 예수상 ④ 타지마할 ⑤ 페루의 마추픽추 ⑥ 로마 콜로세움 ⑦ 멕시코의 치첸이트사를 꼽았다. 출처: 두산백과

따라서 그들은 볼 수 있었고 우리는 아직 보지 못하는 이 상황을 있는 그대로 인정하는 것이 중요하다. 소크라테스의 명언에서도 나타나는 "나는 내가 모른다는 것을 안다." 내용과도 일맥상통한다. 내가 무엇을 모르고 무엇을 아는지 명확하게 아는 사람이라야 비로소 진정한 관찰과 객관적인 시야를 확보할 수 있다. 내가 모른다는 사실을 인정하지 않고는 새로운 앎을 얻는 과정을 시작할 수 없다.

인간의 인식 능력의 회복을…

이 전제를 충분히 자각하고 인정한다면 우리에게 주어진 과제는 더욱 명료해진다. 그들의 인식 능력을 탐구하면 되는 것이다. 이를 통해 그들이 보았던 세상은 과연 어떤 모습이었는지를 알아갈 수 있을 것이다. 많은 질문들이 쏟아져 나온다. 과연 그들은 어떻게 우리와 다른 무엇을 보았을까? 어떤 도구를 사용했을까? 생각과 믿음으로만 가능했을까? 종교적인 행위와도 관계가 있었을까? 지금 우리가 보는 세상과 그들이 보는 세상은 어떤 차이가 있었을까? 그들과 같은 인식 능력을 가진다면 우리 또한 현대에도 같은 수준의 건축설계를 할 수 있을까?

이 땅에 만들어진 모든 산물은 인간이 한 생각의 결과이다. 우리 주변에서 볼 수 있는 연필, 책, 컴퓨터, 휴대폰에서 부터 각종 첨단 기술이 들어간 자동차, 비행기, 초고층 빌딩 등 모든 것은 인간의 생각에서 출발하였고 그 생각을 토대로 현실화의 과정을 거쳐 존재하게 되었다. 모든 것이 생각의 결과라면 불가사의한 건축물 또한 그 당시 '생각'의 결과라는 것을 추론할 수 있다. 현대의 인간이 고대 건축물의 원리를 이해하지 못하고 있다면 이는 당연히 고대 사람들처럼 생각하지 못하고 있기 때문이다. 이 단순한 사실에 이 책의 핵심 주제가 들어있다. **인간이 무엇을 어떻게 인식하느냐가 곧 인간이 '할 수 있는' 능력으로 이어지고 이를 통해 그 능력에 준하는 결과물이 나타난다는 사실** 말이다.

우리 주변을 보면 비단 건축물만이 불가사의적인 것은 아니다. 인간에게서도 비범한 그 무엇이 포착되는 경우가 허다하다. 일반인들과는 달리 뭔가 평범함을 넘어선 특정 능력을 발휘하는 초능력이 그 예일 수 있다. 초능력에 대한 논의는 너무 방대하여 이 책에서 심도있게 다룰 수 없지만 이미 보고된 여러 사례들이 많을 뿐더러 지금도 끊임없이 나타나는 현상이다. 남들이 못 보거나 못 듣는 것을 알아차리는 사람에서부터 괴력을 발휘하거나 예지, 예언, 원격투시 등의 능력을 발휘하는 사례 등은 나라와 인종을 막론하고 전세계적으로 나타나는 현상이라 더이상 새로울 것도 없는 실정이다. 하지만 여기서도 중요한 핵심이 무엇인지 고찰할 필요가 있다. 왜 그들은 다른 일반인들과는 달리 무언가를 더 알아차릴 수 있을까? 타고난 재능인가? 후천적으로 계발된 것인가? 그리고 어느 순간 갑작스럽게 발휘된 능력은 무엇을 의미하는가? 종교사에서 흔히 볼 수 있는 신비체험의 사례, 극한 상황(전쟁, 강한 스트레스, 경외심에 사로잡힌 상태 등)에서 갑작스럽게 맞이한 깊은 변성의식상태(altered state of consciousness[6]) 등은 무엇을 의미하는가? 특정한 환경이 초능력을 발휘하게끔 만드는 것은 아닐까? 다양한 논의가 가능하겠지만 여기서 우선 중요한 것은 이것이다. 그것은 바로 이러한 인간의 비범한 능력이 '실재' 한다는 사실이다. 아직 이해를 다 하지는 못하지만 분명 인간에게는 우리가 아직 다 모르는 어떤 능력, 힘, 체계가 내재하고 이 체계는 특정 조건이 맞았을 때 스스로 드러난다는 사실이다. 불가사의한 건축물과 마찬가지로 인간 또한 불가사의한 존재이다.

'불가사의' 라는 개념을 축으로 삼아 고대 건축물과 인간의 비범함에 대해 짧게 생각해 보았다. 언급한 내용을 종합해 보면 아래와 같다.

첫째, 고대 건축물에서나 인간에게서 아직 우리가 이해하지 못하는 그 무엇이 실재한다. 이를 불가사의, 신비스러움, 비범함, 초능력 등의 개념으로 칭할 수 있다.

둘째, 불가사의한 고대 건축물의 경우 현대인들의 관점에서 이해를 하지 못할 뿐, 실제 만들어냈던 고대인들에게는 당연한 무엇이었다. 그들의 머리 속에는 스톤헨지가 왜 그 위치에 서야 하는지, 피라미드가 왜 그 장소에 그 크기와 모양으로 지어져야 하는지 청사진이 또렷했다. 그러했기에 정확하게 만들어낼 수 있었다. 그들이 볼 수 있었던 것을 지금 현대를 살아가는 우리가 못 보기 때문에 이해를 못할 뿐이다. 그들과 같은 수준으로 생각하지 못하기에 그와 비슷한 건축물을 못 만드는 것이다.

셋째, 인간의 비범한 능력이 발현되는 사례 또한 마찬가지이다. 인간을 구성하는 몸과 정신에 대한 이해가 부족하기에 비범한 능력에 대해 정확하게 알지 못할 뿐더러 심지어 이를 '신비' 라는 포장으로 감싸 그 이해를 더욱 어렵게 만들었다. 하지만 우리 주변, 전 세계적으로 나타나는 이 보편적 현상을 마냥 '신비'의 영역에 가두어 놓기엔 우리가 놓치고 있는 것이 너무나 많다는 사실 또한 간과할 수 없는 실정이다.

---

[6] 일상적 기능양식과는 상이하게 다른 경험의 마음상태와 실재의 구조를 의미하는 것으로, 하나의 변성의식은 그것 자체의 고유한 특성을 가진 새로운 불연속적 체계이며 의식이 재구조화된 상태. 다양한 변성의식은 개인의 거의 모든 발달단계에서 누구에게나 일어날 수 있다. 일시적인 변성상태를 절정경험(peak experience)이라 하는데, 이를 통하여 깨어 있으면서도 심혼, 정묘, 인과, 궁극의 수준 등의 자연상태를 경험할 수 있다. 또한 이러한 상태가 더 나아가 직접적인 영적 경험으로 종종 인도되기도 한다. [네이버 지식백과] 변성의식상태 [altered state of consciousness, 變成意識狀態] (상담학 사전, 2016. 01. 15., 김춘경, 이수연, 이윤주, 정종진, 최웅용)

고대 건축물에서 나타는 사실, 그리고 인간의 비범한 능력에서 나타난 사실을 종합해 보면 다음과 같은 시사점을 드러낸다. 아직 이해는 못하지만 그들은 만들어냈다는 것, 아직 충분히 알지는 못하지만 인간에게는 무한한 능력이 숨겨져 있을 수 있다는 끈을 꼭 붙잡고, 우리는 인간이 알 수 있고 할 수 있는 것이 무엇인지를 진지하게 탐구하는 것이 중요하다. 인간이 불가사의를 만들어냈다면 분명 그 불가사의를 만들어낼 수 있는 생각과 인식 능력이 뒷받침 되었을 것이다. 바로 그것을 탐구하는 것이 필요하다. 초능력 또한 마찬가지이다. 아직 완전한 이해에 미치지는 못했으나, 정신 수양의 영역에서 많은 구도자들이 명상과 의식변형기법을 동원하여 다양한 능력을 발휘하는 사례를 보면 이는 어떤 특정인에게만 국한되는 능력이 아닌 누구나 연습과 단련을 통해 이를 수 있는 그 무엇이 아닐까라는 생각을 가지게 된다. 만약 그 방식을 탐구하여 비범한 능력을 발휘할 수 있다면 어떨까? 불가사의한 건축에 대한 심층적인 이해 뿐만이 아니라 현대에도 그러한 건축물을 지을 수 있을 것이다. 우리 능력에 대한 불신을 타파하고, 진정으로 할 수 있다는 자신감과 신뢰로 삶을 살아갈 수 있을 것이다. 시작은 고대 건축물이지만 결국 이를 만드는 주체인 '인간'에 대한 탐구이다. 우리 스스로에 대해 더 깊이 아는 것이 곧 고대 건축이 가진 신비를 풀 수 있는 유일한 길이라고 생각한다.

1.2 인간이 가진 능력은 어디까지 일까?

실제 있었던 흥미로운 사례를 통해 인간이 가진 비범한 능력에 대한 논의를 이어가고자 한다.

1970년대 초 미국의 ABC방송국의 시사저널 프로그램인 The Reasoner Report에서 흥미로운 사례를 방송했다. 하버드 대학을 졸업한 티모시 갈웨이(Timothy Gallwey, 1938-)라는 아마추어 테니스 코치가 그 주인공이다. 어떤 점이 특별했기에 국영방송에서까지 다루었을까? 바로 테니스를 가르치는 방식에 있었다. 티모시 갈웨이의 방식은 다른 테니스 코치들과는 전혀 다른 방식이었다. 대개 우리가 뭔가를 배울 때 설명을 듣고, 그 설명에 따라 생각하고 행동하려고 한다. 테니스를 배울 때도 마찬가지이다. 테니스 라켓을 쥐는 법에서 부터 준비 자세, 스윙 자세, 서브 등 다양한 기술에 대한 방대한 설명을 듣고 한 스텝씩 따라 하는 것이 일반적인 방법이다. 이런 방식으로 몇년간 열심히 하면 코트 위에서 서로 주고받고를 능수능란하게 할 수 있는 정도에 도달할 것이다. 물론 사람에 따라 다르다. 어떤 사람은 십년을 쳐도 겨우 공을 반대편 코트 위로 넘기는 것조차 버거울 수도 있을 것이고 어떤 이는 배운 지 몇달 만에 아마추어급의 실력을 뽐낼 수도 있을 것이다. 하지만 과연 이런 일률적인 방식으로 배우는 것이 유일할까? 넓게 보면 이는 테니스만의 문제가 아니다.

학교, 가정, 스포츠, 취미의 영역에서도 무언가를 배울 때는 항상 일률적인 패턴(개념설명→하나씩 따라하기) 으로 진행되기 마련이다.

티모시 갈웨이는 바로 이 지점에서 생각을 달리 했다. 어떻게 달랐을까? 그가 가르치는 테니스는 근본부터 다르다. 1972년 출판된 그의 책 The Inner Game of Tennis의 서문을 보면 그의 방식이 근본적으로 어떻게 다른지 명확하게 알 수 있다.

"이 방식은 배울 필요가 없습니다. 왜냐면 우리는 이미 이 방식을 알고 있기 때문입니다. 우리가 해야할 일은 그저 이 방식이 나타나는 것을 방해하는 습관들을 버리고, 온전히 나타나도록 내어맡기는 것입니다." [7]

처음 이 개념을 접한다면 다소 아리송할 것이다. 그의 설명에 의하면 테니스를 가장 잘 배울 수 있는 방식은 **이미 우리가 알고 있고, 할 수 있는 것을 방해하지 말고 드러내면 된다는 것**이다. 배우기 위해서(to learn) 이미 배운 것을 버려야(to un-learn) 한다는 주장이다. 이것이 어떻게 가능할까? 우리가 이미 알고 있다는 것은 무슨 의미이며 그것을 어떻게 드러내라는 것일까? 티모시 갈웨이는 그의 방식이 맞다는 것을 증명하기 위해 저널 방송에서 실제 테니스를 한번도 해보지 않은 중년 여성 '몰리' 를 상대로 테니스를 가르치는 과정을 몸소 보여주었다[8].

20분 만에 테니스 치는 걸 배웠다

몰리는 생전 테니스를 한번도 해보지 않았다. 그렇다고 다른 운동을 꾸준히 한 것도 아니다. 이런 사람에게 20분만에 테니스를 가르칠 수 있다면 당신은 믿겠는가? 아래는 가르치는 과정의 간략한 묘사이다.

① 먼저 티모시가 코트 위에 서서 테니스 공을 어떻게 치는지 일반적인 스트로크를 몸소 보여주었다. 반대편 코트에서 도우미가 공을 보내면 자연스러운 스윙으로 공을

---

7) 원문: "This process doesn't have to be learned; we already know it. All that is needed is to unlearn those habits which interfere with it and then to just let it happen." 출처: W. Timothy Gallwey, The Inner Game of Tennis: The Classic Guide to the Mental Side of Peak Performance, Introduction, Random House(Revised ed. Edition), 1997, Introduction.
8) 유튜브 동영상 https://www.youtube.com/watch?v=HzR8x5MgvDw(Inner Game of Tennis (Tim Gallwey method)을 보면 이 과정을 상세하게 볼 수 있다.

받아치는 장면을 몰리가 바로 옆에서 보게끔 하였다.

② 티모시가 공을 받아치는 장면을 1~2분 정도 본 후 몰리가 티모시의 자리에 섰다. 그 자리에서 몰리는 반대편에서 보내주는 공이 네트를 넘어 땅에 바운스 된 후 자신에게까지 오는 과정을 있는 그대로 관찰하였다. 아직 라켓을 사용할 단계가 아니다. 우선 공이 어떻게 자신에게 다가오는지를 면밀히 관찰하는 것이 중요하다. 이 과정에서 공이 바운스 될 때 소리내어 '바운스(Bounce)!', 그리고 바운스 된 뒤 자신 가까이 왔을 때 '힛(Hit)!'이라고 외치는 것을 같이 하였다. 공의 움직임을 명확하게 인식하기 위해 알아차림을 극대화 하는 일종의 알람 장치를 활용하는 것이다.

③ 어느 정도 관찰이 되었으면 라켓을 사용한다. "Hit!"라고 외친 순간이 라켓을 휘둘러야 하는 순간이다. 따라서 이미 연습한데로 상대편 코트에서 보낸 공의 흐름을 놓치지 않고 보고 있다가 적정한 거리로 자신 가까이 왔을 때 라켓을 스윙한다. 스윙을 어떻게 하는가? 아까 처음에 티모시가 공을 받아치는 장면을 보았다. 이제 몰리가 할일은 티모시가 보여준 자연스러운 스윙이 자신에게도 나타날 수 있도록 몸을 맡기는 것이다. **몸이 알아서 몰리의 몸에서 티모시가 보여준 자연스러운 스윙을 드러나게 하는 방식**이다.

Figure 4. 티모시 갈웨이의 저서 시리즈 중 '테니스'와 '일'에 대한 책

실제 동영상을 보면 20분만에 몰리는 티모시와 주고받기를 능수능란하게 할 수있게 되었다. 물론 몰리가 테니스를 프로수준으로 할 수 있는 것은 아니다. 모든 것이 그렇듯 최고가 되기 위해서는 '숙련'이 필요하다. 하지만 티모시의 방식에서 중요한 사실은 **몸에게 내어 맡겼을 때 훨씬 더 빨리 배울 수 있다는 사실**이다. 티모시의 방식은 간단하다. 배우는 사람에게 가장 이상적인 테니스 스윙, 백핸드 스윙, 서브 등의 자세를 보여준다. 그리고 이 자세로 공을 제대로 치고 받는 모습을 같이 보여준다. 이때 배우는 사람은 아무런 사심 없이, 그저 있는 그대로 관찰할 뿐이다. 이 과정에서 배우는 사람은 테니스의 규칙에서부터 어떤 자세일 때 가장 자연스럽게 공을 치고 받을 수 있는지 관찰한다. 머릿속에 관찰한 이미지가 어느 정도 각인되었으면 이제는 그 이미지가 스스로의 몸을 통해 나타나도록 내어 맡긴다. 내 몸, 내 안에 숨어있는 신비한 시스템을 믿고 이 시스템이 알아서 몸을 움직이도록 내맡기는 것이다. **내안의 '또 다른 나'를 신뢰(Trust)하고 이 '나'가 그저 알아서 드러나게끔 통제권을 넘겨주는 것(Let it happen)**이다.

티모시 갈웨이는 이후 테니스 뿐만이 아니라 골프(The Inner Game of Golf), 음악(The Inner Game of Music), 스키(The Inner Game of Skiing), 일(The Inner Game of Work), 스트레스 줄이기(The Inner Game of Stress) 등에까지 같은 원리를 적용시키기에 이른다. 그의 원리, 즉 원하는 이미지나 개념을 명확히 한 후 그 이미지가 자신을 통해 드러나게끔 내어맡기는 방식은 어느 영역에서나 적용될 수 있는 것이기 때문이다. 이에 더해 그의 방식은 단순히 적용한다는데 그치는 것이 아니라 어쩌면 최고의 성과를 도출할 수 있는 유일한 방식일 수 있다는 것이 많은 심리학자들이 공유하고 있는 접점이다. 바로 머리로 배워 가는 것이 아닌 이미 알고 있는 것을 온 몸을 통해 힘들이지 않고 표출하는 것이다. 많은 스포츠 선수들이 원하는 대로 경기가 잘 풀리지 않은 날 자괴감에 빠져 말하는 대화 중 많은 내용이 다음과 같다. **"나는 내가 무엇을 할 줄 몰라 못한게 아니야. 내가 이미 머리로는 다 아는 것을 못했다는 것이 문제지…"** 머리로는 모든 이론과 방법, 순서 등을 다 이해한들 실제 상황에서 실현한다는 것은 다른 문제이다. 티모시의 주장에 따르면 '머리로 가는 방식'은 여러 감정적, 감각적 개체적 욕망과 습관 등에 영향을 받기에 이 방식으로는 최고 수준의 경기력에 도달할 수 없다는 것이다.

인간의 비범함? 지극히 당연한 우리의 능력

실제 위의 유튜브 동영상에서 티모시가 수업을 시작하기 전 참가자들에게 하는 말은 그래서 의미심장하다. 모든 인간이 공유하고 있는 경험 중 하나가 태어나서 걷는 것을 배우는 것이다. 태어난 아기들은 어른들의 설명을 듣고 이해를 통해 걸음을 배우지 않는다. 그들이 아무리 설명을 잘 한들 아기들은 언어를 이해하지 못한다. 그렇다면 그들은 어떻게 걸음 걸이를 배우는 것일까? 아이들은 어른들의 일상 모습을 보고 관찰하며 그것을 자기 속에 이미지화한 후 그저 자신을 통해 같은 모습을 드러내려고 애쓰는 것 뿐이다. 물론 걸음마 과정은 무수한 엉덩방아 찧기가 수반이 된다. 하지만 결국 아주 짧은 시간내에 누구나 걸을 수 있게된다. 머리속으로 논리적인 사실관계를 따지면 배운 것이 아닌 **관찰된 이미지가 내 몸을 통해 나타나도록 하는 것** 뿐이다. 아기들은 실수를 두려워하지 않는다. 남의 시선을 의식하는 것도 없으며 틀리는 것이 무언지도 모르고 그냥 할 뿐이다. 따라서 엉덩방아도 그들에게는 걸음을 배우는 과정에서 즐기는 하나의 요소이다. 티모시의 주장은 바로 이 지점이 참 교육의 핵심이라는 것이다. 우리는 아기들처럼 배움에 다가가야 한다. 세상을 편견없는 눈으로 관찰한 후 원하고 도달하고 싶은 이미지가 있으면 그 이미지에 집중한 후 내어맡김을 통해 저절로, 자연스럽게 내 몸이 그 이미지를 현실화 시키는 것.

The Inner Game of Tennis의 사례를 소개하는 이유는 인간의 비범함이 어쩌면 바로 이런 아주 지극히 당연한 우리 '인간'이라는 존재성 안에 있음을 알아차리는 데에 있다. 합리적, 논리적 방식으로 지식을 쌓아가는데 익숙해진 현대인들이 놓치고 있었던 인간의 본래 정체성을 다시금 생각하게 만드는 중요한 사례이다. 우리는 이미 가진 능력이 많다. 못 알아채고 있을 뿐이다. 자신이 가진 무한한 잠재성에 대한 새로운 고찰이 필요한 시점이다. 하지만 우리가 이미 모든 것을 가졌다는 전제를 사실로서 받아들이기에는 아직 뭔가 부족해 보인다. 하지만 다음의 흥미로운 사례를 접하면 생각이 달라질 수도 있다.

1.3 비범함을 어떻게 끄집어낼 것인가?

'농약 없이 풍작을 이루는 기술과 이를 둘러싼 음모'라는 다소 섬뜩한 부제를 달고 출간된 책 '태고의 유전자[9]'무척 흥미로운 이야기가 담겨있다. 때는 1988년 12월, 스위스 인기 방송 프로그램인 '슈퍼트레퍼'에서 과학계의 경이라고 할만한 실험에 대한 소개[10]가 방송을 탔다. 지금은 노바르티스(Novartis)로 합병되었지만 그때는 치바가이기(Ciba-Geigy)라는 거대한 스위스 제약회사의 물리화학자인 구이도 에프너(Guido Ebner) 박사와 그의 동료 하이츠 쉬리히(Heinz Schürch)가 무대에 섰다. 에프너 박사 앞에는 평범한 고사리 화분이 같이 놓여있었다. 이미 짜여진

---

9) 뤽 뷔르긴, 류동수 옮김, 태고의 유전자-농약없이 풍작을 이루는 기술과 이를 둘러싼 음모, 도솔, 2008
10) 본 방송영상은 다음의 유투브 링크를 통해 확인할 수 있다. https://www.youtube.com/watch?v=mi6YIjwzUXg&feature=youtu.be

순서대로 사회자가 질문을 던졌다. 하지만 그때까지는 시청자들은 여태까지 보지 못했던 경이로운 자연의 운행을 목격하게 되리라 꿈에도 생각치 못했다.

Figure 5. 태고의 유전자

에프너 박사는 막힘없이 본인이 현재 연구하고 있는 실험에 대해 소개했다. '정전기장[11]'을 이용해 생물의 특질을 되살려내 활성화시키는 실험이다. 쉽게 얘기해서 진화의 과정을 거꾸로 올라가는 '역진화' 실험이다. 에프너 박사 앞에 놓인 고사리 화분은 우리가 흔히 볼 수 있는 고사리이다. 하지만 에프너 박사가 이 고사리 홀씨를 전기장안에서 처리를 한 다음 키운 고사리의 모습을 보는 순간 모두 의아해하지 않을 수 없었다. 그 모습이 아주 달랐기 때문이다. 대개 고사리는 털이 보송보송한 것이 일반적인데 전기장 처리를 한 고사리는 그냥 큰 이파리들을 달고 있었다. 하지만 이 다른 모습의 고사리가 실제 고사리의 원형이라는 것은 어떻게 증명할까? 하지만 이런 의문 또한 다음 사진을 보는 순간 사그라들 수밖에 없었다. 에프너 박사는 선사시대 고사리 잎 화석 사진을 보여주었는데 사진속의 이파리 화석과 지금 눈앞에 있는 고사리의 이파리가 거의 흡사했던 것이다.

에프너 박사가 고사리만을 실험대상으로 삼았던 것은 아니다. 이 흥미로운 과학적 탐구[12]는 고사리를 넘어 옥수수, 물냉이, 밀, 송어에도 적용되었고 다음과 같은 결과를 얻었다. 옥수수의 경우 일반적인 옥수수와는 달리 잎이 더 넓고 대도 굵었으며 옥수수자루가 3배 이상 더 많았다. 최대 12개의

---

11) 정전기장(靜電氣場, electrostatic fields.)은 시간적으로 일정한 공간 분포를 가진 전하에 의한 정전기력이 미치는 범위의 공간을 말한다. 출처: [네이버 지식백과] 정전기장 [靜電氣場, electlostatic field] (화학대사전, 2001. 5. 20., 세화 편집부). 에프너 박사에 의하면 정전기장은 쉬고있는 전기, 즉 전압이 존재하되 전류는 흐르지 않는 장을 말한다. 출처: 뤽 뷔르긴, 류동수 옮김, 같은 책, p.33.
12) 전기장 실험에 대한 상세 정보는 다음의 링크를 통해 확인할 수 있다. 세부적인 실험 방식과 순서, 기술적인 요소 등이 잘 설명되어있다. http://www.rexresearch.com/ebner/ebner.htm

옥수수자루가 달린 것도 있었다. 발아율과 성장속도가 무서울 정도로 높았다. 물냉이와 밀 또한 같은 양상을 보였다. 대개 성장하는데 7개월이 걸리는데 전기장 처리를 한 밀은 4주만에 성장이 다 끝났으며 달린 이삭수의 양도 월등히 많았다. 전기장 처리를 한 송어의 경우 일반적인 송어에 비해 3분의 1 정도 더 큰데다가 날카로운 이빨을 지닌, 이미 유럽에서는 멸종된 것으로 보고된 공격성이 강한 야생형 송어로 변이를 하였다. 힘도 세서 실험을 위해 그물을 던져 잡으려고 해도 번개같이 빠져나가는 민첩성과 강한 면모를 보였다. 더 활력이 강하고 더 빨리 성장을 하는 뚜렷한 징후를 보인 것이다.

생명체 안에 태고의 정보가 잠들어 있다니…

에프너 박사의 정전기장 실험이 주는 메세지는 무엇일까? 나타난 현상을 있는 그대로 서술하면 다음과 같다. 전기장 처리를 거친 생명체들의 발육 속도가 높았으며 성장한 모습 또한 원형의 모습, 즉 각 생명체의 원래 모습이 재발현되었다. 마치 잠들어 있었던 유전정보가 어떤 이유로 각성이 되어 다시 발현된 것이다. 1997년 TV인터뷰에서 에프너 박사는 다음과 같이 설명한다.

"…단, 동일한 게놈에서 뭔가 다른 것을 불러낸 것이 분명합니다. ..(중략).. 식물에게 그런 형태를 부여하는 구조가 결국 무엇인지 우리는 최종적으로 확실하게 알지 못하기 때문입니다. 우리의 이론은 단지 식물이 전기장 속에서 어떤 정보를 얻게 되고 그 정보가 식물을 원래의 형태로 발달하게 한다는 것입니다.[13]"

에프너 박사의 정전기장 실험이 시사하는 바는 무엇일까? 결과적으로 정전기장이라는 매개가 생명체에 적용되었을 때 일반적이지 않은, 비범한 그 무엇을 다시 불러일으켰다. 그리고 그 무엇은 그 생명체의 원형이라 할 만한 것이었다. 이는 마치 진화 과정에서 정지했던 유전 정보가 갑자기 활성화된 것같은 현상이다. 정전기장이 과연 무엇이기에 이런 각성을 일으켰는지 정전기장에 대한 심화 탐구가 필요해 보인다. 하지만 이 책에서 중요하게 보는 것은 **생명체 안에 이미 내재하고 있었던 원형의 유전정보가 드러났다는 사실**이다. 정전기장의 역할은 분명 있지만 더 중요하게는 생명체들 안에 정보가 있었기에 가능한 결과였다. 정전기장의 역할은 마치 꽉 찬 풍선에 바늘로 구멍을 낸 것 같은 효과가 아니었을까? 구멍을 내는 순간 풍선 안에 내재한 정보들이 쏟아져 나오는 모습을 상상해볼 수 있다.

---

13) 뤽 뷔르긴, 류동수 옮김, 같은 책, p. 73.

서론에서 언급한 고대 유적 건축물들이 우리에게 주는 메세지를 다시금 생각해보자. 현대 과학이 제 아무리 발전했다고 하지만 고대 유적이 가진 수수께끼를 풀지 못하고 있다는 사실 하나만으로도 아직 우리가 가진 한계가 많다는 것을 알 수 있다. 고대 유적 건축물들 하나하나가 생명체(生命體)이다. 어떤 역할(命)을 수행(生)하기 위해 특정한 몸(體)을 가진 하나의 자연이다. 만들어질 당시의 사람들의 생각과 인식을 꽉 차게 담고 있다. 지금 우리의 눈에는 그저 돌무더기, 벽돌로 쌓은 이상한 모양 정도로 보일지 몰라도 그 안에 담긴 숨은 정보가 엄청나리라는 가능성을 배제할 수 없는 이유이다.

모든 것은 우리가 인식을 하고 나서야 비로소 존재하기 시작한다

대다수의 인간은 인식 못하는 것은 '없다'고 믿는다. 원래 언제나 있었지만 있는지 조차 몰랐던 바이러스, 미생물들만 봐도 그렇다. 특정한 도구(현미경)를 통해 인식되기 시작한 것이 불과 300년이다. 그 전까지는 우리에게 '없었던' 존재이지만 알고나니 우리에게 가득 차 있는 존재가 되었다. 미생물만 그러할까? 물리학적 발견에서 자주 언급되는 전자, 원자, 미립자, 중성자, 블랙홀 등의 존재 또한 인간이 인식하기 시작한 때는 얼마되지 않았다. 모두 훌륭한 관찰 도구를 통해 우리의 인식 안으로 들어올 수 있었다. 우리가 인식을 못했을 때 그것들이 없었을까? 당연히 아니다. 우리가 인식을 못하고 있었을 뿐. 이 세상의 모든 것은 이미 우주의 시초부터 존재한 것들이다. 인간의 인식에 따라 존재/무존재를 횡단하고 있었을 뿐 우주는 언제나 모든 것을 담고 있다.

정전기장 실험 사례를 통해 우리가 받아들여야 하는 사실은 다음과 같다. 첫째, 인간의 인식은 아직 미흡하다는 것이다. 인간의 인식 수준은 시대적, 문화적, 집단적 기준에 의해 재단되고 편집되기 마련이다. 이를 겸허하게 인정하는 것이 모든 과학적 탐구의 시작일 것이다. '과학[14]'이라는 단어 자체가 가진 어원이 말해주듯 우리가 진실을 찾아갈 때 반드시 인정해야 하는 부분이다. 내가 아직 모른다는 것을 인정하고 관찰할 때 비로소 나의 기존 틀을 벗어 던지고 새로운 시점, 본질을 더 보려는 시야를 확보할 수 있기 때문이다. 둘째, 인식 수준의 불완전성을 받아들이는 것과 동시에 우주는 이미 스스로 그러하게 운행하고 있는 완전한 존재라는 것을 인정해야 한다. 생명체 안에 녹아있는 원형적 모습의 사례에서 보듯, 그리고 과학적 도구를

---

14) 과학=Science. 영국의 양자물리학자 데이비드 봄의 정의에 따르면 과학은 단순히 'to know'이다. 직역하면 '알다'이지만 좀 더 구체적으로 말하면 '사실, 진실, 진리를 알다'이다. 따라서 과학은 특정 방법론, 실험 방식에 국한되는 것이 아닌 진리를 알기 위한 모든 노력이 다 포함된다. 무엇이 과학이고 무엇이 비과학이냐의 논쟁에서 중요한 것은 얼마나 진리에 다가가기 위해 객관적인 탐구자세를 지녔느냐이다.

통해 여태까지 몰랐던 새로운 생명체들의 존재를 하나씩 알아가는 과정에서 알 수 있듯, 인간은 우주의 아주 지극히 작은 부분만을 인식하고 있었을 뿐이다. 하지만 우주는 그렇지 않다. 이미 다 있었고, 지금도 있고, 앞으로도 있을 것이다. 이미 다 있다는 인식을 바탕에 두고 찾아갈 때 우리는 안정감 있는 도전을 감행할 수 있다. 고대 유적 건축에 대한 탐구, 인간의 숨겨진 잠재능력에 대한 탐구 또한 마찬가지이다. 우리가 모를 뿐 고대 유적은 이미, 언제나 그러했듯, 고유한 정보를 다 담고 있고 또 보여주고 있다. 우리의 인식이 따라가지 못할 뿐이다.

그래서 신비스럽게 보이는것이다. 만약 고대인들이 시간 여행을 하여 현대에 와서 그들이 지은 건축물들을 보면 지극히 당연한 것을 보듯 아무렇지도 않을 것이다. 그들에게 당연한 것이 우리에게 당연하지 않을 뿐. 인간의 잠재 능력 또한 마찬가지이다. 인간 또한 우주의 부분이자 그 우주의 정보를 온전히 담고 있는 하나의 생명체이다. 인간이 가진 원래의 모습, 인간의 본래 정체성을 찾아가는 과정이 곧 잠재된 우리의 능력을 깨우고 발현되게 하는 것이다. 그렇게 될 때애 비로소 우리는 우주, 자연, 불가사의, 신비스러운 현상들을 제대로 파악할 수 있을 것이며 그것이 우주가 원래 그러하다는 것, 곧 지극히 당연한 그림이었음을 알게 될 것이다. 에프너 박사가 말했듯 **'자연은 인간이 자연을 이해하는지 그렇지 않은지에 대해 관심이 없다. 그저 제 할일을 할 뿐이다.**[15] 그 자연을 제대로 이해한다는 것은 하이젠베르크가 말했듯 우리의 탐구 자세[16], 즉 우리가 자연으로부터 무엇을 끄집어 낼 것인가를 고민하는 것이다. 어떻게 찔러야 가능할까? 우리가 지금 당장 사용할 수 있는 '정전기장'은 과연 무엇일까?

2. 내 안에 뭐가 있기에…

2.1 2002년 여름의 비범한 체험

우리는 이미 테니스를 잘 칠 수 있는 능력을 소유하고 있다. 그 능력이 우리 안에 내재함을 믿고 드러나도록 허용만 하면 된다. 이것이 어떻게 가능할까? 놀랍게도 생명체 안에는 태초 때부터 녹아있는 유전적 정보가 온전히 들어있음을 확인할 수 있다. 어떤 특정 조건이 맞았을 때 그 특질이 드러날 수 있다는 실험 결과는 우리에게 많은 것을 시사한다. 우리 주변의 불가사의와 신비스러운

---

15) 뤽 뷔르긴, 류동수 옮김, 같은 책, p.148.
16) "What we observe is not nature itself, but nature exposed to our method of questioning." 출처: Werner Heisenberg, Physics and Philosophy: The Revolution in Modern Science, Penguin Classic, 2000.

현상들 그리고 인간의 잠재된 비범한 능력에 대한 탐구가 바로 이미 우리가 비범한 능력을 가지고 있고 우리가 할 일은 단순히 그 능력이 나타나도록 조건을 조율하면 된다는 가정에서 시작할 수 있기 때문이다. 과연 그러할까? 필자의 개인적인 체험에 의하면 그렇다라고 확신할 수 있다.

아래는 필자가 원형 건축에 입문하게 된 계기가 된 하나의 사건에 대한 회고이다. 그때까지 이 세상의 모든 학문은 책, 문헌, 기존 선례 등을 공부하며 한땀씩 쌓아나가는 방식이라 생각했고 건축을 공부한다는 것 또한 마찬가지의 영역이라 믿었다. 하지만 '다우징[17]'이라는 독특한 체험을 통해 그 생각을 완전히 바꿀 수 있는 계기가 되었다.

2002년 초여름에 접어들기 시작한 무더운 날이었다. 네덜란드에서 고등학교 졸업 시험을 치르고 난 뒤 홀가분한 마음으로 한국에 들어와 있었다. 바로 대학 진학을 하지 않고 갭이어(Gap year)를 가지기로 결정한 터라 앞으로 가을 정도까지 한국에 머물며 지낼 심산이었다. 대개 인생에서 이런 시기를 갖는다면 여행도 가고 하고 싶었던 여러가지를 경험해보는 계획을 꾸리기 마련이다. 나 또한 마찬가지였다. 아버지를 통해 알게 된 분으로부터 동양학의 정수인 '풍수지리'를 배우기로 한 것이다.

사연은 이렇다. 가장 중요하게는 내가 선택한 전공과 관련이 깊다. 나는 이미 어렸을 때부터 건축가가 되는 게 꿈이었다. 막연하게 사회에서 어떤 역할을 한다면 좋은 집을 지어주는 것이 어떨까 생각했고 썩 고상해 보이는 모습이 마음에 들었다. 텔레비젼을 통해 알게된, 전 세계 수많은 집 없는 사람들의 모습 또한 일조를 했다. 이런 맥락에서 앞으로 배울 현대 건축과 더불어 동양에서 바라본 땅과 집의 관점이 같이 녹아 난다면 분명 좋은 시너지가 나올 것 같은 생각이 들었다.

그렇다고 내가 풍수지리에 대해 어느 정도 알고 있어서 배우기로 결정한 것은 아니다. 정말 아무것도 몰랐다. 배우기로 결정하고 나서도 두려움이 들었다. 외국에서 유학생활을 하고 있는 내가 잘 그려지지도 않는 한자와 도통 알기 어려운 개념이 난무하는 동양학을 배운다는 게 어려운 일이 아닐까라는 생각이 들었다. 하지만 나의 이런 생각은 첫

---

[17] 나무나 금속 막대를 가지고 땅속의 광물이나 수맥 등을 찾는 방법, 행위를 말한다. 흔히 L자 모양의 막대(엘로드)를 양손에 쥐고 수맥을 찾는 방법으로 잘 알려져 있지만 그 외 광맥, 석유, 물건 찾기 등 다양한 영역에 적용된다. 정확하게 알아야 하는 점은 다우징이 수맥만을 찾는 도구가 아니라는 것, 그리고 다우징의 사용은 인류의 초기 역사부터 존재해 왔던 심오한 깊이를 내재한다는 사실이다.

수업에서, 나의 예상과는 전혀 다른 방향으로 나아가는 내용 덕분에 기우에 그쳤다. 그리고 그 내용이 나의 삶을 완전히 바꿔놓았다. 첫 수업이 어떻게 진행되었는지 그때로 돌아가본다.

첫 수업은 선언으로 시작되었다. 나의 선언이 아닌 가르치는 선생님의 강하고 확신에 찬 선언이었다. '이 교육과정은 총 4개월이다. 그리고 너는 4개월 뒤면 기존의 주류 풍수지리학 공부를 20~30년 한 사람들의 수준을 넘어있을 것이다.' 이 선언을 어떻게 받아들여야 할까? 물론 귀에는 듣기 좋은 말이었다. 뭔지는 모르지만 내가 4개월만에 풍수지리를 잘 알 수 있다는 뜻으로 들렸다. 아주 빠른 시간 안에 이를 달성할 수 있다는 말에 약간의 신비스러운 기운까지 느낄 수 있었다. 이것이 정말 가능할까? 얼핏 알기로는 풍수지리 공부는 정말 많은 시간과 수련이 필요하다고 하던데 이 선생님은 도대체 무엇을 근거로 이런 선언을 쉽게 하시는걸까? 의문이 꼬리를 물고 늘어졌다. 아직 아무것도 모르는 나에게 이 선언은 아주 신선한 충격으로 다가왔다.

L자로 생긴 막대기를 들고 걸으라니…

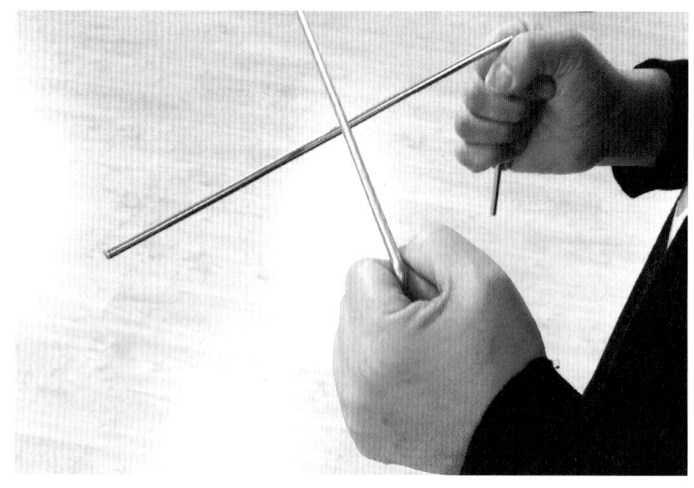

Figure 6. 엘로드를 사용하는 다우징 모습

이내 수업이 진행되었지만 전통적인 방식으로 수업을 들으리라는 나의 예상과는 달리 선생님은 구리로 만든 L자로 생긴 막대기(이하 엘로드)를 주시며 이것을 들고 아무 생각 없이 천천히 걸어가 보라고 했다. 풍수지리 이론에 대한 내용이 수업의 주가 되지 않을까라는 예상은 완전히 뒤엎어졌다. 그리고 나는 내가 예상했던 장면, 즉 책상에 앉아 칠판을 보며 노트필기를 하는 것이 아닌 엘로드 한 쌍을 두 손에 쥐고 교육장을 걸어다니고 있는 주인공이 되어있었다.

이 행위는 과연 무엇일까? 왜 걸어야 할까? 이 기역자 형 막대기는 도대체 어떤 도구일까? 내가 여기서 무엇을 관찰해야하나? 이 행위가 풍수지리랑 무슨 상관이 있을까? 아무 생각없이 걸으라는 요청이 있었지만 잡다한 질문들이 머릿속을 꽉 채우고있다. '아무 생각없이' 걷는 것이 굉장히 어려운 일임을 그때서야 알았다.

그러는 와중, 어느 순간 엘로드가 움찔하고 움직이며 서로 교차하는 지점이 나타났다. 아까부터 계속 걷고 있었지만 이런 반응이 나타난 것은 여기가 처음이다. 이 반응은 무엇일까? 왜 여기일까? 이 지점에 다른 곳과는 다른 무엇이 있는 것일까? 엘로드가 반응을 했다는 것만으로는 이 반응이 어떤 의미인지 정확하게 해석할 수 없다. 이 반응에 대해 선생님께 질문해보았지만 아직 질문에 대한 답을 듣기에는 이르다는 답변을 받았다. '우선 엘로드를 들고 많이 걸으면서 바로 그 반응을 많이 체험하는 것이 중요하다. 지금 이 지점에서 처음으로 움직였다. 아주 좋은 시작이다. 반응이 나타났다는 것을 인지했으면 다시 자세를 바르게하고 계속 걸어라.'

첫 반응을 체험한 후 이전과는 달리 걷는 데에 좀 더 신중해졌다. 머릿속을 채우고 있었던 잡념들에 나의 신경을 뺏기는 대신 한걸음 한걸음에 더 집중하며 걸었다. '또 어느 지점에서 반응이 나타날까?' 아무것도 예측할 수 없는 망망대해에 혼자 남겨진 기분이었다. 그렇다고 두렵거나 불안한 감정은 아니었다. **다만 나의 머리로는 예측을 할 수 없는 '모름'의 상태에서 오는 긴장과 호기심이 더 컸다.**

계속 걷는 연습을 했다. 걷다가 엘로드가 교차하기 시작하면 바로 멈추고 그 자리를 인지했다. 그리고 다시 자세를 취하고 걷기를 반복했다. 확실히 첫 반응 후로는 꽤 많은 반응 지점들이 나타났다. 심지어 좀 전에 걸었고 아무 반응이 없었던 곳도 다시 걸으니 반응이 나타났다. '왜 아까는 반응이 없었는데 지금은 있을까?' 여러 질문이 머릿속을 채우기 시작했다. 하지만 오늘 내가 할 일은 계속 나를 통해 드러나는 반응을 확인하는 것이었다. 나를 통해 드러나는 현상을 그저 있는 그대로 바라보고 확인하는 과정을 계속 반복할 뿐이다. 나를 통해 드러나는 현상이 지금으로는 전혀 해석할 수도 없고 이해도 안되지만 나타났다는 사실을 그저 인정하는 것이다. 중요한 것은 이것이었다. 아직 무엇인지는 모르지만 분명 무엇인가가 있다는 것. 나의 현재 지식으로는 알 수 없지만 분명한 현상이 나타난다는 것.

필자의 다우징 체험은 앞으로 이 책에서 논할 감각을 벗어난 지각에 대한 탐구와 그 응용을 알아가는 데 있어 가장 핵심에 놓여있다. 지식이 실천을 통해 지혜가 된다면 학문 또한 실제적, 현실적 적용이 가치와 깊이를 더하며 완성으로 나아갈 수 있다. 독자들도 알아차리겠지만 필자의

1인칭적 다우징 체험 과정은 앞장에서 언급한 불가사의한 고대 유적 건축물을 바라볼 때 인간이 가지는 불가사의에 대한 두려움, 그리고 스스로를 내 안의 시스템에 내어맡겨 테니스를 치는 사람이 가지는 신비로움, 또한 정전기장에 노출시킨 식물들이 예측할 수 없는 모습으로 자라나는 경이로운 모습 등을 경험하는 것과 같다고 볼 수 있다. 뭔지는 모르지만 인간 안에 독특한 특질이 내재한다는 증거, 인간뿐만이 아니라 우리 주변의 모든 것이 그러한 신비 속에 거하고 있다는 사실을 알아차리는 순간이 중요한 이유이다.

2.2 내 안에 내어맡김을…

불가사의한 고대 건축에서부터 내어맡김의 테니스, 정전기장을 통해 원형의 모습이 복원된 동식물, 그리고 필자의 다우징 체험을 짧게나마 서술하였다. 이 사례들을 가로 지르는 핵심 축은 무엇일까? 3가지로 요약될 수 있다.

첫째, 아직 인간의 인식 수준이 '현상'을 따라 가지 못한다.

아직 풀리지 않은 고대 유적지 건축물의 비밀, 수수께끼같은 인간의 비범한 능력, 내어맡겼을 때 몸이 알아서 작동하는 신비로움, 정전기장이라는 매개를 통해 잠들어 있던 원형적인 모습이 발현된 경이로운 실험 결과가 함축하는 것 중의 하나는 바로 인간의 인식 수준은 아직 현상을 따라가지 못하고 있다는 사실이다. 현상은 있는 그대로의 모습을 온전히 담고 있고 표현하고 있다. 그 현상을 현상대로 인식하지 못하는 인간의 입장에서는 많은 것들이 신비스럽고 불가사의하게 인식될 따름이다. 이해된 것은 설명할 수 있지만 이해되지 않은 것은 설명할 수 없다는 상식적인 명제를 통해 현재 우리의 인식이 진실을 못 보고 있다는 인식의 불완전성을 깊이 있게 받아들이는 것이 중요하다.

둘째, 진리가 나로 인해 가려져 있다.

인식 수준이 현상을 따라 가지 못하는 상황이지만 마냥 인간은 가능성이 없고 인식에 있어 부정적인 측면만 있다는 것은 아니다. 그 이유는 현상은 언제나 현상이라는 사실 때문이다. 이전 사례를 통해 알 수 있었던 것은 우리가 이해하지 못할 뿐 현상은 언제나 진실을 담고 있다는 것이다. 우리가 못 알아챌 뿐 우리 안에는 이미 테니스를 잘 칠 수 있는 능력이 고스란히 들어있었다. 우리가 몰랐을 뿐 동식물 안에는 태초부터 간직되어 온 정보가 담겨 있었다. 내가 몰랐을 뿐 내게는 뭔가를 감지해내는 힘이 내재해 있었다. 이미 있기에 우리는 그것을 찾을 수 있다. 이미 다 드러나 있기에 관점을 바꾸면 알아차릴 수 있다. 없는 것을 찾는 것이 아니다. 이미 다 있는 것을 못 보게 하는 조건을 우리 안에서 제거하면 되는 게임이다. 이 전제에 대한 고민이 중요한 이유는 바로 이 바탕 위에 도전적이고 자신감 있는 탐구 정신이 뿌리 내릴 수 있기 때문이다. 그리스 단어로 '진리'는 'aletheia' 이다. 독일의 철학자 하이데거는 이 단어가 Negative word, 즉 '부정형 단어' 라고 한다. 그 속을 들여다 보면 다음과 같다[18]. Aletheia는 'a' + 'letheia' 가 결합된 단어인데 'a' 는 부정(否定)을 나타내는 접두사로서 뒤에 붙은 단어의 반대 개념을 지칭하는데 쓰인다. 그러면 'letheia' 는 무슨 뜻일까? '가려지다', '감추어 지다', '숨겨지다' 라는 뜻을 담고 있는 수동형 단어이다. 그렇다면 'a' + 'letheia' 조합이 담고 있는 뜻은 무엇일까? 옛 그리스 시대 사람들은 개인의 경험은 원래의 현상을 온전히 인식하지 못하는 것으로 생각했다. 그리고 거기에는 이유가 있었는데 그들의 주장에 의하면 개인의 경험과 절대 진리 사이에는 하나의 '베일' 이 있다고 인식했다. 그 '베일'이 들어올려져 진리가 쏟아져 나오는 것이 곧 우주를 지배하는 우월한 시스템, 즉 존재 자체인 'Being' 과 만나는 지점 이라고 하였다. aletheia의 단어에서 확인 할 수 있는 '부정형' 과 '수동명사'의 결합은 따라서 당시 사람들이 인식하고 있었던 인간과 신 혹은 신성과의 관계를 단적으로 보여준다. 즉 **'진리' 는 인간이 논리와 추론을 통한 계산적인 머리로 쟁취해 나가는 것이 아닌 이미 내 안에 녹아있는 존재 자체(Being)가 스스로 알아서 드러내어 질 때(self-disclosure) '진리' 를 획득할 수 있다는 구조**이다. 우리가 분명히 이해하고 넘어가야 하는 부분이 바로 **'진리는 가려진 무엇일 뿐'** 이라는 그들의 명료한 이해이다.

셋째, 내 안의 완전한 인식에 내어맡기라.

진리, 진실, 있는 그대로의 현상은 인간의 인식 수준의 한계로 인해 가려져 있다. 이 전제를 받아들인다면 그 다음은 무엇을 해야할까? 가려진 진리가 다시 빛날 수 있도록 가리고 있는 베일을 걷어내는 작업을 해야한다. 다시 그리스어 'a' + 'letheia' 조합으로 돌아가 생각하면 'a' 에 해당하는 작업을 해야한다는 뜻이다. 진리는 이미 있고, 스스로 그러하게 존재하기에 더 이상 할 일이 없다. 그래서 수동형이다. 그것을 드러내는 작업, 즉 능동적인 'a' 를 해야하는 것이 우리 인간에게 주어진 과제이다. 베일을 걷어내기 위해서 인간은 active(활기 있게, 열정이 넘치게), authentic(주체적으로), observant(관찰력 있게) 그리고 pious submissivity (경건한 순종, 자기포기)으로 그 가려진 진리를 드러내기 위해 노력해야 한다. 어떻게 노력해야 할까? 테니스의

---

[18] Richard Rojcewicz, The gods and Technology_A reading of Heidegger, Part1. The Ancient technology, SUNY, pp. 51-52.

사례, 다우징 체험의 사례를 미루어 볼 때, 이미 진리가 내 안에 있다면 효과적인 노력의 형태는 내 안의 진리에 운전대를 맡겨 알아서 나타나게끔 허용하는 것이 맞지 않을까? 나의 불완전한 인식이 방향타를 잡고 있는 것이 아니라 내 안의 완전한 인식에 그 자리를 과감하게 내어주고 나는 그저 어떻게 가는지 관찰하는 것이 필요하지 않을까?

2부에서는 1부에서 논의된 인간 인식의 문제를 더 심층적으로 알아볼 것이다. 체계적이고 증거 기반의 논의를 위해 필자의 다우징 체험을 시작점으로 잠재된 인간의 인식 능력을 더 폭넓게 알아보려고 한다.

2부
다우징(Dowsing)

"그리스도께서 온갖 곳에서 일 하신다.
다른 이들의 아름다운 팔다리와 사랑스런 두 눈을 빌려"

Jerard Manley Hopkins 신부(카톨릭일꾼 2020년 가을호., p.3.)

3. 다우징을 이용한 인간 인식 능력의 확장

3.1 스스로 반응하다니…

2002년 필자의 다우징 체험으로 다시 돌아가보자. 양 손에 엘로드를 들고 아무 생각없이 걸어갔을 때 엘로드가 서로 교차하는 반응을 보인 현상을 과연 어떻게 이해해야 할까? 면밀한 해석을 위해 과정을 잘게 잘라 분석해보자.

① 먼저 양손에 엘로드를 쥐고 땅과 수평을 이루게 자세를 잡았다.

Figure 7. 엘로드를 활용한 다우징 자세

② 몸에 힘을 빼고, 자세를 유지하며 천천히 걷기 시작했다.
③ 걸을 때 아무 생각없이 걷기 위해 노력했다. 예를 들면 한적한 공원을 산책하는 느낌으로 자세에 집중하고 다른 생각은 일체 하지 않는 노력을 했다. 굳이 생각을 했다면 '나는 엘로드를 들고 걷고 있구나..' 정도의 생각이다.
④ 걷다가 어느 순간 양손의 엘로드가 움직이며 서로 교차했다. 어떤 반응(Reaction)이 나타난 것이다.

Figure 8. 다우징 시 '반응'이 나타낼 때

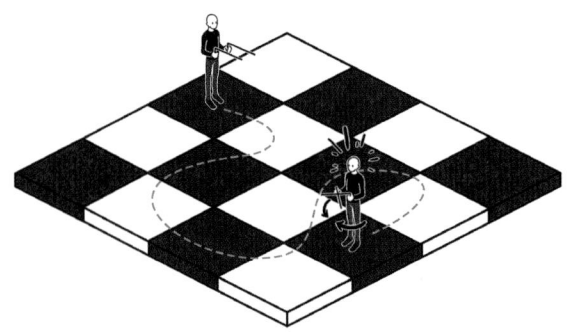

Figure 9. 걷다가 어느 순간 나타나는 반응

⑤ 자세를 다시하고 또 걸었다.
⑥ 엘로드가 교차하는 지점이 또 나타났다.
⑦ 자세를 다시 바르게 하고 또 걸었고 이전보다 엘로드가 반응하는 순간이 더 잦아졌다.

Figure 10. 첫 점을 찾은 후 많아지는 반응점들

다우징 체험의 과정을 있는 그대로의 순서로 서술해 보았다. 어쩌면 그냥 단순한 행위일 뿐이다. 전 세계 많은 사람들이 다우징을 할 때 공통적으로 겪는 체험이기도 하다. 이유는 모르지만 엘로드를 들고 걸어가면 어떤 반응이(엘로드가 서로 교차하는 방식으로) 나타난다는 것은 실제 거의 전 다우저들이 동일하게 경험하는 다우징의 특성이다. 나라, 민족을 벗어나 모든 사람에게서 공통적으로 나타나는 이 특성을 이해하기 위해서 다양한 탐구가 이루어져 왔지만 아직까지 그 이유에 대해 명쾌하게 밝혀지지는 않았다. 단순히 '그냥 된다'는 명제를 의심없이 받아들이고 있는 실정이다. 그냥 되긴 하니까 그냥 여기서 머물러도 좋을까? 아니면 그 이유를 명확하게 밝히는 과정을 통해 다우징이 가진 진면목을 깊이 헤아리고 지금보다 더 정교하고 쓰임새 있게 적용할 수 있는 탐구를 계속 하는 것이 좋을까? 이 책의 목적은 후자에 있다.

이유를 정확하게 알기 위해 가장 중요한 것은 체험을 있는 그대로 관찰하는 것이고 그 속에서 아무도 부인할 수 없는 사실만을 가려내야 한다. 다시 다우징 체험 과정을 들여다 보고 여기서 우리는 어떤 사실을 포착할 수 있는지 알아보자.

올바른 자세, 편안한 자세를 취하다.

먼저 다우징 시작 전 올바른 자세를 잡기 위해 상당한 노력과 시간을 할애했다.
글씨를 잘 쓰기 위해 올바른 자세를 잡는 것이 중요하듯, 테니스를 잘 치려면 라켓을 쥐는 방법에서부터 스윙, 서브까지 기본 자세를 확실하게 연습해야 하듯 모든 것에는 잘 하기 위한 그만의 자세가 있다. 다우징도 마찬가지이다. 같은 엘로드를 사용하더라도 사람에 따라 쥐는 방식에서부터 팔의 높이, 엘로드의 각도 등 다양한 자세로 하는 사람들을 볼 수 있다. 결국 다우징이라는 행위가 가장 자연스럽고 정확하게 나타날 수 있는 자세가 바른 자세일 것이다. 필자가 첫 수업에서 많은 시간을 자세 잡는 데에 할애한 이유이다.

특별한 생각없이 걸었을 뿐이다.

처음에는 걷는 행위만 있었을 뿐 엘로드의 움직임은 포착되지 않았다. 하지만 한 30분 정도 흘렀을까? 어느 지점에서 엘로드가 천천히 교차하는 것을 눈으로 볼 수 있었다. 뭔가 내 안에서 나타난 반응이 엘로드를 쥔 내 손을 통해 엘로드로 전해졌고 엘로드는 그 힘을 받아 돌기 시작한 것으로 보였다. 왜 이 지점에서 반응이 나타났을까? 알 수 없었다. 그냥 이 지점에서 엘로드가 반응 하는 것을 보았을 뿐. 내가 엘로드가 이 지점에서 움직이게끔 몸을 움직였거나, 내가 이 지점을 특별히 좋아하거나 안 좋아하거나, 이 지점에서 엘로드가 움직였으면 좋겠다는 희망을 품었거나 한 상황이 전혀 아니었다. 첫 경험에서 편견과 예측이 불가능한 상황에서 그냥 나타난 결과를 눈으로 확인할 수밖에 없었다.

반응이 나타났다. 그러나 왜 그런지 모르겠다.

이번엔 30분도 걸리지 않았다. 금방 교차하는 지점이 나타났다. 반응이 나타난 상황을 면밀하게 복기해 보았다. 이 반응은 나의 의지, 혹은 나의 인식과 상관없는 반응인 것은 분명하다. 어디서 반응이 나타날지 전혀 알 수 없는 상황에서 갑작스럽게 나타난 결과일 뿐이다. 다시 말하면 나는 지금 이 지점에서 왜 엘로드가 반응했는지 설명할 길이 없다.

현재 나의 인식으로는 이 반응을 제대로 이해할 수 없는 상태이다. 하지만 이 모든 과정에서 분명한 사실은 하나 있다. 바로 '**반응이 있다**' 는 것이다. 이 반응을 이해하던 이해하지 못하던 나타난 현상은 부인할 수 없다. 내가 이해하지 못한다고 해서 나타난 현상을 없던 것으로 치부하면 안된다. 나의 감각적 인지와 현재 지식으로는 설명할 수 없지만 그럼에도 나를 통해 분명하게 드러나는 사실 또한 명확했다. 그 사실을 다시 명료하게 표현하면 이럴 것이다. '**내가 엘로드를 양 손에 쥐고 올바른 자세를 취한 후 아무 생각없이 걸었더니 엘로드가 서로 교차하는 (반응하는) 지점이 나타났다. 처음엔 한번 정도였지만 그 후 계속 연습해보니 반응 지점이 아주 많이 나타났다.**' 이를 좀 더 압축적으로 표현하면 이렇지 않을까? '**나에게는 감각을 벗어나 알아차리는 어떤 시스템이 있다.**'

'현상(現象)'이란

'자연이나 사회의 어떤 상태 혹은 모양'으로 정의될 수 있다. 이렇게 보면 인간은 매 순간 무수히 많은 현상들 속에서 살아가고 있는 생명체이다. 문제는 그 중 우리가 알고자 하는 현상을 제대로 관찰하고 있느냐이다. 다우징의 체험에서 나타난 것과 같이 아직 그 현상을 제대로 이해는 못하지만 현상을 최대한 있는 그대로 받아들이는 자세가 중요한 이유이다. 그 속에서 관찰된 사실, 즉 어느 누구나 동의할 수밖에 없는 실재(實在)를 가려 탐구의 바탕으로 삼아야 진정한 객관성이 담보된다.

다시 반복하지만 필자의 다우징 체험에서 나타나는 객관적 실재는 무엇일까? 어느 누구도 부인할 수 없는 사실은 무엇일까? 바로 인간에게는 감각을 벗어나, 혹은 현재까지 학습을 통해 쌓아올린 지식과는 무관하게 알아차리는 어떤 것이 내재하고 있다는 것이다. 엘로드를 들고 걸어가니 내가 설명하지 못하는 현상이 드러났다. 그것이 무엇인지는 모르겠다. 하지만 엘로드가 서로 교차하는 현상, 즉 무언가 내 몸을 통해, 엘로드를 통해 반응을 했다는 것은 부인할 수 없다. 이것은 무엇일까? 인간에게 감각적인 지각을 통해 인지하는 세상 말고 또 다른 세상이 있다는 것일까? 감각 외에 존재하는 지각이 있을까?

3.2 오감을 벗어나 지각한다

서울에 사는 이모씨[19]는 일이 잘 안풀리거나 화가 나는 일이 있을 때마다 주위를 살

---

19) 정규석, 파동우주의 신비: 인간과 우주의 신비를 찾아서, 강원대학교출판부, 2021, p.33.

피는 습관이 있다. 그 이유는 주변에 자신의 아들, 딸이 있는지 확인하기 위해서이다. 여기까지만 보면 좋은 아버지의 모습이라 할만하다. 자신의 화난 모습, 짜증내는 모습을 보이지 않기위해 노력하는 책임감 있는 부모이다. 하지만 그 이면에는 남들에게 말하지 못하는 사연이 있다. 바로 그의 아들 딸이 가진 특별한 능력 때문이다.

그의 아들과 딸은 어릴 때부터 사람의 감정에 따라 변하는 오라(Aura)[20]를 감별하는 능력을 지니고 있었다. 어떤 사람이 화가 나기 시작하면 오라의 색깔이 변하는 것을 알아차릴 수 있었고 실제 겉으로 드러내지 않더라도 오라의 변화를 통해 그 사람의 진짜 속 마음을 관찰할 수 있었다. 문제는 자신 또한 자식들의 관찰 범위 안에 들어가 있다는 것이었다. 짜증이 날 때, 속으로 삐졌을 때, 화가 날 때, 길거리에 지나가는 예쁜 여자를 볼 때 등 자신의 모든 감각적인 인식이 오라의 변화(오라 색깔의 변화)로 나타나기에 자식들과 같이 있을 때 여간 신경 쓰이는 것이 아니었다. 실제 길에서 무심코 눈이 가는 여자를 쳐다보고 있던 중 딸아이가 "아빠 오라 색깔이 점점 핑크색으로 변하고 있어요…"라고 말했던 아찔한 순간도 있었다고 한다.

과연 인간의 지각은 어디까지 일까?

인간은 무엇을 인식할 수 있을까? 어디까지 인식할 수 있을까? 현재 나의 인식은 어떤 수준일까? 명쾌하게 답을 할 수 없는 질문이다. 우리 주변을 조금만 관찰하면 알 수 있는 사실은 인간은 서마나의 관섬, 인식수순으로 세상을 경험하고 있다는 것이다. 세상을 얼만큼 볼 수 있느냐가 나의 앎의 수준이다. 오랜 경험과 숙련된 전문성을 가진 사람이 바라보는 세상과 갓 취직한 신입사원이 바라보는 세상이 같을 수 없다. '행간을 읽어라(Read between the lines)'라는 말이 가지는 의미 또한 같다. 글에 직접적으로 나타나있지는 아니하나 그 글에 내재하는 숨은 뜻을 읽어내라는 뜻이다. 문자주의적으로, 표층적으로 보는 것이 아닌 심층적으로 바라볼 때 비로서 현상의 본질이 드러난다고 볼 수 있다.

오랜 경험과 장시간의 노력을 통해 쌓은 숙련의 정도가 인간의 인식 수준을 넓힌다는 것은 상식적으로 이해가 쉽다. 하지만 인식의 범위가 경험과 숙련에 의해서만 결정되는 것은 아니다. 위의 사례에서 알 수 있는 것처럼 대다수의 사람들이 볼 수 없는 것(오라)을 당연하게 보거나 지각하는 사례를 우리는 놀랍게도 많이 접할 수 있다. 그리고 어린아이 사례에서 알 수 있듯이 이런 능력은

---

[20] 인체나 물체가 주위에 발산한다고 하는 신령스러운 기운. 심령학에서는 특수한 종교적 능력을 가진 자가 볼 수 있다고 한다.

학습에 의해 얻어진 것보다 그냥 '주어진(giveness)', '저절로', '당연한 듯' 드러나는 경우가 많다. 심지어 앞장에서 언급한 다우징 체험의 경우 현재 나의 지식과는 전혀 무관한 반응이 내 몸을 통해 드러나는 경우도 있다. 다우징의 경우 감각과 결부되어 있지도 않다. 오감을 벗어난 어떤 특징적인 알아차림의 형태를 지니고 있다. 이처럼 인간 안에 다양한 인식 능력이 잠재해 있다는 사실은 우리 주변, 그리고 우리 스스로를 관찰할 때 충분히 알 수 있는 것이다.

감각적 지각, 사실(事實)이 아닌 주관에 의해 왜곡된 투영

먼저 인간에게 가장 친숙한 지각부터 알아보자. 감각적 지각(Sensory Perception)은 쉽게 얘기해 인체의 안이비설신(眼耳鼻舌身)을 통해 들어온 모든 자극을 두뇌가 재구성해서 판단한 것이다[21]. 이 과정을 좀 더 자세하게 설명하면 다음과 같다. 인체에서 자극을 최초로 받아 들이는 곳을 감각수용체[22]라고 하는데 이곳에서 자극은 전기에너지로 바뀐다. 수용체에서 발생한 전기에너지는 수용체에 연결된 다른 신경세포들을 순차적으로 흥분시키고, 뇌까지 자극이 전달된다. 뇌에 전달된 전기신호는 뇌 안에서 고유의 '처리과정'을 거치며 '지각'이 발생한다. 따라서 지각이란 사물이나 현상의 표상에 대한 뇌의 경험이다. 다시 말하면 뇌에 표상된 지각, 즉 우리가 어떤 것을 '지각' 했다는 것은 그 사물이나 현상과 관련된 어떤 것일 뿐 그 사물이나 현상 자체는 아니다. 우리는 사물이나 현상을 '있는 그대로(as it is)' 지각하는 것이 아니다. 우리의 지각은 우리 각자의 뇌에서 창조된 것이다.

이 관점에서 우리가 보는 세상에 대해 다시 생각해 보자. 똑같은 것을 보더라도 내가 지각하는 것은 나 혼자만 지각하는 것일 뿐 다른 사람들은 나와 다른 지각을 한다. 나의 뇌는 나의 감각기관을 통해 전달된 전기신호를 내가 살아온 경험, 내가 선호하는 기준에 따라 분류하고 편집하는 '처리과정'을 수행하여 최적의 결과를 '지각'의 형태로 가져다준다. 문제는 '최적'이 나에게만 최적일 뿐 다른 이에게는 아닐 수 있다는 사실이다. 따라서 감각적 지각은 본질적으로 진리 그 자체, 사실(事實)이 아닌 주관성이 바탕이 된 왜곡된 투영방식일 뿐이다.

서두에 언급한 어린 아이의 사례로 돌아가 보자. 이 아이는 배우지도 않았는데 인체를 둘러 싸고 있는 오라의 존재를 눈으로 보는 능력을 가졌다. 일반적으로 사람들은 오라를

---

21) 설영상, 깨달음이 주는 선물, 4장 잘 보고 잘 생각하라, 라의눈, 2018, p.180.
22) 감각수용체(感覺受容體): 감각 자극을 받아 이를 전기적 자극으로 변환하여 감각 신경 섬유에 전달하는 수용기를 통틀어 이르는 말. 인체의 각 수용기마다 특정한 자극만 받아들이는 성질이 있다.

보지 못한다. 죽은 사람의 모습이 보이는 고독한 어린 소년과 정신과 의사의 이야기를 그린 스릴러 영화 '식스센스(The Sixth Sense)'에서 이 어린 소련은 자신 주변에 존재하는 죽은 사람들의 모습을 볼 수 있다. 이런 지각은 무엇일까? 바로 고감각적 지각(Higher Sensory Perception)이다. '고(Higher)'라는 단어가 의미하듯 이 지각은 감각적 지각보다 좀 더 깊은 차원을 바탕에 둔다. 일반적으로 보이지 않는 귀신을 보거나 그 소리를 듣는 것, 인체 오라장을 보는 것, 전생 혹은 미래를 보거나 어떤 거대한 존재로부터 계시를 받는 사례가 대표적이다.

하지만 고감각적으로 지각된 정보는 '진실'일까? 아니다. 이름에서도 알 수 있듯이 고감각적 지각은 감각적 지각 보다 좀 더 깊은 차원을 지각한다는 것일 뿐 여전히 '감각'에 의존하고 있다. 다시 말해 뇌의 처리과정을 거쳐서 나오는 정보라는 것이다. 같은 것을 보더라도 사람에 따라 다른 전생과 미래, 다른 모습의 귀신, 다른 색깔의 오라를 본다는 것이다. 따라서 고감각적 지각 또한 주관성이 바탕이 된 인지 방식으로서 '진리'의 획득과는 거리가 있다.

그렇다면 개인의 감각과 뇌의 주관적인 처리 과정을 거치지 않는 지각 방식은 과연 존재할까? **초감각적 지각**(Extra Sensory Perception)에 그 해답이 있다. 초감각적 지각의 정의를 일반 사전에서 찾아보면 대개 '감각기관에 의존하지 않고 물체나 사건을 지각하는 현상을 의미한다. 천리안이나 텔레파시 등의 현상이 해당되며…[23]' 혹은 '감각 기관의 도움 없이 외계 환경의 변화를 지각하는 현상. 감각 기관 아닌 다른 수단에 의한 외부적 사건의 지각. 텔레파시, 투사력, 염력 등이 있으며…[24]' 등으로 설명되어 있는 것을 볼 수 있다. 이는 외국 사전도 마찬가지이다[25]. 하지만 이 정의를 유심히 따져보면 이중적이라는 것을 알아차릴 수 있다. 감각기관에 의존하지 않는, 감각기관과 상관없이 지각하는 현상이라는 정의는 '초(超)'의 의미, 즉 '벗어난'과 상응하지만 그 뒤에 따르는 설명은 오히려 감각적 인지 체계와 직접적으로 맞닿아 있는 천리안, 투사, 텔레파시

---

23) 감각기관에 의존하지 않고 물체나 사건을 지각하는 현상을 의미한다. 천리안이나 텔레파시 등의 현상이 해당되며, 초심리학 혹은 심령학의 연구대상이 된다. '초감각지각' 이라고도 한다. 출처: 이철수, 사회복지학사전, 2009, Blue fish

24) 감각 기관의 도움 없이 외계 환경의 변화를 지각하는 현상. 감각 기관 아닌 다른 수단에 의한 외부적 사건의 지각. 텔레파시, 투사력, 염력 등이 있으며, 많은 연구에도 불구하고 이러한 능력의 존재 여부는 여전히 많은 논란을 낳고 있다. 출처: [네이버 지식백과] 초감각 지각 [extrasensory perception] (실험심리학용어사전, 2008., 곽호완, 박창호, 이태연, 김문수, 진영선)

25) Extrasensory perception (ESP), perception that occurs independently of the known sensory processes. Usually included in this category of phenomena are telepathy, or thought transference between persons; clairvoyance, or supernormal awareness of objects or events not necessarily known to others; and precognition, or knowledge of the future. 출처:https://www.britannica.com/topic/extrasensory-perception

등의 현상이 포함되어있다. 앞뒤가 서로 다른 설명이다. 위에서 언급하였듯이 이런 현상들 또한 감각에 기반한 뇌의 처리과정 영역에서 벗어나지 못한다. 일반적이지 않은 지각 방식일 수는 있어도 결국 감각적 지각 범주 안에 있는, 즉 주관성을 바탕에 둔 지각일 뿐이다.

감각적 지각을 벗어난 지각이란 무엇일까?

그렇다면 초감각적 지각의 바른 정의는 무엇일까? 단어에 숨어있는 뜻을 알아보자.

초감각적 지각의 영단어인 'Extra Sensory Perception' 중 'Extra'를 살펴보자. 이 단어의 어원은 다양한 고대 문화권에 뿌리 내리고 있다. 라틴어의 eghs-, 고대 켈틱의 ex-, 고대 아일랜드의 ess-, 고대 그리스의 ek- 등이 그것이다. 이 단어는 모든 문화권에서 거의 동일한 뜻을 담고 있는데 그 중 대표적으로 공통적인 뜻은 '**~의 바깥에**(out of)', '**~없이**(without)'이다. 따라서 Extra라는 단어는 뒤에 붙는 단어가 지칭하는 범위를 넘어설 때, 그 범위와 상관없을 때 앞에 붙어 사용되는 단어이다. Extra가 사용된 몇 단어를 살펴보면 extra-ordinary(비범한), extra-judicial(재판외의), extra-terrestrial(외계의), extra-neous(상관없는) 등을 볼 수 있는데 같은 뜻 구조를 담고 있는 것을 파악할 수 있다. 그렇다면 초감각적 지각인 'Extra-Sensory Perception'의 뜻은 어떻게 해석할 수 있을까? 감각을 벗어난 지각, **감각과 상관없는 지각일 것이다**. 여기서 감각을 벗어났다는 것은 감각적 자극을 통한 뇌의 처리과정까지의 전체를 뜻한다. 따라서 오감에 바탕을 둔 지각 일체를 벗어난 지각이 초감각적 지각의 올바른 정의이다. 실제 미국 FBI에서 1957년에서 1960년 사이에 연구한 스파이를 위한 ESP 관련 보고서[26]에 의하면 ESP는 '**오감 또는 과거 경험이나 지식을 벗어나 정보를 지각하는 것**'으로 명확히 정의하고 있는 것을 볼 수 있다.

감각을 벗어나 지각한다는 것은 무엇을 뜻할까? 주관적인 뇌의 처리 과정과 상관없이 지각 한다는 것이 의미하는 것은 무엇일까? 바로 '있는 그대로' 인식할 수 있는, '지각의 객관성'의 획득이 아닐까? 초감각적 지각이 이렇다면 인간은 과연 이 지각을 할 수는 있을까? 인간으로서 오감을 벗어나 지각한다는 것은 가능할까?

---

26) Extra sensory perception, file No. 63-4036, Section1, Federal Bureau of Investigation. 출처: https://vault.fbi.gov/Extra-Sensory%20Perception/Extra-Sensory%20Perception%20Part%201%20of%201/view

3.3 다우징, 초감각적 지각 방식

다시 필자의 다우징 체험으로 돌아가보자. 양손에 엘로드를 쥐고 자세를 바르게 한 후 걷기 시작했다. 그리고 어느 지점에서 엘로드가 움찔하며 서로 교차하는 현상이 나타났다. 이 지점에서 무슨 일이 일어난 것일까? 과정에서 유추할 수 있는 몇 가지 사실을 나열해 보면 아래와 같다.

나의 감각적 지각과는 무관하다.
엘로드가 반응한 지점에 대해 나는 그 어떤 것도 느끼거나, 볼 수 있거나, 들을 수 있거나 한 것이 없다. 나의 오감으로 인지가 가능한 그 어떤 요소도 없다.

나의 두뇌의 처리 과정과도 무관하다.
엘로드의 반응은 마치 갑작스런 충격과 같이 다가왔다. 어디서 반응이 나올지 전혀 알 수 없는 상태에서 갑자기 나타난 현상이다. 나의 인지 과정이 여기에 개입했거나 나의 선입견이 관여했을 리 만무하다. 나의 두뇌가 판단하지 못하는 것이 어떤 이유로 인해 나타난 것이다.

첫 반응이 나타난 후 반응이 점차 많이 나타났다.
처음엔 30분 이상을 걸어도 반응이 전혀 없었는데 첫 반응이 나타난 후 나타나는 빈도가 잦아졌다.

다우징 체험을 통해 드러난 사실을 종합해 보자. 엘로드를 통해 나타나는 반응을 인지하는 과정 전체를 보면 초감각적이라는 것을 알 수 있다. 개인의 오감과는 전혀 무관하고, 선입견과 선호(選好), 주관적인 판단과도 상관없다. 내 오감을 포함한 두뇌는 전혀 모르는데, 내 몸을 포함한 '나'는 알고있는 무언가가 있다는 것이다[27]. 감각의 스위치, 두뇌의 스위치를 꺼도 작동하고 있는 무언가가 있고 그 무언가가 찾아내는 것들(오감으로는 찾아낼 수 없는 것들)이 있다는 것이다. 그리고 연습을 하면 할수록 반응이 더 자주 나타난다. 마치 초감각적 지각은 이미 작동하고 있지만 우리가 미처 모르고 있었던 그 무언가가 아닐까 하는 생각을 하게끔 한다. 내 의지와는 상관없이, 즉 내가 좋아하든 싫어하든, 내가 원하든 원하지 않든 늘 내 안에 존재하는 인식체계인 것이다. 이렇게 보면 두 손에 쥔 엘로드는 **인간이 가진 고유의 인식체계를 가시화(可視化)해 주는 하나의 도구일** 뿐이다. 어떤 새로운 무언가를 포착하게 해 주는 것이 아닌 원래부터 있던, 태생적으로 내재하는 지각능력을 쉽고 명료하게 드러내어 주는 증폭기라고 볼 수 있는 것이다.

---
27) 설영상, 깨달음이 주는 선물, 4장 잘 보고 잘 생각하라_추천하는 진리 찾기, 라의눈, 2018, pp. 181~182.

다우징, 대상을 '있는 그대로', '객관적'으로 알 수 있게 해주는 지각방식

이를 토대로 '다우징[28]'이라는 행위를 정의해 보자. 다우징은 인간이 감각과 두뇌의 판단을 거치지 않고도 훨씬 더 많이 알고 있다는 사실을 알아차리게 해주는 행위임과 동시에 그 방식을 기반으로 일반적으로(감각기관+두뇌판단) 알아차리지 못하는 현상을 알아차리는데 사용할 수 있는 고유의 지각방식을 일컫는다. 즉 **다우징은 초감각적으로 사물과 현상을 관찰할 수 있게 해주는, 다시 말해 대상을 '있는 그대로', '객관적'으로 관찰할 수 있게 해주는 지각 행위**이다. 이는 직관(intuition), 즉 '안(in)'으로부터 얻는 '보살핌/교육(tuition)'이라는 뜻과 일맥상통한다. 다우징은 우리 안에 내재한 직관능력을 끄집어 내는 도구로 볼 수 있다.

다우징이라는 특징적인 행위를 통해 인식 능력의 확장이 가능했다면 분명 그 활용의 흔적이 현재는 물론 인류 역사속 어딘가에 남아있을 수 있다는 가정을 충분히 해볼 수 있다. 실제 다우징은 현재에도 땅 밑 지하를 흐르는 물길(수맥)을 찾을 때 쓰이는 대표적인 방식으로 알려져 있다. 그 외 이와 관련된 적용 사례는 무척이나 많다. 심지어 다양한 문헌 조사를 통해 알아본 바에 의하면 다우징이라는 행위의 흔적이 고대까지 거슬러 올라가는것을 알 수 있다. 인류의 역사가 곧 진리 추구의 역사라면 분명 이해가 되는 부분이다. 다우징, 즉 감각을 벗어나 세상을 있는 그대로, 사실적으로 관찰하고 이해하려는 방식이 곧 진리를 추구하는 방식이기 때문이다. 스스로 그러하게 운행하는 자연과 일치된 삶을 살아가는 방식이 곧 초감각적으로 사는 것이고 이는 다우징이라는 행위[29]를 통해 실제 삶에서 드러났을 것이다. 과연 인간은 감각을 벗어나 대상을 관찰하는 방식을 어떻게 활용했었고 현재에는 어떻게 사용하는지 다우징에 대해 심층적으로 알아보자.

들어가기에 앞 서 다우징의 바른 이해가 절실…

다우징은 인류가 언어를 통해 기록하기 시작한 시대 이전부터 존재했던, 1만년 이상의 인류 역사와 함께 하고 있는 중요한 유산이다. 그 오랜 세월동안 전해내려오고 있다는 사실 하나만으로도 다우징이 가진 남다른 의미를 짐작할 수 있다. 다우징의 지난 흔적을 되짚어 보는 것은 간단한 작업이 아니다. 그 이유 중 가장 큰 것은 다우징 행위의 형식이 지금의 그것과 다를 수 있기 때문이다. 예를 들어 엘로드(기역자 막대기)만을 사용하는 것이 다우징일까? 이미 현대에도 엘로드

---

[28] 현재 통용되는 다우징의 정의는 '비과학적', '미신적', '주술적'인 범주에 속해있다.
[29] 다우징이라는 단어는 비교적 현대에 들어와 쓰였기에 고대에는 다른 개념으로 같은 행위를 지칭했을 것이다. 물론 이는 다양한 문화권에서 고유의 개념으로 이름 지어져 불렸을것이다. 따라서 본 내용에서 언급하는 '다우징'은 초감각적 지각을 기반으로 삶에 거하는 자세 정도의 개념으로 이해하면 좋을듯 하다.

이외 펜듈럼, Y-자 막대기, I-자 막대기 등을 사용하고 있는 사례를 많이 볼 수 있다.

그렇다면 이런 물리적인 특정 '도구'를 사용하는 것이 다우징이냐 아니냐를 가름하는 기준이 될까? 슬로베니아 출신 예술가 마르코 포가크닉(Marko Pogacnik, 1944-)에 의하면 꼭 그렇지도 않다. Geomancy(동양의 풍수지리 개념과 거의 비슷한) 전문가이자 'lithopuncture' 라는 독특한 조형예술 분야를 창시한 그는 오랜 다우저이기도 하다[30]. Lithopuncture는 'earth healing'을 위해 땅 위에 돌 조각을 배치하여 지구를 치유하는 목적을 가진다. 핵심은 돌을 어디에 배치하느냐인데 그의 이론에 의하면 사람 몸에는 인체의 경혈점(acupuncture points)들이 있듯 땅에도 이런 주요한 지점들이 있는데 그의 역할은 다우징으로 그런 지점들을 찾아 돌기둥을 세움으로써 땅을 치유한다는 주장이다.

그가 다우징할 때 사용하는 도구는 보통 알려진 다우징 도구와는 좀 다르다. 그는 자신의 몸 자체를 사용한다. 그는 "**우리 몸은 수많은 마디들로 구성되어 있어 엘로드나 펜듈럼과 같은 역할을 할 수 있습니다. 연습만 한다면 눈에 보이지 않는 현상들을 포착할 수 있는 엘로드와 같은 역할을 충분히 할 수 있습니다. 무릎, 엉덩이, 손, 팔이 어떻게 움직이는지 잘 관찰하는 것이 연습의 핵심입니다[31].**"라고 주장한다. 다우징을 꼭 특정 도구와 결부시켜 바라보는 것이 오히려 다우징에 대한 진정한 탐구를 방해할 수 있다는 의미이다. 실제 인체의 특정 부분을 사용해 다우징을 한다는 사람들을 종종 볼 수 있는데 그들의 방식은 마르코포가크닉이 말한 것 처럼 인체 특정 부분의 움직임을 관찰하고 제어하는 방법을 연습을 통해 얻은 나름의 고유한 노하우이다. 비교적 자유롭게 움직일 수 있는, 많은 마디로 구성된 부분, 즉 목, 눈알, 손가락, 팔을 주로 사용한다. 이처럼 다우징의 도구는 사람에 따라 다양할 수 있기에 다우징을 특정 도구와만 결부시켜 생각하는 것은 위험하다. 이는 마치 엘로드만 보면 수맥을 찾는다고 생각하는 일반적인 시각과 비슷하다. 앞으로 논의되겠지만 다우징은; 엘로드를 사용하던 그 외 어떤 도구를 사용하던; **수맥을 포함한 그 모든 것, 즉 생각하는 모든 것에 대한 답을 드러내는 행위**이다. 다우징을 무조건 수맥찾기에만, 풍수지리에만, 비과학의 영역에만 가두어 두는 것은 과학적 탐구 자세가 아니다.

이처럼 다우징이라는 행위와 그 역사를 제대로 연구하기 위해서는 단순히 표면적인 관찰을 넘어

---

30) 그의 예술작업은 홈페이지를 통해 자세하게 볼 수 있다. http://www.markopogacnik.com/
31) 원문: "The human skeleton is composed of many joints that are capable of acting as a rod or a pendulum. The body can be trained to react to invisible phenomena like a rod. Observe the movements of knees, hips, or hands." 출처: Marko Pogacnik, Sacred geography, Part 4 Geomantic perception and exploration_4.2 Methods of geomantic perception with exercises_Aura sensitivity, body reactions, Lindisfarne Books, p.190.

심층적인 연구가 이루어져야 한다. 이런 상황에서 문헌을 통해 다우징의 역사를 알아 본다는 작업은 간단하지 않다. 현대에도 다양한 도구를 사용하고 있는데 고대 사람들이 어떤 도구를 사용하여 다우징을 했는지 가늠하는 것은 더욱 어려울 수밖에 없기 때문이다. 자칫 잘못하면 현대에 사용하는 엘로드, 펜듈럼이라는 도구를 고대의 흔적에 자의적으로 끼워 넣어버리는 우를 범하기 쉽다. 예를 들어 고대 암벽화에 어떤 사람이 막대기를 들고 있는 형상이 보이면 다우징하는 모습이라고 쉽게 단정해 버리는 경우이다. 실제 다우징과 관련한 협회나 단체들이 주장하는 맥락 또한 같다. 한 부류의 주장을 보면 다우징의 역사는 9000년 전이라고 한다. 아프리카 알제리 부근 사하라 사막에서 발견된 동굴[32] 벽화에서 다우징을 하는 인간의 모습이 발견되었다는 것이 이유이다. Y-자 막대기와 비슷한 물체를 들고 있는 형상이다. 하지만 정말 이 형상이 다우징을 하는 모습을 그리고 있는 것일까? 필자가 보기엔 사냥을 위해 활을 들고 있는 모습이다. 그리고 고고학자들의 연구 결과 또한 다우징과의 연관성에 대해서 언급하고 있지 않다. 물론 벽화의 인물이 다우징을 하고 있을 수도 있고 사냥을 위해 활을 들고 있는 모습일 수도 있다. 지금으로서 당시 이 그림을 그렸던 사람의 의도를 알 수 없기에 정답이 무엇인지는 알 수 없다. 그렇기에 지금 이 그림을 보는 우리의 시각 또한 어느 하나를 선택하기 보다 있는 그대로의 모습 그 자체로 인식하는 것이 중요하다.

그렇다면 다우징 역사에 대한 연구는 어떻게 진행되어야 할까? 20년 가까이 다우징을 경험한 필자의 생각으로는 다우징 행위의 역사는 '**내용**'으로 이해하여야 한다. 다우징 자체도 그러하지만 더더욱 지난 역사에 대한 흔적을 탐구하기 위해서는 그 초점을 도구가 아닌 행위의 내용에 중심을 두어야한다. 예를 들어 엘로드를 사용하여 수맥을 탐지하는 사례가 대상이라면 탐구의 대상은 '**엘로드**'가 아닌 **수맥을 탐지해 내는 인간 본연의 능력**'이어야 한다. 인간의 능력이 무엇이길래, 그리고 그 능력은 어떻게 발현이 되길래 엘로드를 통해, 펜듈럼을 통해, 그 외 다양한 도구를 통해 그 능력이 드러날 수 있는 것일까? 탐구의 방향을 이런 식으로 바꿔 집중한다면 고대로부터 흘러 내려오는 '다우징'의 참 역사의 줄기를 포착해 낼 수 있다고 생각한다. 다우징 활용의 역사를 되짚어 보기 전에 다우징(Dowsing)이라는 단어는 어떻게 생겨났으며 본래 정의는 무엇인지 그 바탕을 조금 이해하고 넘어가보자.

---

32) 1949년 프랑스인들에 의해 발견된 Tassili Caves에 많은 수의 벽화가 발견되었다. 그 중 B.C. 8000년경의 '수렵민의 시대'에 그려진 그림에는 몸에 상처 자국이 있는 인물과 가면을 쓴 인물이 다수 묘사되어 있다. 그림 속에 등장하는 인물들은 대개 머리가 둥글고 얼굴에 눈과 코가 없는 모습으로 묘사되어 있어 있는 것이 특징이다. 이런 특징 때문에 '수렵민의 시대'는 '머리가 둥근 인물들의 시대'라고 불리기도 한다. 그리고 에리히 판 데니켄이라는 스위스인은 현대적인 회화 양식으로는 도저히 상상도 할 수 없는 이 같은 그림을 증거로 내세우며 타실리나제르의 암벽화들은 우주인들의 작품이라는 주장을 내놓기도 했다. 출처: [네이버 지식백과] 타실리나제르 [tassili n'Ajjer] (고대유적, 2007. 6. 4., 모리노 다쿠미, 마쓰시로 모리히로, 이만옥)

3.4 Dowsing의 어원으로 본 다우징 행위

온라인 매체를 통해 다우징(Dowsing)이라는 단어의 출처를 찾아보면 다양한 설들이 많다. 국내 어떤 매체에는 과거 영국에서 '다우저(Dowser)'라는 이름을 가진 사람이 왕의 분실물을 찾는 데 도움을 준 뒤 왕이 이 사람을 '다우징(Dowsing) 전문가'라 부르면서 생겨났다고[33] 전해진다고 하지만 이와 관련한 신빙성있는 문헌적 근거는 찾을 수 없다. 흥미로운 점은 다우징이라는 단어의 어원을 찾으려는 시도는 약 150년전에도 시도되었던 사실이다. 1889년에 영국의 Society for Psychical Research(심령연구학회)[34]에서 발간된 학회집에 실린 내용을 보면 다우징 어원에 대한 학자들의 토론 내용이 실려있다. 다양한 가설들 가운데 최종적으로 3가지의 가설이 신빙성 있는 근거로 채택되었는데 하나씩 살펴보면 이렇다.

[영국] 광맥 찾기 행위로부터: '갑자기 꺾이다'

도구를 사용하여 다우징을 하는 행위가 영국에 전해진 시기는 대략 1500년대 말 ~ 1600년대로 판단하고 있다. 다우징 행위는 그 전에 먼저 독일에서 성행하고 있었다. 독일 광산에서 광물이나 지하자원을 찾을 때 사용되는 기술로서 상당한 가치를 인정받고 있었다. 다우징이 영국으로 건너간 이유 또한 같은 맥락에서 이루어 졌다. 영국에서의 다우징 흔적은 맨 처음 콘월(Corwall)이라는 도시에서 찾을 수 있다. 영국 남서부에 위치한 작은 마을인 이곳은 온화한 기후와 아름다운 자연 환경을 가진 지역으로 현재 원예농업·목축·낙농을 비롯 하여 관광 산업이 합발하다. 선사시대부터 인류가 거주한 곳으로 인근에는 고인돌, 거석 그리고 스톤헨지와 같은 환석 유적이 분포되어 있다. 다우징과의 연관성은 지금은 쇠퇴했지만 19세기까지 세계적인 구리와 주석 산지였던 이곳의 광산업에서 찾을 수 있다. 광산업의 핵심은 지하자원을 효과적으로 채굴하는 것이고 그것의 핵심은 어디에 광맥이 있는지를 찾아내는 것이었다. 독일에서 건너간 다우징 기술은 이곳에서 성행하였고 현재 통용되고 있는 단어인 dowse[35]도 이곳의 언어로 재탄생했다는 것이 하나의 주장이다. 옛 콘월 지방 (웨일즈 지역) 언어(Cornish language)에 douse라는 단어가 있는데 이 단어의 의미는 '거꾸러지다, 아래로 급락하다, 부딪히다' 등의 의미를 갖는다. 도구를 사용하여 지하 광물을 찾았을 때 도구가 움직이는 모습(어떤 특정 지점에서 막대기가 돌거나, 위나 아래로 내려 가거나, 갑작스럽게 각도가 꺾이는 모습 등)을 묘사하는 단어였다고 한다. 실제 발음 또한

---

33) [네이버지식백과] 시사상식사전, pmg지식엔진연구소, 제공: 박문각
34) 1882년 설립된 비영리 학술단체로서 현재까지 활발히 운영되고 있다. 홈페이지:https://www.spr.ac.uk/
35) 다우징(dowsing)이라는 단어의 체계는 다음과 같다. 동사: dowse, 동사과거형: dowsed, 진행형: dowsing. 출처: https://www.merriam-webster.com/dictionary/dowse

dowse와 거의 똑같은 점을 알 수 있다. 실제 1910년에 발행한 브리태니커 백과사전 (Encyclopedia Britannica)에 따르면 다우징의 어원에 관련된 여러 이론들 중 콘월 지역어에서 파생했다고 보는 의견에 더 중심을 싣고 있다. 위에서 언급한 douse라는 단어 외에도 'duschen'이라는 단어도 있는데 이 단어의 의미 또한 '부딪히다, 갑자기 떨어지다'의 뜻을 담고 있다고 한다.

또 다른 이론은 다우징이 라틴어에서 연유되었다고 보는 시각이다. 중세 시대 다우징을 하는 사람들이 사용하는 도구를 'virgula divina(divine rod_신성한 막대기)'라는 라틴어로 지칭했는데 이 단어가 영어로 번역되면서 'dowses' 혹은 'dewsys'로 불렸다는 것이다. 이 번역어 또한 옛 콘월지방어와 관련이 있는데 각각 'divinity(신, 신성), 'godhead(삼위일체 로서의 하나님)'을 의미한다고 한다. 이와 관련한 의미있는 행적이 또 하나 발견되었는데 바로 영국의 유명한 철학자 존 로크[36](John Locke, 1632-1704)가 1691년에 에세이[37]에 글에서이다. 이 글에서 그는 virgula divina의 번역으로 "deusing-rod"라는 단어를 사용 하는데 그 이유는 막대기라는 뜻을 가진 virgular는 콘월언어로 rohd이고 '신, 신성'이라는 뜻을 담고 있는 divina는 콘월어로 'dewsys', 즉 신, 하나님을 뜻하기 때문이다. 위에서 언급한 단어 douse와 비슷하지만 그 뜻은 상당히 다름을 알 수 있고 다우징 행위에 대한 그 당시 사람들의 관점을 유추해 볼 수 있다. 간단한 도구를 들고; 그 당시에는 Y-자형 나뭇가지를 사용한 흔적이 많이 보인다; 산 이곳저곳을 걸어다니며 실제로 눈에 보이지 않는 광맥을 성공적으로 찾아내는 사람들을 보며 마치 신의 응답을 받아내는 사람으로 여겼을 것이라는 추측이다.

[독일] 읽어내다… 해석하다…설명하다… 소원 성취의 막대기

마지막 흔적은 영국 이전에 다우징이 성행했다는 곳, 바로 독일에서 흔적을 찾을 수 있다[38]. 독일에서는 광산업이 발전함에 따라 많은 다우징 전문가들을 정부 차원에서 양성, 관리 했다고 한다. 그 당시 다우징 행위를 일컫는 단어로 'deuten'을 사용했다는 흔적이 있는데 이 단어의 뜻은 '읽어내다, 나타내다, 해석하다, 설명하다'라고 하며 이 단어에서 dowsing이라는 단어까지 파생했다고 보는 해석[39]이 있다. 그 당시 다우저들을 칭하는 단어로는 deuten외에

---

36) 영국의 철학자이자 정치사상가로서 계몽철학 및 경험론철학의 원조로 일컬어진다. 자연과학에 관심을 가졌고 반스콜라 적이었으며《인간오성론》등의 유명한 저서를 남겼다. 교육에도 많은 관심을 보여 소질을 본성에 따라 발전시켜야 한다고 주장하였다. 출처: [네이버 지식백과] 존 로크 [John Locke] (두산백과)
37) The Works of John Locke, Volume 2, A. Bettesworth, 1727, p. 38.
38) Betz K, Dowsing reviewed: The effect persists. Naturwissenschaften, 83:272-275, 1996.
39) Bird C, The Divining Hand. London, Macdonald and James, 1979.

'rutenganger'와 'Wunschelrute'를 사용했다는 흔적이 있는데 이는 각각 '막대기를(ruten) 들고 걷는 사람(ganger)' 그리고 '소원성취의(wunschel) 막대기(rute)'를 뜻한다고 한다[40].

현재 우리가 사용하는 단어인 dowsing의 어원을 살펴보았다. 물론 다우징이라는 행위는 이름이 생겨나기 전부터 존재했다. 위에서 논의한 중세시대에 들어와 생겨난 이름 또한 처음이 아닐 것이다. 다만 그 이름이 가진 어원을 살펴봄으로서 이름에 담긴 내용의 의미를 통해 다우징이라는 행위의 본질적 요소를 알아볼 수 있다.

결론적으로 dowsing이라는 이름에는 '신, 신성, 하나님'이라는 뜻이 내포하는 것을 알 수 있으며 이는 '특정한 도구(rod)'를 통해 읽어낼수 있고 해석할 수 있는 특징적인 요소를 지니고 있다. 그래서인지 다우징은 중세시대부터 광물이나 지하자원을 찾는 수단을 넘어 병의 증상 발견, 범죄자 판별, 미래예측 등 다양한 영역에 적용되었다. 하지만 당시 사람들이 다우징을 열렬히 환영한 것은 아니다. 당시 종교적 이해와 부딪히며 흑마술 혹은 혹세무민(惑世誣民)적 행위로 인식되어 많은 다우저들이 고통스러운 법의 심판을 받는 사례 또한 기록되어있다[41].

3.5 다우징, 가장 본질적이고 높은 개념과 맞닿아있는 객관적 지각 행위

나우징의 어원이 가진 영(靈)적인(divine, spiritual) 요소, 즉 신, 신성, 하나님 등으로 표현되는 영적인 개념과 앞 장에서 언급한 필자의 다우징 체험에서 나타난 현상에서 어떤 공통적인 맥락을 읽어낼 수 있을까? 그 당시 다우징이 일반적인 인간의 능력을 넘어 신묘한 하나님의 영역에 맞닿아 있다는 것, 그리고 현재 엘로드를 들고 걸어가며 인간의 오감과 두뇌의 처리과정을 벗어난 어떤 지각능력이 있다는 사실을 확인할 수 있다는 것은 서로 연결되어 있는 것일까? 이 논의는 아주 중요하다. 다우징이란 과연 무엇인지를 명료하게 밝히기 위해; 종교적 이해에 따라, 혹은 사회/문화/시대적 해석에 따라 달리 받아들여질 수 있는 가능성을 최대한 배제하기 위해; 문헌 조사뿐만이 아니라 직접적인 1인칭적 체험 과정을 통한 이해가 함께 어우러질 때 다우징 행위 자체에 녹아있는 보편성과 일반성을 이끌어 낼 수 있기 때문이다.

---

40) Enright JT, Water Dowsing: The Scheunen experiments. Naturwissen-schaften 82:360-369, 1995.
41) Jarva Chow(MD), Pendular Diagnosis: From Dowsing to Diagnostic Methodology?, Seminars in Integrative Medicine, June 2005, 3(2): p.39.

이제 다우징의 영적인 측면을 살펴보자. 다우징은 왜 영적인 요소와 결부되어 있을까? 왜 다우징은 신성함, 하나님, 우주의 섭리 등과 연관되어 있을까? 간략하게 살펴본 다우징 행위의 역사를 미루어 볼 때 가장 설득력 있는 이유는 다우징 행위를 통해 눈에 보이지 않는 어떤 것을 찾아낸 결과 때문일 것이다. 일반적으로 누구나 다 지각할 수 있는 무엇이 아닌, 오감 영역 밖의 어떤 것을 정확하게 찾아내는 능력이 곧 신의 능력, 하나님의 역사하심으로 해석 되었다. 달리 해석하면 일반적이지 않은, 즉 오감을 통한 지각이나 지식을 통한 두뇌활동과 상관없이 무언가를 지각하거나 알 때 이를 인간 능력 밖의 어떤 것, 즉 신의 능력으로 해석하는 관점이다. 하지만 단순히 이 능력을 곧바로 영적으로 연관시키기에는 무리가 있다. 어떤 것이 영적이다는 뜻은 이러한 신비스러운 능력발휘 이전에 존재 그 자체(하나님, 진리, 도, 자연 등)로서의 성격, 즉 언제 어디서나 일반적이어야 하며, 누구나에게 보편타당한 특성을 지녀야 한다. 과연 다우징 행위는 누구나 할 수 있는 것일까? 누구나 적당한 도구만 있으면 언제 어디서든 신의 능력을 드러낼 수 있을까?

어느 누구든 빠른 시간 안에 체득할 수 있는 다우징 행위

이 질문에 대한 답은 필자의 다우징 체험에서 얻은 사실과 이해를 통해 채워갈 수 있다고 생각한다. 실제 다우징을 체험한 사람이면 공통적으로 동의할 수 있는 사실이 하나 있다. 그것은 바로 누구나 적절한 도구만 있으면 이제까지 몰랐던 반응, 즉 감각을 벗어난 지각 현상이 나타난다는 것이다. 어떤 이는 빨리, 어떤 이는 좀 늦게 지각 반응을 체험하는데 이는 그리 중요한 사안은 아니다. 핵심은 어느 누구든 비교적 빠른 시간 안에 지각 반응을 확인할 수 있으며 한 번 확인하기 시작하면 그 지각반응의 빈도가 급격하게 높아진다는 사실이다.

모든 것은 우리가 인식을 하고 나서야 비로소: 우리의 인식 안에; 존재하기 시작한다. 우리가 그것에 대해 아는 바가 전혀 없을 때는 현실 속에서 그 존재를 실감하기 어렵다. 따라서 한 번 인식된 우리 안에 내재하는 지각 시스템은 그 존재성의 빛을 발하기 시작하며 점점 밝게 빛나기 시작한다. 이것이 다우징 행위에 있어 보편적이며 일반적인 사실이다. 전 세계 어떤 이도 다우징을 할 수 있고 동일한 체험을 얻을 수 있다. 이 사실은 인간이면 누구나 적절한 도구만 주어지면 감각을 벗어난 지각을 드러낼 수 있다는 것을 말해준다.

감각을 벗어나 얻어낸 지각이 실재와 일치하는 다양한 사례를 통해 우리는 다우징이 곧 감각적인 지각과 지식 너머의 진리를 끄집어내는 행위라는 것을 알 수 있다. 독일과 영국 등 유럽 각지의 광산에서 땅속 깊숙히 묻혀있는 광맥을 성공적으로 찾아낸 사례를 수없이 목격할 수 있으며 인체가 가진 병, 미래에 일어날 일 등 우리가 감각의 영역 안에서 알 수 없는 것들을 정확하게 인지해 낸 사례를 많이 볼 수 있다. 결국 다우징이라는 행위는 인간이 스스로 영적인 존재, 즉 보편적이고, 일반적이고, 타당하고, 진리를 직관해 낼 수 있는 존재임을 확인할 수 있게 해준다. 이것이 다우징의 어원이 담고있는 개념 '신', '하나님'과 상응하고 실제 체험을 통해 사실로 확인할 수 있는 부분이다. 물론 바로 이 지점에서 다우징은 해석을 달리 하는 특정 종교제도의 이해관계에 의해 흑마술로 치부되는 안타까운 국면을 맞게 된다[42].

다우징, 무한한 정보를 능동적 그리고 체계적으로 직관하는 행위

지금까지 역사에 담겨있는 흔적, 그리고 현재의 체험을 종합적으로 고찰해 볼 때 다우징은 일반 사전에서 흔히 말하는 '지하 광물이나 수맥을 찾는 비과학적인 방법'으로 규정하기에는 지극히 부분적이며 제대로된 이해를 담고 있지않다. 통용되고 있는 정의 외에 좀 더 본질적인 내용을 담고 있는 정의는 없을까? 흥미롭게도 엔지니어이자 미국다우징협회(American Society of Dowsers)의 창립 멤버인 레이몬드 윌리(Raymond Willey)의 정의는 지금의 그것과는 아주 다름을 알 수 있다. 그의 정의에 따르면 다우징은 **"육체적인 감각을 너머 정보를 획득하는 인간의 능력[43]"**으로 규정한다. 상당히 간결하지만 다우징의 본질을 명료하게 담고 있는 정의이다. 미국다우징협회의 공식 정의를 보면 좀 더 서술적인 정의를 볼 수 있다.

"…다우저는 마음과 몸, 그리고 특정 도구들을 통해 '우주'와 교감하는 사람이다. '도구'는 일반적인 3차원적인 인식 체계를 벗어나 '질문'에 답할 수 있게끔 인간 고유의 지각 능력을 높이는데 사용되는 핵심적인 요소이다. 다우징은 능동적 그리고 체계적으로 '직관'을 체험하는 행위이다.[44]"

이 정의를 보면 흥미롭게도 '우주(Universe)', '마음(Mind)', '직관 (Intuition)' 등의 단어가

---

[42] 독일의 종교개혁가 마틴루터에의해 다우징은 반종교적인 흑마술로 간주되었고 실제 많은 다우저가 법의 심판을 받거나 마법사, 마녀 등으로 오인받아 죽음에 이른 사례가 있다.
[43] 원문: 'the excercise of a human faculty, which allows one to obtain information in a manner beyond the scope and power of the standard human physical senses of sight, sound, touch,…', 출처: Bird C, 같은 책, p.27.
[44] 원문: "…someone who communicates with the universe through the use of mind, body and tools. Tools are used as a significant method of increasing a person's sensitivity to receiving answers to questions that go beyond one's three dimensional senses. Dowsing is the active and systematic experiencing of intuition." 출처: Jarva Chow(MD), 같은 논문, p.38.

다우징을 설명하는 내용에서 중요한 역할을 하고 있음을 알 수 있다. 인간이 '마음'이라는 기관을 올바르게 작동하면 '우주'의 무한한 정보를 '직관' 할 수 있다는 것을 내포하고 있고 이것이 곧 다우징이라는 것이다. 좀 더 넓게는 다우징 관련 저명한 저술가인 크리스토퍼 버드(Christopher Bird)의 간단 명료한 정의를 들 수 있다. CIA에서 오랫동안 일하며 The Divining Hand라는 다우징 관련 책을 지은 저자에 의하면 다우징은 **"모든 것을 찾는(to search for anything)**[45]" 행위이다.

결론적으로 정의를 내려보자. 어원의 역사, 행위의 특징들을 고려해 볼 때 다우징은 인체의 오감과 두뇌의 판단 작용을 거치지 않고 몸에 나타나는 반응을 알 수 있게 해주는 객관적 지각 행위이며 이는 인간 누구나 할 수 있는 보편적인 능력이다. 신성한 지식을 드러내는 것, 신의 음성을 듣는 것, 신의 뜻이 인간들을 통해 드러나는 것 등의 개념과 결부되어 있는 다우징의 특징(객관성, 보편성)은 종교제도에서 말하는 영성(spirituality), 즉 '절대자', '하나님', '불성', '브라흐만' 등으로 신성시되는 가장 본질적이고 높은 개념과 맞닿아있고 이렇다함은 다우징은 곧 세상을 있는 그대로 볼 수 있는 행위로 귀결될 수 있다. 지구상에 존재하는 다양한 종교제도가 가르치려고 하는 것이 현상을 있는 그대로 보는 능력이며 누구나 그런 능력을 가지고 있음을 깨우치게 하는 것이라면 다우징은 실질적인 종교적 수련 방식으로서까지 그 탁월성을 지니고 있다.

---

[45] Bird C, 같은 책, p.64.

4. 역사 속의 다우징, 그 알아차림의 이야기

객관적 지각을 얻으려는 노력의 역사

앞서 다우징의 어원과 행위 자체에서 관찰할 수 있는 본질적인 요소를 토대로 다우징의 정의를 고찰해보았다. 인체의 감각과 두뇌의 판단 작용을 거치지 않고 몸에 나타나는 반응을 알아차리는 것이 다우징의 핵심이고 이를 통해 객관적인 지각이 가능하다는 것이 본질적인 특성이라면 다우징의 역사를 살펴보는 과정 역시 같은 기준에 의거해야 한다. 즉 다우징의 역사를 볼 때 단순히 어떤 도구를 사용했냐가 아닌 감각 너머의 지식, 초감각적인 앎을 획득하려는 자세와 노력이 중심에 있어야 한다. 따라서 다우징의 역사는 곧 '객관적인 지각을 얻으려는 노력의 역사' 이다. 인간들이 어떤 방식으로 하늘의 뜻을 땅 위에서 받아내려고 했는지를; 특정 도구와 결부 시키지 말고; 관찰해 볼 때 다우징의 역사를 심도있게 그려볼 수 있다. 인류 역사에 남아있는 다우징 행위, 즉 감각을 벗어난 알아차림의 역사는 어떨지 고대부터 그 흔적을 알아보자.

4.1 고대 문명으로부터 다우징 본래의 모습을 본다.

지혜를 구하는 행위와 객관적 진리를 실재화하는 도구

Figure 11. 에드푸 신전 전경(출처: Ahmed Emad Hamdy, Wikipedia CC BY-SA 4.0)

[BC 237-57]이집트 에드프 신전 벽화가 보여주는 하늘과의 교감을 통한 건축 과정

이집트하면 제일 먼저 떠오르는 장면은 피라미드이다. 고대부터 불가사의의 원형으로 여겨지는 피라미드는 현재까지도 그 신비로움을 간직하고 있다. 현대에 들어와 여러 계측 장비를 동원하여 이전보다는 좀 더 많은 정보를 알아가고 있지만 건축의 원리, 즉 피라미드는 왜 이 위치에 이 좌향과 모양으로 건축되었는지에 대한 답은 아직 들을 수 없다. 이는 피라미드 뿐만이 아닌 다양한 고대 유적 전반에 걸쳐 나타나는 인간 인식의 한계이다. 하지만 계속되는 노력의 결과로서 흥미로운 힌트가 종종 나타나기도 한다. 그 중 하나가 에드푸 신전(호루스 신전이라고도 불림. 건축 시기 237-57 BC)에서 나타났다.

고대 세계에서 가장 완벽하게 보존되어 있는 유적인 에드푸 신전 벽감에는 신전 건축에 대한 설명이 각인이 되어있다. 'Edfu building text'라는 이름으로 알려진 이 벽감에는 고대 이집트 신화에 나오는 지혜와 정의의 신인 토트[46] 와 건축의 여신인 그의 부인 세스헤트[47]가 신전을 건축하는 장면이 묘사되어있다. 건축하는 장면이라고 해서 돌을 어떻게 쌓았는지에 대한 이야기가 아닌 그 이전의 단계, 건축 작업에서 가장 중요한 '기획 설계'에 대한 내용이다. 즉 어디에, 어떤 크기와 어떤 방향으로 피라미드를 구축할 지를 결정하는 장면이다. 내용은 아래와 같다.

드넓은 대지에 도착한 토트와 세스헤트는 이 땅위에 지어질 신전을 머릿속에 떠올린 다음 다음과 같은 내용의 기도를 하늘에 올린다.

"나는 정직하고 진실된 몸과 마음자세로 지금 이곳, 라-호라크테(Ra-Harakhte)[48]가 살아 숨쉬는 곳으로 왔다. 나는 (여기에 지어질 신전의) 크기와 폭이 가장 적합하고 정확하게 할 것이며 이와 관련된 모든 측량 또한 이 기본적인 원칙에 어긋남이 없도록 할 것이다. 그리고 신전 내 모든 지성소는 그것이 마땅히 있어야 할 곳에 배치할 것이며 기타 모든 복도, 방 들 또한 하늘을 그대로 닮게끔 만들 것이다."

---

46) 고대 이집트의 신. 이집트명 제프티(Djehuti)의 그리스명. 월신, 상(上)이집트 제15주(주도 헤르모폴리스(Hermopolis)) 및 관료(서기)의 수호신으로, 학문, 지식, 기록, 계산을 지배한다. 성스러운 동물은 비비와 따오기로, 따오기 머리를 가진 사람 또는 비비나 따오기의 모습으로 표현되며, 가끔 달의 원반을 머리위에 얹는다. 기원은 월신이며, 달의 차고 기움으로 계산이나 지식의 신으로서의 성격이 탄생하고, 신들의 서기로서 왕의 탄생 등 성스러운 일을 기록하며, 주술서나 종교 텍스트 등 신성한 책을 만들고, 역법, 문자, 연대기의 발명자가 되었다. [네이버 지식백과] 토트 [Thot, Djehuti] (종교학대사전, 1998. 8. 20.)
47) 세스헤트는 수학, 건축, 기록과 측량의 여신이다. 세스헤트는 토트의 첫 번째 부인으로 알려져있지만, 사실은 기록과 역사의 여신으로서 토트와 동일한 어원에서 변화한 이름이다.
48) 호루스는 태양신 라와 결합하여 라-호라크테(Ra-Harakhte)로 불리기도 한다.

신전 건축에 대한 원대한 목적을 공고히 한 후 토트와 세스헤트는 'pedj-shes(Stretching the cord)'라고 불리는 '신전 자리잡기 의례'를 시작한다. 직역하면 '줄을(the cord) 잡아당겨(stretching)' 신전의 전체 모서리를 측정하는 하나의 의식적인 대례(大禮)로서 이집트의 모든 신전은 바로 이 기초작업을 바탕에 둔 결과물들이다. 이 과정에서 중요한 인물은 바로 기록과 측량의 여신이 세스헤트이다. 왕과 함께 줄을 잡아당기는 제식에 참여하여 신전의 테두리를 정확하게 측정하는 역할, 즉 신전의 자리를 잡는 역할을 수행한다. 이 자리잡기 의례의 과정의 순서는 에드푸 신전 벽감에 다음과 같이 나타나있다.

"나는 한 손에 말뚝을 쥐고 측량도구(merket)와 줄을 세스헤트와 같이 잡는다. 그리고 나는 고개를 들어 하늘(별들)의 움직임을 바라본다… 나는 시계를 보며 시간을 재고, 신전의 네 모서리를 확립한다.[49]"

이 방식을 통해 왕과 세스헤트는 신전의 위치와 이를 둘러싸는 네 변을 확정하는 행위, 즉 '신의 집'을 태동시키는 작업을 수행한다.

이집트 신전에서 보이는 자리잡기의 과정은 다음과 같이 핵심적으로 요약될 수 있다. 먼저 신전 건축의 목적과 뜻을 명확히 한다. 지금 이 땅 위에 왜 신전을 세워야 하며 어떤 신전을 지을 것인지를 명료하게 정리하는 과정이다. 그 다음 신전의 자리를 잡기 위해 적합한 도구를 준비한다. 자리잡기의 경우 'cubit'[50]으로 규정된 길이를 기준으로 '줄'을 이용하며 긴 막대기 같은 형태인 'merket'을 사용한다. 이 막대기의 사용법이 무엇인지는 나타나 있지 않지만 측량을 위한 눈금이 그려져 있는 것으로 보아 '측정을 위한 도구'로 추측할 수 있다.

적합한 도구가 준비가 된 뒤에야 가장 중요한 의례를 시작할 수 있다. 바로 하늘의 뜻을 읽어내는 작업이다. 텍스트에서는 '고개들 들어 하늘의 움직임을 바라본다'라고 명시되어 있어 이 행위가 정확하게 어떤 것을 하는 것인지 많은 해석을 낳을 수 있지만 한 가지 분명해 보이는 것은 '하늘'에 답을 물어보는 특징적인 행위이다. 하늘의 뜻을 반영하기 위해, **하늘과 닮은 공간을 만들어 내기**

---

49) 원문: 'I hold the peg. I grasp the handle of the club and grip the measuring cord with Seshat. I turn my eyes to the movements of the stars. I send forth my gaze to the Bull's thigh (the Great Bear). I count off time, I watch the clock, I establish the four corners of your temple.' 출처: E.R.E Reymond, The Mythological origin of the Egyptian Temple, Manchester University Press, 1969, pp. 112-126, p.180.
50) 완척(고대에 사용되던 길이 단위의 하나. 손가락 끝에서 팔꿈치까지의 길이로 약 45cm)

위해 하늘과의 교감을 시도하는 행위는 곧 인간의 제한된 인식 능력 너머에 존재하는 신인합일의 지혜와 연결하기 위한 노력으로 볼 수 있다. 시간을 재어 이를 길이로 환산하여 네 군데 모서리점을 확인하는 과정은 하늘의 뜻을 지상의 도구를 사용하여 가시화의 과정으로 볼 수 있다. 마치 현대에 엘로드라는 도구를 활용하여 몸의 근육의 반응을 증폭시켜 볼 수 있게끔 하는 원리와 같다.

고대 이집트 상형 문자 Was(막대기 형상의 문자), 알아차림의 도구?

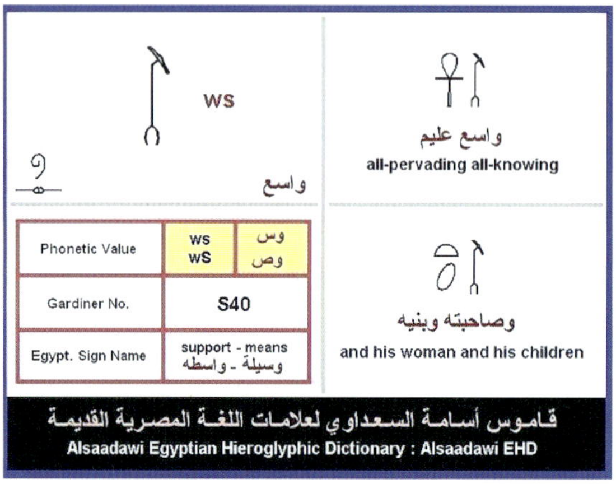

Figure 12. 고대 이집트 상형문자에서 나타난 다우징과 왕권의 관계(출처: Alsaadawi EHD)

고대 이집트 상형문자에 이를 보충하는 내용을 볼 수 있다. 신전 벽감에 많이 보이는 상형 문자 중 '삶, 진리'을 뜻하는 문자인 'anhk'가 있는데 흥미로운 것은 이 'anhk'와 '힘, 권력'을 뜻하는 막대기 형상을 한 상형문자인 'was'가 같이 쓰여질 때 그 뜻이 '전지전능한(all-pervading, all-knowing)[51]'이라는 사실이다. 실제 많은 신전에서 왕이나 주요한 인물이 이 두 개의 상형문자를 몸에 지니고 있거나 들고 있는 형상을 자주 볼 수 있다. 의미를 유추해 보면 '진리를 소유한 자가 곧 힘과 권력을 쥔 왕'이라는 해석을 할 수 있다. 따라서 **왕은 곧 모든 것을 아는 자, 소유한 진리를 언제 어디서나 드러낼 수 있는 자**이다. 여기서 was로 불리는 막대기 형상의 문자를 바로 엘로드와 같은 다우징 도구로 해석하는 것은 무리가 있을 수 있다. 하지만 우리가 다우징 행위의 본질을 떠올려 보면 고대 이집트 언어와 일맥상통하는 부분을 포착할 수 있다. 무엇일까?

다우징 체험은 내가 모르고 있었을 뿐 내게는 객관적인 정보를 인식할 수 있는 체계가 있다는 것을 확인하는 행위였다. 삶은, 세상은 언제나 있는 그대로의 모든 것을 담고 있는 하나의 현상으로 우리와 교감하고 있다. 하지만 인간은 제각각의 인식수준으로 현상을 제식대로 왜곡, 편집하여

---

51) Alsaadawi Egyptian Hieroglyphic Dictionary(http://egyptology.tutatuta.com/operations/Dictionary.htm)

받아들인다. 중요한 것은 현상은 언제나 모든 것을 담고 있다는 사실이다. 바꿔 얘기하면 현상은 언제나 진리를 담고 있다. 진리는 언제나 펼쳐져 있지만 그것을 제대로 인식하기 위해서는 '알아차리려는 노력'이 필요하다. 필자는 바로 이 지점에서 'anhk'와 'was'로 명시되는 '전지전능'을 뜻하는 단어가 곧 다우징과 같은 행위였으리라 판단한다. 전지전능함을 뜻하기 위해 'anhk'만 해도 충분치 않을까? '진리를 소유한 자'만 해도 왕과 왕의 지식, 권력, 힘을 나타내는데 충분치 않았을까? 왜 막대기 모양의 'was'라는 단어가 필요했을까? 답은 바로 다우징 행위 자체에 녹아있다고 본다.

진리는 어디에나 다 있다. 문제는 그것을 어떻게 알아차리고 드러내느냐에 있다. 막대기 모양의 'was'라는 단어가 꼭 필요했던 이유는 바로 '알아차림'의 문제가 아니었을까? 진리가 어디에나 다 있는 구조 속에서는 왕이나 평민이나 누구나 다 진리를 소유하고 있을 수밖에 없다. 하지만 그들 모두 전지전능한 능력을 드러낼 수 있었을까? 필자의 생각으로는 아니다. **진리를 알아차리고 이를 드러내는 자가 곧 능력자인 '왕'이었을 것이다.**

고대나 현재나 인간은 특정 도구를 통해 하늘의 뜻, 신일합일의 증거를 획득하는 경우가 많았다. 엘로드를 사용할 때와 같이 막대기가 움직이거나, 손에 든 펠듈럼이 흔들리거나 하는 것이 바로 그런 응답의 순간이다. 따라서 전지전능함의 표식으로서 막대기 모양의 문자가 사용된 것은 막대기의 실제적인 쓰임이 무엇이었는지 고찰하게 한다.

전지전능의 표상들: 함무라비 법전 석비의 막대기

Figure 13. Code Hammourabi Bas-relief(Photo by MBZT, Wikimedia, CC BY 3.0)

1901년 말 프랑스 탐험대가 페르시아에서 발견한 함무라비 법전 석비에도 비슷한 표현을 볼 수 있다. 석비 위쪽에는 세 개의 평평한 단 위에 발을 얹고 있는 샤마쉬[52]로부터 법전을 받는 함무라비의 초상이 새겨져있다. 함무라비는 기도하는 듯한 진중한 모습으로 샤마쉬의 말을 주의 깊게 듣고 있는듯하다. 특이한 점은 샤마쉬가 들고 있는 도구이다. 긴 주름장식의 의상을 입고 뿔 모양의 모자를 쓴 사마쉬는 **뾰족한 막대기와 원형**의 밧줄(rod and ring)을 손에 들고 있다. 이는 메소포타미아의 고대 유적에서 많이 발견된 흔적으로서 '**신성함**'을 상징하는 도구로서 알려져있다. 함무라비는 "정의가 온 나라에 퍼지게 하기 위해, 사악한 자들을 없애기 위해, 강한 사람이 약한 사람을 못살게 굴지 못하도록 하기 위해, 과부와 고아가 굶주리지 않게 하기 위해, 평민이 악덕 관리에게 시달리지 않게 하기 위해" 샤마쉬로 부터 법전을 받는다. 개체성이아닌 전체성을 위해, 주관성이 아닌 객관성, 보편성, 타당성을 나라에 뿌리내리기 위해 신성한 신으로부터 법전을 받는 것이다.

결국 특이한 막대기를 들고 있는 샤마쉬는 바로 이런 진리, 그리고 이 진리에 기반한 행위 전체를 상징한다고 볼 수 있다. 하지만 상징으로서 샤마쉬 인물 형상만으로도 충분치 않았을까? 왜 샤마쉬와 막대기가 '하나'로서 신성함을 상징할까? 샤마쉬로만은 신성하다는 표식이 완전하지 않다고 본것일까? 막대기를 들어야지만 신성하다는 것일까? 그 이유를 명쾌하게 밝히지 못하더라도 분명한 것은 위의 이집트 상형문자나 수메르 석비에서나 '막대기'는 '전지전능', '신성함'을 상징할 때 '같이' 표현된다는 사실이다.

델피 신탁소의 물푸레 나뭇가지

고대 문화에서도 다우징과 연관될 수 있는 흥미로운 정보를 다양하게 접할 수 있다. 기원전 484년 기록에 의하면 헤로도투스는 그의 저서 '역사'에 스키타이[53](the Scythians) 사람들이 버드나무 가지로 물을 찾는 모습을 본 것을 설명해 놓았다. 또한 델피 신탁소 (神託所)[54]에 Pythia로 불리던 여신관이 펜듈럼을 사용하여 사람들의 질문에 대답을 했다는 설도 있으며 스칸디나비아 지역에서는

---

52) Shamash, 고대 수메르 신화의 태양신이자 정의의 신
53) BC 6세기~BC 3세기경 남부 러시아의 초원지대에서 활약한 최초의 기마유목 민족. 그리스의 역사가 헤로도토스는 '역사'에서 스키타이를 4개의 집단, 즉 왕후(王侯) 스키타이 · 유목 스키타이 · 농민 스키타이 · 농경 스키타이로 구분하였다.
54) 델피 신탁이 있던 곳으로 코린트 만 북쪽 Delphi에 있었다. 이곳은 바다와 육지의 중심지로 여겨지던 곳으로 그리스 성지 중 가장 오래 되고 영향력 있는 곳으로 간주되었다. 기원전 8세기부터 5세기까지 일종의 국제 재판소 역할을 하던 곳으로 정치, 종교 문제 사적이든 공적이든 주요 사항을 이곳에서 재판했다.[네이버 지식백과] Delphi, Oracle of (가톨릭에 관한 모든 것, 2007. 11. 25., 백민관)

우주를 지탱하는 신성한 나무로 여겨지는 '물푸레나무'의 가지로 도구를 만들어 다우징을 했다는 흔적이 남아있다. 이는 신성한 나무로 만들어야 신성의 힘이 나타난다는 노르웨이 신화에 기인한다. 이와 비슷하게 뉴질랜드의 마오리족들은 마호(Mahoe)나무로만 도구를 만들어 다우징을 했는데 그 이유는 마호나무 안에 신의 정령이 숨어있기때문이라고 한다. 신성함과 막대기의 관계는 그리스 문학에서도 발견된다.

일리아스의 재판장이 든 막대기, 오디세이의 신성한 막대기

고대 그리스 최고의 서사시인으로 꼽히는 호메로스(Homeros)의 영웅 서사시 '일리아스(Ilias)[55]'에는 다음과 같은 내용이 나온다.

> 'And the Elders sat on rough hewn stones
> Within a sacred circle
> And held in their hands the sceptal rods
> Of the loud proclaiming Heralds
> On receiving which they then rose from the seats
> And in alternate order gave good judgement' [56]

한 손에 '**막대기**(the sceptal rods)'를 들고 **신성한** '**환석**(a sacred circle)'에 둘러서서 '**정당한 판결**(good judgement)'을 내리는 재판장들의 모습이다. 여기서 언급되는 환석은 고대 거석문화에서 자주 발견되는 원형으로 배치된 거대한 돌로 구성된 유적이다. 영국의 스톤헨지가 환석의 대표적인 유적지이며 영국 뿐만이 아니라 유럽 전역에서 발견되는 독특한 고인돌 유적 형식 중 하나이다. 대개 신성한 장소와 연관되어 있는 환석 유적은 영적인 의례나 제사, 신인합일의 장소 등으로 기능을 했으리라는 추측을 하며 일리아드에서 언급된 내용 또한 이와 같은 맥락을 뒷받침하는 중요한 흔적이다. 공정하고 객관적인 판결을 내리는 재판장들의 모습에서 우리는 두 가지를 확인할 수 있다.

하나는 재판이 신성한 장소에서 진행된다는 것이다. 위에서 언급한 델피 신탁소와 같이 고대

---

[55] 『오디세이아』와 어깨를 나란히 하는 호메로스에 의한 그리스 최고의 장편 서사시(기원전 8세기경, 1만 5693행). 신화전설적으로는 헤시오도스가 『농(農)과 역(일과 시간)』에서 말하는 영웅시대, 역사적으로는 미케네 시대(기원전 1600~기원전 1100)를 배경으로, 트로이 전쟁을 소재로 했다. 이야기는 그리스의 원정군이 트로이를 포위한 지 10년째, 어느 49일간에 생긴 일. [네이버 지식백과] 일리아스 [Ilias] (종교학대사전, 1998. 8. 20.)

[56] Homer, The Iliad (Book 18.1.585) BC 8th

그리스 시대에 재판은 신성한 장소에서 거해졌다. 실제 델피는 그 당시 국제 재판소와 같은 역할을 한 영향력 있는 장소였다. 재판과 신성함이 연결되는 고리는 바로 객관성이다. 문헌에 의하면 당시 여신관들의 역할은 '**아폴로신을 전적으로 신뢰함**'을 통해 신의 답을 듣는 것이었고 이 신의 답은 질문자들에게 전해져 정치, 종교, 사적인 문제들을 해결하였다고 전해진다.

그리고 또하나의 흔적은 객관적인 판결을 하는 재판장들이 들고 있는 도구, 즉 막대기이다. 이 막대기를 어떻게 사용했느냐는 서술되어 있지 않지만 위에서 언급한 이집트, 수메르 문화에서 보이는 신성함과의 직접적인 관계가 고대 그리스 문학에서도 공통적으로 서술되어 있는 것은 '손에 쥔 막대기'는 신성함을 나타나게 하는 매개가 아닐까 하는 의심을 가능케 하는 중요한 흔적이 될 수 있다.

일리아스 뿐만이 아니라 호메로스의 또 다른 저서인 오디세이(Odysseia)[57]에서도 이와 같은 내용을 볼 수 있다. 오디세이에서 마법의 신이 키르케(Circe)[58]가 'rhabdos'란 것을 들고 있었다는 것이 언급되어 있다. 그리스어 'Rhabdos'는 영어로 번역하면 'a rod', 즉 막대기를 뜻한다. 호메로스는 이와 더불어 'Rhabdomancy'라는 단어를 언급하는데 이는 'divining (mancy) by a rod(rhabdos)'를 뜻하는 개념(막대기를 통해 점, 예언을 하다)으로서 신들이 가지고 있던 막대기와 이를 통해 드러나는 그들의 능력과의 관계가 무엇인지 짐작케 한다.

또한 헤르메스가 들고 있는 막대기인 '카두케우스(Caduceus)[59]'도 같은 능력을 나타나게 하는 도구라는 주장이있다. 헤르메스는 이 '카두케우스'를 사용하여 명계·지상계·천계의 사이를 왕복하며, 신들의 상호 의사나 특히 제우스의 명령을 전달하는 전령의 역할을 수행했다고 전해진다. 이후 이것은 의술의 상징으로서 아스클레피오스의 지팡이로 연결되는 흔적을 볼 수 있다. 'Divining'이 곧 신성한 능력을 나타내는 행위이고 이를 가능케 하는 것이 'a rod', 즉

---

57) 고대 그리스의 시인 호메로스의 작품으로 전해지는 대서사시. '오디세우스의 노래'라는 뜻으로 1만 2110행으로 되어 있으며, 《일리아스》와 같이 24 그리스 문자를 딴 24권으로 나뉘어 있다. 지리적인 지식, 시 속에서 묘사한 생활상태, 기타 여러 가지 내적인 증거로 미루어 보아 이 작품은 《일리아스》보다 약간 뒤늦게 나온 것으로 추측된다. 출처: 두산백과
58) 태양신 헬리오스와 오케아노스의 딸인 바다의 님페 페르세이스 사이에서 태어난 딸로 마법에 능한 님페이다. 그리스 신화에서 메데이아와 함께 마녀의 대명사로 간주된다.
59) 성스러운 힘을 전하는 자가 가진 주력을 가진 막대기. 그리스어의 카릭스(karyx, 〈전령〉이라는 뜻)에서 파생된 라틴어로 생각되며, 왕권의 표상인 지팡이와 같이 소지자를 지키는 힘이 있다. 본래의 형태는 선단에서 2개의 작은 가지가 나와서 본체에 휘감겨 있는 나뭇가지로, 수맥을 찾기 위한 점술 봉에 가까운 형태였던 것 같은데, 후에 2마리의 뱀이 막대기를 기어 올라가는 형이 되었다. 뱀은 대지의 힘을 나타낸다고 생각되며, 그리스의 의신(醫神) 아스클레피오스는 대지적 치유력을 전하는 뱀이 휘감긴 막대기를 지녔다. 출처: [네이버 지식백과] 카두케우스 [caduceus] (종교학대사전, 1998. 8. 20.)

막대기라는 관계는 주요한 고대 문화권에서 공통적으로 발견할 수 있는 특징적인 관계임을 다시한번 확인할 수 있다. 이후 'Rhabdomancy'는 중동지역으로 전해지면서 흙점으로 알려진 'Geomancy'로 그 모습을 변화했고 오늘날 이 단어는 공간의 유익함과 유해함, 최적의 자리잡기의 기술[60]을 나타내는 개념으로 바뀌며 중국의 '風水(feng-shui)', 혹은 한국의 '풍수지리'와 대등한 의미를 지니고 있다.

사하라 타실리나제르 고원의 9,000년 전 암벽화. 샤먼의 행위는 다우징이 아닐까?

Figure 14. 타실리 나제르 암벽화(Gruban, Wikimedia, CC BY-SA 2.0)

다우징이 신성함, 즉 하늘의 지혜를 드러내는 노력이고 이 과정에서 특정 도구; 대개 막대기나 지팡이로 표현되는; 가 중요한 보조역할을 했다는 증거는 인류 역사 전체에 걸쳐 다양한 모습으로 나타나있다. 알제리 사하라 사막 한가운데에 평균 표고 1,200미터의 타실리나제르 고원이 있다.
'물이 흐르는 땅'이라는 의미를 가진 이 곳은 현재 황량한 바위산 뿐이지만 원래는 물이 흐르고 녹음이 무성하게 우거진 곳이었다고 보고되는 곳이다. 1909년 프랑스인에 의해 이 고원에서 약 2만점의 암벽화들이 발견되었고 1956년 프랑스 고고학자 앙리 로이드가 지휘하는 조사단을 통해 본격적으로 발굴이 이루어졌다. 기원전 9000년대의 그림으로 알려져 있는 이 암벽화들은 그 당시 아프리카 원주민들의 다채로운 생활상을 표현하고 있는데 그 중 한 벽화에서 다우징을 하는 모습을

---

60) Hong-Key Yoon(Editor), Pungsu-A study of geomancy in Korea, Introduction_6. Why Geomancy instead of Fengshui?, SUNY, 2017, pp.12-16.

그린 장면이 묘사되었다는 주장이 제기되었다. Y-자 형의 나뭇가지를 들고 걸어가는 모습이 포착된 이 그림이 실제 다우징을 하는 장면인지 아니면 다른 행위를 하고 있는 것인지는 알 수 없다. 하지만 이 그림 외 그 당시 사람들이 다우징 행위를 한 것으로 추측되는 장면이 묘사된 그림은 이 고원에서 발견된 벽화 외에도 전 세계에서 발견되었다. 이 그림들은 대개 공통적인 특징을 가진다. 어떤 특정 인물들이 동물들 앞에서 팔을 들고 무아지경에 빠진 모습을 표현하는 분위기가 그것이다. 학자들의 주장에 따르면 이런 사람들은 대개 그 부족의 우두머리인 샤먼이었을 것으로 추정한다. 샤먼으로 추정되는 인물들은 하나같이 복장이 화려하거나 특정 도구를 들고 있다. 인체를 여러겹 둘러싸고 있는 오라층에 휘감긴 어떤 샤먼은 하늘을 날아오르고 있는 모습으로 표현되어 있기도 하다. '황홀경 비행'이라고 알려진 이 묘사는 **샤먼이 무아지경의 상태에서 하늘로 날아올라 신들에게 사냥감의 위치를 물어보고 온다는 것이다**[61]. 사냥감 위치를 이미 알고 사냥에 임하는 사람들은 **자신감이 넘쳤으며 스스로 더 온전히 살아있으며 완벽하다고**[62] 느꼈다. 그 당시 샤먼은 동물과 대화할 수 있었고 눈으로 보는 세계 너머의 세계, 즉 초감각의 세계와 접할 수 있었던 사람이었다. 이 세상의 모든 것은 영원한 우주, 신성한 절대세계를 복제한 것이라는 영원의 철학(perennial philosophy)을 바탕으로 하고 있었던 그 당시 사람들에게 샤먼은 그 신성한 세계를 지상에 드러내는 중요한 매개로서 인식되었다. 샤먼은 곧 막대기와 창은, 즉 **절대 세계의 앎, 객관적인 지식을 드러내는 하나의 도구로서 자신을 내어맡겨 하늘의 뜻을 받아내는 역할을 한 사람**이였고 그렇기에 그 샤먼을 통해 나타난 행위는 곧 다우징과 같다고 볼 수 있다.

Figure 15. 인도 빔베트카 은신처 암각화

---

61) 카렌 암스트롱, 정준형 옮김, 신을 위한 변론, 1장 호모렐리기우스, 웅진지식하우스, 2010, p.39.
62) 카렌 암스트롱, 같은 책, p.41.

성경 속의 막대기. 예수도, 모세도, 베드로도 막대기로…

다우징의 역사가 인류 역사 전반에 걸쳐 살아 숨쉬고 있다면 성경(bible)속에서도 그 흔적을 찾을 수 있지 않을까? 기원전 1000년 경으로부터 기원후 2세기에 이르는 동안에 기록된 66권의 책들의 묶음인 기독교의 성경은 하나님의 영감에 의해 기록된 내용과 더불어 신앙인들의 생활상 또한 다채롭게 녹아있는 역사의 보고이다. 흥미롭게도 다우징의 흔적은 예수 자체로부터 나타난다. 리 제퍼슨 교수의 연구[63] (논문제목: 예수는 마법사였나? 초기 기독교 예술에서 보이는 예수는 왜 막대기를 들고있었나?)에 따르면 초기 기독교 시대에 만들어진 석관이나 지하묘지의 벽감에서 예수가 막대기를 들고 기적을 행사하거나 치유를 하는 모습을 묘사하는 장면이 많이 발견되었다한다.

대표적인 예로 죽은지 나흘이나 지난 나사로(Lazarus)를 다시 살려내는 내용(요한복음 11장), 눈먼 장님들의 치유, 가나안에서 물을 술로 만드는 기적, 그리고 오병이어의 기적을 행사하는 내용을 묘사한 그림에서 예수가 막대기를 들고 있는 장면이 명확하게 드러나 있다. 막대기를 어떻게 사용했는지에 대한 구체적인 서술은 나타나있지 않지만 그러한 장면에서 같이 표현되었다는 사실은 부인할 수 없다. 예수의 치유와 기적행사가 하나님과의 온전한 합일, 하나님 말씀 안에 진실로 거하는 상태에서 나타날 수 있는 그 무엇이라면 그 과정에서 막대기가 중요한 역할을 했다는 것일까?

성경 속에는 예수와 마찬가지로 많은 기적을 행한 인물이 있다. 바로 모세이다. 이스라엘 백성이 이집트를 탈출하는 과정을 그리고 있는 출애굽기의 내용에서 모세가 행사한 기적과 막대기의 관계가 극명하게 나타나는 지점들이 있다. 출애굽기 14장에 나타난 내용에 의하면 이집트 군사들에 쫓기던 이스라엘 백성들을 구하기 위해 모세는 여호와의 명령에 따라 지팡이를 들고 바다를 갈라지게 한다(출애굽기14:16_지팡이를 들고 손을 바다 위로 내밀어 그것이 갈라지게 하라 이스라엘 자손이 바다 가운데서 마른 땅으로 행하리라[64]). 여호와의 뜻이 그냥 모세가 아닌 막대기(지팡이)를 든 모세를 통해 지상에 나타나는 이 장면은 위에서 언급한 예수의 사례에서도 볼 수 있듯이 흥미로운 관점을 제시한다.

---

63) Lee M. Jefferson, Jesus the Magician? Why Jesus Holds a Wand in Early Christian Art, Biblical Archaeology Review 46:4, Fall 2020.
64) 성경전서 개역개정 4판, 대한성서공회, 1998.

빈 손의 모세와 막대기를 든 모세와의 차이점이 무엇이길래 이렇게 성경 속에서도 구체적으로 명시하는 것일까? 일반적인 능력 너머의 능력, 즉 초능력은 막대기를 든 사람을 통해 더 잘 구현되는 것이었을까? 신의 음성을 정확하게 받아내려면 그것을 도와줄 수 있는 특정 도구가 필요한 것이었을까?

모세와 막대기의 관계는 현대판 수맥찾기에서 더욱 극명하게 드러난다. 몇 날 며칠을 광야에서 헤매던 이스라엘 사람들은 물과 먹을 것이 부족해지자 모세와 여호와에게 불평을 하며 따지기 시작한다. 그들의 노여움은 모세로 하여금 여호와에게 요청을 하도록 만들고 여호와의 음성을 듣고 모세는 호렙산으로 올라가 나일강에서 바다를 가르던 그 지팡이로 바위를 내리쳐 물을 나오게 한다.

'모세가 여호와께 부르짖어 이르되 내가 이 백성에게 어떻게 하리이까 그들이 조금 있으면 내게 돌을 던지겠나이다. 여호와께서 모세에게 이르시되 백성 앞을 지나서 이스라엘 장로들을 데리고 나일 강을 치던 네 지팡이를 손에 잡고 가라. 내가 호렙 산에 있는 그 반석 위 거기서 네 앞에 서리니 너는 그 반석을 치라 그것에서 물이 나오리니 백성이 마시리라 모세가 이스라엘 장로들의 목전에서 그대로 행하니라[65]'.

로마 근교의 한 지하 묘지(Catacomb of Commodilla on the ancient Via Ostiensis)에서 발견된 벽화(기원 후 약 356년에 제작)는 예수의 제자 베드로가 모세와 같은 기적, 즉 지팡이로 물을 찾는 장면을 묘사해 놓았다[66]. 로마의 감옥에 갇혀있던 베드로는 지팡이로 물을 찾고 그 물로 그와 같이 수용되어 있던 범죄자들을 세례하는 장면이다. 돌을 쳐서 물이 나오게 한다는 문구에서 사용된 단어 중 '내리치다'는 영어로 strike이며 이 단어의 어원을 보면 '부드럽게 넘어 지나가다(to pass lightly over)', '휘젓다(stroke)', '부드럽다(smooth)'의 뜻을 담고 있다. 지팡이로 강하게 바위를 내리치는 장면이 연상이 되는 성경 문구도 어원으로 볼 땐 어떤 특징적인 행위였으리라고 추측해볼 수 있는 이유이다.

여기에서도 공통적으로 볼 수 있는 맥락은 '**신의 음성(뜻)을 인지하고 – 전적인 신뢰를 바탕으로 – 막대기(지팡이)의 응답**'을 통한 지상에서의 구현'이다. 막대기의 정확한 사용법에 대한 내용은 없지만 막대라는 '매개'의 절대적인 필요성은 여러 사례를 관통하며 끊임없이 나타나고 있다. 하지만 더 놀랍게도 또 다른 성경 속의 흔적은 막대기의 사용법에 대한 중요한 힌트를 알려주고 있다.

---

65) 출애굽기 17장 4절~6절, 성경전서
66) Lee M. Jefferso 같은 논문.

에스겔의 구체적 묘사, 다우징으로 성전 건축을 했다고…

Figure 16. The New Jerusalem. Apoc. XXI, 1047, Madrid(Wikimedia, Public domain)

구약성서 3대 예언서 중 하나인 에스겔서는 유대왕국 말기부터 바빌론 유배기 전반에 활동한 예언자 에스겔(Ezekiel)의 예언을 모으고 있는 예언서이다. 이 중 예루살렘을 중심으로 하는 전 이스라엘의 부흥(The New Jerusalem)에 대한 예언 중 성전 재건에 대한 하나님과의 문답 내용에서 막대기와 다우징과 관련한 내용이 나타난다. 그의 환상은 하나님으로 부터 새로 다시 재건할 성전의 설계도를 받는 내용인데 재건할 성전의 길이와 폭 등을 측량하는 작업을 하기 전 하나님과 에스겔의 대화에서 어떻게 측량을 할 것인지를 알리고 있다. 아래는 에스겔서 40장 1절부터 5절까지의 내용이다.

"¹우리가 사로잡힌 지 스물다섯째 해, 성이 함락된 후 열넷째 해 첫째 달 열째 날에 곧 그 날에 여호와의 권능이 내게 임하여 나를 데리고 이스라엘 땅으로 가시되 ²하나님의 이상 중에 나를 데리고 이스라엘 땅에 이르러 나를 매우 높은 산 위에 내려놓으시는데 거기에서 남으로 향하여 성읍 형상 같은 것이 있더라 ³나를 데리시고 거기에 이르시니 모양이 놋 같이 빛난 사람(whose appearance shone like bronz) 하나가 손에 삼줄과 측량하는 장대(a linen cord and a measuring reed)를 가지고 문에 서 있더니 ⁴그 사람이 내게 이르되 인자야 내가 네게 보이는 그것을 눈으로 보고 귀로 들으며 네 마음으로 생각할 지어다(set your mind upon all that I shall show you) 내가 이것을 네게 보이려고 이리로 데리고 왔나니 너는 본 것을 다 이스라엘 족속에게 전할지어다 하더라 ⁵내가 본즉 집 바깥 사방으로 담이 있더라 그 사람의 손에 측량하는 장대를 잡았는데 그

길이가 팔꿈치에서 손가락에 이르고 한 손바닥 너비가 더한 자로 여섯 척이라 그 담을 측량하니 두께가 한 장대요 높이도 한 장대며...[67]'

본 내용을 다시 정리하면 이럴 것이다. 새 성전 건립을 위해 고민하고 있을 때 하나님이 그의 고민을 들어주시어 그에게 임하시고 그를 데리고 산 위로 올라가 새로 지을 성전 건축의 설계도를 전해주기로 한다. 이때 하나님은 사람의 형상을 한 존재로 나타나시어 갈대로 만든 측량자와 줄을 사용하여 에스겔과 성전을 그려나간다. 에스겔은 어떻게 하나님과 대화하며 성전의 설계도면을 그려낼 수 있을까? 바로 하나님에게 주의집중함을 통해서이다. 온 몸과 마음을 다해 하나님이 무엇을 자신에게 말하려는지 집중하고 그것을 측량자와 줄을 통해 땅 위에서 드러내는 것이다. 이 구도에서 보이는 사실은 결국 막대기나 지팡이, 줄 등의 도구는 **도구일 뿐이라는 것**이다. 가장 중요한 것은 그 도구들을 통해 드러나는 하나님의 말씀, 진리, 법칙이다. **나의 주의를 온통 하나님에게 집중시켜 감각적이고 감정적인 '나', 내가 알고 있는 '나'를 잊어버릴 때 비로소 내 안에서 울려퍼지는 소리인 것**이다. 결국 진실되게 하나님의 말씀을 듣고 이를 실용 가능한 범위로 드러내는 과정이 곧 '다우징' 행위이며 이 과정에서 도구(막대기, 지팡이, 줄, 측량자, 펜듈럼 등)가 사용된다고 볼 수 있다.

기원 전 2,200년, 중국 우왕의 대대적 치수공사에 쓰인 도구들

Figure 17. Emperor Ta Yu(Wikimedia, Public domain)

다우징의 흔적은 가까운 중국에서도 찾을 수 있다. 대우치수(大禹治水)로 잘 알려진

---

67) 에스겔서 40장 1절~5절, 성경전서.

우임금(Emperor Ta Yu)의 행적은 기원전 2200년으로 거슬러 올라간다. 대홍수의 피해를 당하던 시기에 우임금은 요임금의 명을 받아 치수를 한다. 때는 그의 아버지 숭(崇) 부락의 수령 곤(鯀)이 치수에 실패해 죽음을 당한 뒤였다. 아버지의 전철을 밟지 않은 그는 물이 흐르는 특징을 잘 이용하여, 물길을 트고 큰 물을 다른 곳으로 소통시키는 방법을 통해 치수에 성공했다. 빈번하게 발생한 홍수로 인해 불안과 기근에 시달리던 당시 사회는 우임금이 홍수를 바다로 소통시킴으로 안정과 번영을 되찾았다.

우임금이 물을 다스리던 방식에서 다우징의 근거를 찾을 수 있을까? 그의 방식은 제방을 쌓아 물길을 막기보다 물길이라는 본성을 있는 그대로 관찰하고 그 길을 방해하지 않음으로 해결하였다. 인간에게 해가 되지 않는 선에서 방향은 잡되 물이 물의 역할을 온전히 할 수 있게끔 내버려 두는 것이다. 이처럼 현상의 본성에 입각하여 큰 업적을 이루어낸 우임금을 묘사하는 다양한 그림 중 눈에 띄는 특이한 물체들이 있다. 알려진 바에 의하면 그는 왼손에는 물바늘과 먹줄을 들고, 오른손에는 그림쇠와 곱자를 들고 다니며 치수에 매달렸다고한다. 고대 사람들이 공간을 구축할 때 지켰던 규구준승(規矩準繩)의 원칙을 표현하는 물건들이다. 규구준승은 원형을 그리는 자(그림쇠)와 방형(方形)을 그리는 자(곱자), 수평(水平)을 재는 기구(물바늘[68])와 목수가 직선을 그릴 때 쓰는 먹줄을 일컫는 개념으로 넓게는 사물의 준칙, 행위의 표준, 원칙, 규범을 뜻한다.

중국 고대 벽화에 그려진 중국의 창조신인 복희와 여와가 그림쇠와 곱자를 들고 있는 그림은 이 도구들이 세상을 다스리는 이치와 결부되어 있다는 것을 의미한다. 맹자 離婁(이루) 상편 첫 부분에 규구준승에 대한 내용은 왜 신, 왕, 또는 권력자들이 이런 도구들이 필요했는 지를 유추할 수 있는 힌트를 제시하고 있다.

'離婁之明 公輸子之巧 不以規矩 不能成方圓'
(이루지명 공수자지교 불이규구 불능성방원)
풀이:

이루[69]의 밝은 시력과 공수자[70]의 뛰어난 재주가 있어도 규구를 쓰지 않으면 네모와 원을 제대로 그리지 못한다.

---

68) 면이 평평한가 아닌가를 재거나 기울기를 조사하는 데 쓰는 기구. 양 끝을 막고 큰 원호(圓弧)의 일부를 이룬 유리관 속에 일정한 기포를 남겨 두고 에테르 또는 알코올을 넣어서 만든다. 기계를 수평으로 놓았을 때의 기포의 위치를 0점으로 하는 눈금이 새겨져 있다.
69) 이루는 백보 밖에서 가는 털 秋毫(추호)를 구분했다고 한다.
70) 魯(노)나라에서 손재주가 뛰어난 기술자였다.

'聖人旣竭目力焉 繼之以規矩準繩 以爲方員平直 不可勝用也'
(성인기갈목력언 계지이규구준승 이위방원평직 불가승용야)

풀이:

성인이 이미 눈으로 다 살펴보고도 계속해서 규와 구와 준과 승을 사용하여 네모와 원과 평과 직을 만들어내니 그 쓰임이 끝이 없다.

제 아무리 재주가 있어도 그것을 정확하게 드러내는 방식, 법이 필요하다는 내용이다. 우리가 진리를 안다고 해도 그것이 명료한 언어와 행동으로 표현되지 않으면 소용이 없는 것과 마찬가지이다. 위에서 언급한 이집트 상형문자와 일맥상통 하는 부분이다. 길을 아는 것과 길을 걷는 것이 다른 것과 마찬가지로 진리를 아는 것과 진리를 행하는 것, 진리를 실제로 체험하는 것은 다르다. 고대 주요 문화권에서 나타난 '도구'의 흔적은 하나같이 **하늘의 뜻, 우주의 메시지를 땅 위에서 드러나게끔 하는 매개의 역할**로 볼 수 있다. 객관적 진리를 실재화 하는 과정, 즉 초감각적 지각을 위해 필요한 도구로서 말이다.

금척[금으로 만든 자] 설화: 절대성, 왕권의 상징

igure 18. 경주 금척리 고분군(Wikimedia, Vrok, CC BY-SA 3.0)

한국 역사에서도 객관적인 지각을 위한 노력과 이를 돕는 도구의 흔적을 찾을 수 있다. 위에서 언급한 사례와 마찬가지로 주로 왕권, 신성한 지혜의 상징으로 나타나 있다. 가장 잘 알려진 흔적으로는 '금척(金尺) 설화'가 있다. 금척은 '황금으로 만든 자로서 조선 태조(太祖)

이성계(李成桂)가 즉위하기 전, 꿈에 금척(金尺)을 얻어서 창업(創業)하였다[71]'는 기록이 있다. 조선 개국의 정당성을 부각하는 왕권 신화로서 활용된 금척은 국가적 위기마다 왕조의 신성함과 민족적 자긍심을 고취시키는 신성한 상징물로 인식되었다.

동경잡기(東京雜記)에 실린 금척설화의 내용은 다음과 같다. 신라의 왕이 황금으로 된 자를 하나 얻었는데, 사람이 죽거나 병들었을 때 이 자를 가지고 몸을 재면 죽은 사람은 살아 나고 병든 사람은 일어났으므로 나라의 보배가 되었다. 중국에서 이 소문을 듣고 사신을 보내어 진상을 요구했으나 신라의 왕은 주지 않으려고 이곳에 숨긴 뒤 산을 30여 개나 만들고 원사(院舍)를 세웠다[72]. 실제 경주 건천읍 금척리 금자산에 있는 여러개의 고분군이 이 설화의 직접적인 배경이다. 흥미로운 것은 금척 설화와 동일하게 은척 설화[73]도 존재한다는 것이다. 은척 설화의 배경 또한 경북 상주시 은척면 은자산으로 두 설화 모두 지리적 근거를 가진다는 점에서 설화의 의미를 다시금 되새기게 한다.

설화에 녹아있는 금척의 기능은 절대성의 '기준', '원칙', '규범'을 나타내는 것이다. 실제 위에서 언급한 사례와 마찬가지로 왕권의 상징으로서 금척은 중요한 위치를 점하고 있다. '왕' 이라는 개념 또한 원래의 어원을 찾아가면 **하늘과 땅, 그리고 인간을 두루 관장하는 능력 혹은 그런 능력을 가진 사람이다**[74]. 따라서 그런 능력을 가진 왕이 현상을 분별하거나, 일반적인 인간 능력 밖의 일을 해내는 과정에서 사용하는 도구는 그 왕의 능력을 온전히 드러날 수 있게 돕는 역할을 한다고 유추할 수 있다.

---

71) 이에 대한 기록은 2가지이다.
  1. [용비어천가 권제3 제13장 사적자료] 太祖在潛邸 夢有神人 自天而降 以金尺授之曰 公資兼文武 民望屬焉 持此正國 非公而誰. 풀이: 태조(이성계)가 잠저에 있을때, 꿈에 신인이 하늘에서 내려와서 금척을 주면서 말하기를, "공은 재질이 문무를 겸하고 백성이 망촉하니, 이것을 가지고 나라를 바로 잡을 사람은 공이 아니고 누구이겠는가?" 하였다.
  2. [태조실록 권제1, 38장 뒤쪽, 태조 원년 7월 17일(병신)] 上在潛邸 夢有神人 執金尺自天而降之曰 慶侍中復興 淸矣而已老 崔都統瑩 直矣而少戇 持此正國 非公而誰. 풀이: 임금(태조)이 잠저에 있을 때, 꿈에 신인이 금척을 가지고 하늘에서 내려와 주면서 말하기를, "시중 경복흥은 청렴하기는 하나 이미 늙었으며, 도통 최영은 강직하기는 하나 조금 고지식하니, 이것을 가지고 나라를 바로 잡을 사람은 공이 아니고 누구이겠는가?" 하였다. 출처: 금척 [金尺] (한국고전용어사전, 2001. 3. 30., 세종대왕기념사업회)
72) 강진옥, 한국민속문학사전(설화 편)
73) 옛날, 사람을 살리는 자(尺)가 둘이 있었는데 하나는 금자로 된 금자(金尺)이고 또 하나는 은으로 된 은자(銀尺)인데, 백성들이 금자나 은자에 키를 재고나면 죽지 않고 오래살고, 죽은 사람도 살아나 해마다 인구가 늘고 식량이 부족해져, 왕이 회의를 열어 금자는 경주 건천읍 금척리 금자산(고분군)에 은자는 상주 은척면 은자산에 묻었다. 출처: 경주시청, 금척(金尺), 은척(銀尺) 새로운 천년을 약속하다, http://www.gyeongju.go.kr/news/page.do?step=258&parm_bod_uid=95801&mnu_uid=1336
74) 설영상, 깨달음이 주는 선물, 2장. 자유롭고 행복한 삶의 비밀, 라의눈, 2018, pp.101-102.

실제 제사와 정치가 하나였던 제정일치(祭政一致)[75] 시대에 왕은 신과 직접적으로 소통을 하는 역할, 즉 '무당임금[76]'으로서 기능했다. **자신을 통해 하늘의 뜻, 즉 진리를 드러내는 것은 최고의 통치자가 마땅히 해야할 일**이었던 것이다. 자신을 거대한 우주의 운행 속에 내어맡겨 하늘의 뜻을 받아내는 과정에서 사용한 도구는 하늘의 뜻이 땅 위에서 온전히 이루어질 수 있도록 그 뜻을 인간이 감각적으로 알 수 있도록 치환하는 역할이었을 것이다. 현대의 무당이 노래와 춤 등의 격렬한 행위를 통해 '자신을 벗어난' 엑스타시의 상태에 놓이고 그 상태에서 신의 메시지를 자신의 감각기관을 통해 전하는 과정을 미루어 볼 때 예나 지금이나 특정 매개를 통해 하늘의 뜻이 인간에게 전달되는 구조는 같다.

삼국유사의 '밝은' 지팡이

지팡이와 관련된 이야기는 삼국유사에도 언급되어 있다. 삼국유사 탑상편[77]에는 '열반경' 강의를 마치고 바위굴 밑에서 참선을 하던 보덕화상(普德和尙)[78] 앞에 신인이 나타나 지팡이(석장[79])로 땅을 가리키니, 그 땅을 파보니 8면의 7층석탑이 나타났고 이에 그 곳에 영탑사를 지었다고 전한다. 신인, 불성의 상징인 불탑, 그리고 그 불탑이 위치하는 신령스러운 자리를 관통하는 매개로 '지팡이'가 중요한 역할을 하고 있다. 문헌에는 지팡이 대신 석장(錫杖)이라는 단어가 쓰이는데 이는 '밝다'라는 뜻을 지닌 '석(錫)'이라는 단어가 의미하듯 성인의 지혜를 상징하며 성인의 표식이며 현명한 이의 밝음의 표시이다[80].

---

75) 고대사회에서는 모든 민족이 그 집단의 큰 일을 결정하는 데 신의(神意)를 구하고 그것을 바탕으로 공동생활을 영위하였던 것과 같이 모든 종교가 생활의 중심에 있었고, 신에게 제사하는 일이 생활에서 가장 중요한 일이었다. 따라서 신에게 제사하는 일은 그 집단의 장(長)이 주재(主宰)하여, 이 제사장이 정치의 수장(首長)을 거의 겸하였다. 출처: 두산백과
76) 신라는 초기에 고유한 왕호를 사용하였다. 『삼국사기』를 보면 제1대 혁거세를 거서간(居西干), 제2대 남해를 차차웅(次次雄)이라고 하였다. 차차웅은 자충(慈充)이라고도 기록되어 있는데, 김대문(金大門)의 설명에 따르면 이는 신라의 방언으로 무당[巫]과 같다고 하며, 남해가 무당이 되어 귀신을 섬기고 제사를 숭상하므로 세상사람들이 그를 외경하여 자충이라 했다 한다. 이와 같이 차차웅 또는 자충이 무당의 뜻을 가지고 있는 것은 남해가 곧 제정일치 시대의 군장으로서 제사장의 임무를 겸하고 있었음을 말해준다. 출처: 한국민족문화대백과사전(임금), https://encykorea.aks.ac.kr/Contents/Item/E0047404
77) 문지영, 삼국유사에 등장하는 지팡이의 불교와 교육적 의미, 한국교육철학학회 월례발표회, 2018. 09, p.4.
78) 28대 보장왕(寶藏王) 9년(650년) 반룡사(盤龍寺)의 승(僧). 국가에서 도교(道敎)를 받들고 불법(佛法)을 믿지 않는다고 하여 암자를 날려 남쪽 완산군(完山郡) 고대산(孤大山)으로 옮겨 갔다. 출처: 장세경, 한국고대인명사전, 역락, 2007
79) 錫杖. 승려가 지니는 18물(物)의 하나이다. 유성장(有聲杖)·성장(聲杖)·지장(智杖)·덕장(德杖)이라고도 한다. 출처: 한국민족문화대백과사전, https://terms.naver.com/entry.nhn?docId=574802&cid=46648&categoryId=46648
80) 문지영, 삼국유사에 등장하는 지팡이의 불교와 교육적 의미, 한국교육철학학회 월례발표회, 2018. 09, p.6.

5세기에 번역된 불교 경전인(득도제등석장경[81]) 속에는 가섭존자가 석가모니께 석장의 의미에 대해 질문을 하는 장면이 있다. 그의 물음에 석가모니는, '**석장이란 지혜의 지팡이 (智杖)이며, 덕의 지팡이(德杖)이다. 성인의 지혜를 뚜렷하게 나타내는 까닭에 지혜의 지팡이라 하고, 공덕을 행하는 근본인 까닭에 덕의 지팡이라고 한다**[82].' 라고 하였다. 이밖에도 삼국유사에는 탈해왕이 지니고 다녔다는 지혜와 광명의 지팡이, 병이든 경흥왕의 앞에 나타난 여승이 변한 지팡이, 양지(良志)스님이 자루를 단 석장을 허공에 날려 보내 시주의 문전에서 소리를 내게 하여 시물을 거두었다는 이야기 등이 전해진다.

다우징을 어떻게 정의하느냐에 따라 그 흔적을 읽어내는 기준과 범위가 달라진다는 것을 여러 사례를 통해 알 수 있다. 다우징의 역사를 특정 도구와 그 도구의 모양에만 한정시켜 바라볼 땐 그리 많은 흔적을 볼 수 없는 것은 물론 자의적인 끼워 맞추기식의 해석으로 변모되는 양상을 띤다. 결국 중요한 것은 다우징의 본질을 정확히 파악하는 것이다. 다우징은 엘로드, 펜듈럼, 혹은 그 외 여러 도구들로 정의되는 것이 아니다. 그 도구들이 역으로 다우징이라는 행위를 통해 가치를 지니게 되는 것이다.

따라서 다우징이라는 행위가 인간이 객관적 지식, 절대의 진리를 획득하기 위한 초감각적인 지각 방식이며 이 지각을 통해 더 나은 세상을 구현하려 했던 노력의 과정으로 인식할 때 비로소 고대 사람들이 남긴 의례, 풍속, 문화, 관습에서 다우징 고유의 모습을 발견할 수 있다. 바뀐 것은 어떻게 바라볼 것인가이다. 정답은 언제나 그 자리에 있었을 뿐이다.

4.2 중세 이후의 다우징, 흑마술로 치부되어 크게 배척 당하다!

고대를 지나 중세시대에는 사람들이 다우징을 어떻게 바라보았는지 살펴보자. 1300년 경부터 1800년까지 나타나는 다우징의 흔적의 주요한 핵심은 실용적 쓰임의 확대도 있지만 흑마술, 혹은 악마의 기술로 치부되며 배척 당하기 시작한다. 고대에는 왕, 혹은 권력자만이 할 수 있는 행위였다면 중세시대에 들어와 누구나 다우징에 접근 가능했고 실생활에 적극적으로 사용을 하면서

---

[81] 得道梯橙錫杖經. 역자는 미상이고 5세기경 번역되었다. 1권으로 된 이 경은 비구가 가지고 다니는 지팡이가 불도를 닦음에 좋은 결과를 가져온다는 것과 그것을 짚고 다니는 법에 대해 설법하고 있다. 출처: 진현종, 한권으로 읽는 팔만대장경, 2007. 06, 들녘.

[82] 윤호진, 지혜의 지팡이 석장(錫杖)_사찰 구석구석 불교문화재 262호, 2017. 02. http://www.ggbn.co.kr/news/articleView.html?idxno=33188

나타난 사회적 현상이었다. 필자의 추측으로는 이러한 다우징의 대중화는 힘을 가진 권력층에게 부담 혹은 위협으로 다가왔을 수 있었다고 본다. 인류 역사를 보면 지배계층들은 민중을 자기 지배 아래 완전하게 장악하기 위해서 지식을 통제하는 전략을 사용한 것을 알 수 있다. 민중이 세상에 대해 아는 것이 많아질수록 그들을 복종시키거나 좌우할 수 있는 권리와 힘이 약해질 수밖에 없기 때문이다. 이 맥락에서 그 당시 다우징에 대한 사회의 배척은 자연스럽다. 다우징이 신과 하나되어 신의 뜻을 받아들이는 통로이며 누구나 할 수 있는 것이라면, 이는 곧 왕과 엘리트 특권층의 존재가 무의미해지고 상하 복종의 계층구조가 깨질 수 있는 단초를 제공할 수 있기 때문이다. 중세의 다우징은 어떤 길을 걸었는지 알아보자.

[1,300년 경 독일] 다우징으로 광물 탐사 성행. 실용적 다우징의 원류

고대 역사의 흐름 속에 두드러졌던 다우징의 흔적은 1300년경이 되어서야 문헌에 다시 등장한다. 바질 발렌타인(Basil Valentine)이라는 독일 베네딕트회 신부가 다우징에 대한 책을 출판했는데 이 책에 의하면 그는 다양한 다우징 도구들을 사용하며 땅 속의 광물을 찾아낸 사례를 담고 있다[83]. 그 당시 독일 광산업 분야에서는 다우징을 활발히 사용하고 있었다. 실제 다우징의 어원에서도 알아보았듯이 그 당시 독일에서 성행하던 다우징이 유럽 각지로 전파된 점을 보면 현대의 다우징의 원류는 독일에서 시작했다고 보아도 무방하다.

1500년대 독일에서 다우징은 광물을 찾는 것 뿐만 아니라 지하 수맥 찾기, 잃어버린 물건 찾기, 범죄자 가려내기 등 다방면에 사용되고 있었다. 그 당시 다우징과 연관되어 사용된 단어 중 'Erdstrahlen' 이라는 개념은 'Earth rays' 즉, '지기(地氣)[84]' 라는 말로서 일반적으로 **'인간의 눈에는 보이지 않지만 다우징으로는 찾을 수 있는 땅 위의 무엇'** 으로 설명되고 있다. 또 같이 사용된 단어로 'Wünschelrute' 가 있는데 이는 'whishing rod', 즉 '소원성취의 막대기' 라는 뜻이다. 다우징이라는 행위가 사람이 가진 소원을 드러나게 해주는 도구라는 의미로 해석되었다는 것이다. 이는 실제 그 당시 사람들이 다우징을 통해 값비싼 광물이나 식수원을 찾아낸 대서 기인한다고 본다. 인간의 기본적인 필요를 충족시키는 도구로서 그 가치가 상당히 인정받았다는 흔적이다.

---

83) Bird C, 같은 책, p.89.
84) 지기(地氣)는 땅의 기운을 의미하며 특정 장소의 토질, 색상, 지형 등이 조합하여 나타내는 기를 말한다. 출처: 설영상, 도안계풍수지리, 1. 풍수지리, 북스힐, 2009, pp. 23-24.

[1518년 이후] 종교개혁가 마틴 루터, 다우징은 악마의 행위

Figure 19. 마틴루터(Wikimedia, MOMA, New York)

그토록 성행했던 다우징은 1518년 마틴루터[85]의 개입으로 뜻하지 않은 시련을 격게 된다. 1517년 10월 31일, 비텐베르크성 교회 대문에 '95개조 반박문'을 내걸고 기존 교회의 영적 회개를 촉구한 그는 주관적 신비주의 신앙 행태에 비판적인 시각을 가지고 있었다. 그의 아버지는 광산업을 했기에 마틴루터가 다우징이라는 행위가 무엇인지 알았고 꽤 친숙했으리라 추측 가능하다. 다우징이 광물 찾기에만 국한되어 있었다면 큰 문제가 되지 않았을 수도 있었다. 하지만 소원 성취의 도구로서 인간의 염원에 대한 보이지 않는 실재로 부터의 응답까지 받아내는 행위로까지 성행하던 다우징은 종교개혁가의 눈엔 가시였다. 막대기나 펜듈럼을 들고 신의 뜻, 하나님의 말씀을 전한다는 주장하는 사람들은 비정상적이고 교회에 위협이었다. 1518년 그는 다우징 행위가 기독교 십계명 중 제1계명, 즉 '너는 나 외에는 다른 신들을 네게 두지 말라[86].' 을 직접적으로 위반하고 있다는 이유로 악마의 행위로 규정한다.

다우징을 마틴루터 전과 후로 나누어보자. 마틴루터 전까지 다우징은 신인합일의 행위이자 객관적인 지식을 드러낼 수 있는 도구로서, 일반인들이 이해를 했던 못했던, 왕권과 엘리트

---

85) 1483년 ~ 1546년. 로마 가톨릭교회의 부패에 반기를 든 독일의 종교개혁자. 가톨릭교회의 교리와 폐쇄성에 의문을 제기하고 성경을 통한 하나님과의 직접적인 접촉과 하나님의 구원을 설파하였으며, 라틴어로 되어 있던 성경을 독일어로 번역하여 대중화에 기여함. [네이버 지식백과] 마틴 루터 (시사상식사전, pmg 지식엔진연구소).
86) 출애굽기 20:3, 성경전서.

권력층들에 의해 사용되고 전파되었던 기술이었다. 종교와 정치가 하나로서 기능했던 시기 왕은 우주, 진리, 신, 하나님의 뜻을 온전히 받아들여 이를 시민들에게 돌려주는 역할을 하는 사람이었다. 하지만 시대와 국가체계가 변화하면서 왕의 역할 또한 이전과는 다르게 분산됐고 이는 왕의 고유한 권한이었던 하늘과의 교감까지 영향을 미쳤을 것이다.

다우징이 마틴루터 시대에 흑마술로 치부되기 시작한 근거를 유추해 보면 중세를 거치며 그 원리와 본질에 대한 이해가 낮아졌고 실용성만 부각되며 객관적인 관찰과 통제 없이 사용되었기 때문이라고 볼 수 있다. 직접적인 체험을 통해 다우징의 본질을 이해하지 못한 마틴 루터의 입장에서는 성경에서의 하나님이 아닌 이상한 신에게 복종하는 행위로 보였을 것이며 이는 옳지 않다는 결론을 냈을 것이다. 다우징이 최고의 신, 하나님, 하늘, 우주의 진리와 만나는 행위임에도 그 본질을 제대로 파악하지 못한 그의 패착으로 생각할 수밖에 없다.

아이러니 하게도 마틴루터는 그 당시 믿음으로 그리스도와 합일(合一)된 기독교인은 그 누구에게도 복속되지 않으며, 동일한 근거에서 '모두가 왕이자 제사장이다.'라는 '만인(萬人)제사장주의'를 역설[87]한 사람이었다. 다만 그는 그가 생각한 하나님과 다우징을 통해 드러나는 객관적 지식의 본체가 다르다고 생각한 것 뿐이다. 기득권의 타파와 영적 회개, 그리고 성서라는 하나님의 말씀을 담은 책을 기준으로 한 개혁의 기치는 인정하나 그가 로마 카톨릭 교회를 향해 주장했던 것과 같이 '모든 인간은 잘못 판단할 수 있다'는 것을 몸소 보여준 사례이다.

Figure 20. Georgius Agricola(Wikimedia, Public domain)

---

87) Martin Luther, "The Freedom of a Christian," in Martin Luther's Basic Theological Writing, edited & translated by Timothy F. Lull (Minneapolis, MN: Fortress Press, 1989), pp. 596-597, pp. 606-607.

마틴 루터에 의해 조성된 다우징 배척의 분위기는 그 후 계속 유지되었다. 1556년 독일의 광산(鑛山)학자인 게오르기우스 아그리콜라(Georgius Agricola_1494-1555)[88]는 'De Re Metallica' 라는 책을 출판하였는데 그 내용 중 탐광(探鑛) 기술에 대한 부분에는 다우징에 대한 서술이 자세하게 기록되어 있는데, 실은 그가 다우징을 반대하는 입장이었다는 점이 흥미롭다. 다우징을 광산에서 이루어지던 미신적인 행위로 규정하고 이를 철저히 외면해야 한다고 주장하면서도, 광산에서의 다우징 장면을 목판화로까지 그려가며 그 유익한 쓰임을 친절하게 설명하고 있다. 그의 주장은 오직 '감성과 오성(悟性)으로 증명할 수 있는 것만 추구한다' 는 그 당시 주류 과학계의 태도였다. 하지만 실제 그 당시에 광산에서 광물을 찾는 방식으로 다우징이 널리 사용되었던 것을 보면 그의 주장이 얼마나 신빙성있게 받아들여졌는지 알 수 없다.

중세 프랑스, 다우징은 마녀사냥의 근거

그 후 다우징의 흔적은 프랑스에서 등장한다. 때는 우리에게 삼총사로 잘 알려진 알렉산드로 뒤마의 소설이 씌여진 시기이다. 그 당시 추기경은 리슐리외(Cardinal Richelieu, 1585-1642)였다. 그는 프랑스 절대왕정의 기초를 닦은 인물로서 1622년 추기경에 임명되었고, 2년 후인 1624년에는 재상이 되었다. 소설 삼총사에서는 악당으로 묘사된다. 추기경이었던 시절 그는 Beausoleil 남작 부부를 체포하게 된다. 죄목은 악령을 소환하여 비윤리적인 주술 행위를 했다는 것이다. 도대체 Beausoleil부부는 무엇을 어떻게 했길래 체포된 것일까?

시작은 또 광산이다. Martine Bertereau(Beausoleil 부인)은 대대로 광산업을 해오던 가문의 일원이었다. 어릴 때부터 배워온 광산업에 대한 관심은 그녀를 최초의 여성 광산기술자(Mining engineer)로 만들었다. 이미 광산업계에서 유명했던 그녀의 가문은 그녀를 광산기술자인 Jean de Chatelet와 결혼 시키며 그 당시 유럽에서 가장 유명한 광산 관련 자문가 부부로서의 명성을 얻게 된다. 프랑스 뿐만이 아니라 독일 영국 등 유럽 전역의 광산을 돌며 탐광(探鑛), 채광, 광석의 운반 등에 대한 자문을 해오던 부부는 돌연 체포를 당하게 되고 부인은 뱅상 감옥(Chateau de vincennes)에 남편은 바스티유 감옥(Bastille Saint-Antoine)에 갇히게 된다[89]. 그 이유는 그들이 직접 추기경에게 올린 보고서에 있다.

'명왕성의 반환(The Restitution of Pluto)' 이라는 이름으로 된 보고서에는 그들의 광산업 관련

---

88) 독일 르네상스시대의 광산학자. 광산학의 기초를 닦았고 저서 《데 레 메탈리카》에서 탐광, 채광, 광석의 운반, 갱내의 환기와 배수 펌프의 장치, 야금 기술, 광부의 조직 · 급료 · 건강관리 등을 정확하게 관찰 기록하였다. 출처: 두산백과
89) Jarva Chow(MD), 같은 논문 p.39.

자문 내용이 기록이 되었는데 그 중 자문의 일부 내용에서 다우징 기술을 사용한 점 또한 기록이 되어있었다. 크게 문제될 것은 없어 보였다. 남작 부부는 다우징을 활용하여 엄청난 양의 광물 자원을 실제로 찾는데 도움을 주었고 이렇게 찾은 광물은 프랑스 광산업, 나아가 국가 전체에 커다란 보상을 안겨주었기 때문이다. 하지만 객관적인 결과로서 뚜렷한 증거를 가졌음에도 이를 어떻게 바라보느냐의 문제는 아직 남아 있었다. 중세 프랑스 에서 다우징은 마녀사냥[90]의 근거가 되는 행위로 간주되었다. 추기경은 이 보고서 내용을 근거로 부부를 모두 체포하여 각각 다른 감옥에 가둬버렸고 그들은 끝내 감옥에서 생을 마감한다.[91]

다우징에 대한 부정적인 시각은 계속 이어졌다. 하지만 이런 부정적인 관점의 근저에는 다우징의 본래적인 면, 즉 다우징이라는 지각법을 활용하여 보이지 않는 영역을 정확하게 인지하는 실체적 증거들 또한 다양한 영역에서 나타난다. 무언가를 부정하는 것은 기존의 주류 사상을 기준으로 볼 때 불편한 무언가가 있기 때문이다. 역설적이게도 그러한 부정적인 시각 자체가 다우징의 존재성을 더욱 부각시키는 역할을 하기도 한다.

흑마술로 치부된 다우징은 종교계에서 매서운 공격을 받았는데 프랑스에서는 그 공격의 중심에 파에르 로버른(Pierre Lebrun) 신부가 있었다. 그는 '사람들을 혹세무민에 빠뜨린 미신 행위의 역사_Critical History of Superstitious Practices Which Have Seduced Lay Persons and Embarrassed Savants' 라는 저서를 통해 다우징의 신성모독을 강조한다[92]. 그 당시 불안전한 사회와 종교의 균열 등 혹세무민의 배경으로 다우징을 지목하며 비과학적, 저급 신비주의적 악마의 계교의 상징으로 자리매김하게 만든다. 1701년에는 그 당시 다우징을 통해 범죄자들을 가려내는 것을 금지하는 법안을 통과시키기 위해 공청회를 여는 등 다양한 노력을 시도한다[93]. 하지만 아이러니하게도 다우징은 그의 수많은 동료들, 즉 카톨릭 신부들에 의해 그 맥을 잇는다. 신부들이 전도를 위해 찾아간 곳들은 대개 인프라가 열악했고 물 부족에 시달리는 원주민들을 위해 신부들이 기댈 수 있는 것은 다우징 밖에 없었기 때문이다. 결국 이론이나 시대적 관점은 지속되기 어렵다. 실재만이 살아남는다. **다우징은 다양한 나라에서 다양한 사람들이 실제 생활이나 사업에 사용하며 실체적인 결과를 얻음으로 그 정체성을 입증했다.**

---

90) 15세기 이후 기독교를 절대화하여 권력과 기득권을 유지하기 위한 종교적 상황에서 비롯된 광신도적인 현상.
91) Bird C 같은책.
92) Jarva Chow(MD), 같은 논문 p.39.
93) Arthur Jackson Ellis, The Divining Rod: A History of Water Witching, with a Bibliography, Blacksmith Fork River (Utah), 1917, p.18.

[1800년 경부터]맹신적 믿음에서 과학적 이해를 향해

1700년대에서 1800년대에 이르며 영국, 독일, 프랑스를 중심으로 다우징과 관련한 많은 양의 책들[94]이 출판되고 관련 학회 혹은 연구단체가 설립된다. 대개 광산업 관련한 책들이 많았는데 이는 다우징이 가장 많이 적용되었고 유의미한 결과를 도출한 영역이 광산업, 특히 탐광 분야였기 때문이다. 이후 다우징에 관한 연구는 다양한 과학계에서 실험되었는데 그 중 중요한 발전은 1833년 프랑스 화학자인 미셀 외젠 슈브뢰이(Michel Eugene Chevreul, 1786-1889)[95] 에 의해 설명된 '관념운동(Ideomotor phenomenon)'으로서의 다우징이다. 그 당시 다우징에 관한 연구는 슈브뢰이 외 다양한 과학자들에 의해 진행되고 있었다. 영국의 과학자 마이클 패러데이(Michael Faraday)와 미국 심리학자인 윌리엄 제임스(William James) 도 그 중의 일부였다. 관념운동은 '무의식적 지식이나 신념이 신체의 근육에 영향을 미쳐 일으키는 운동반응[96]'으로 그 당시 프랑스 국립역사박물관 관장이던 슈브뢰이의 펜듈럼 연구에서 도출되었던 개념이다.

이 개념은 고대 프랑스 전통 중 임신한 여인의 배 위에 펜듈럼을 들고 나타나는 특정한 추의 움직임으로 태아의 성별을 감별하는 풍습의 과학적 근거를 밝히면서 발견한 현상이다. 한국에서도 태아의 성별을 감별하는데 쓰인 '바늘점', 1990년대 부산 지역의 청소년들이 '실에 매단 반지가 오른쪽으로 돌면 시험을 잘 보고, 왼쪽으로 돌면 시험을 잘 못 본다.' 는 식으로 시험 결과의 운세를 미리 알아보는데 사용[97]했던 '반지점' 과 유사하다.

슈브뢰이는 실험을 통하여 펜듈럼이 움직인 것은 무의식적 관념이 근육 움직임에 영향을 미치기 때문이라고 밝히며 다우징이 신, 하나님, 초능력 등의 영역과는 무관하다는 주장을 한다[98]. 나아가 무의식적 관념 뿐만이 아니라 의식적인 관념들 또한 다우징 결과에 영향을 미치는 것을 확인하였다.

---

94) 주요한 책들은 다음과 같다. the Mining Dictionary (1747), Natural History of Cornwall (1758), The 1831 Quarterly Mining Review, and Lloyd Youngblood's Dowsing: Ancient History 등이다.
95) 프랑스 화학자, 색채 이론가. 앙제에서 출생, 파리에서 사망. 1824년 고블랭 직물 제작소의 화학교수, 염색부장. 1826년 아카데미 회원이 됨. 1830년 자연 박물관의 교수, 1864년 관장. 유기적 물질이 광물질과 같은 법칙에 지배되는 것을 연구하는 한편 색채학의 이론도 연구하여『De La Loi du Contraste Simultane des Couleurs』(1839, 색채의 동시적 대조에 관한 연구)를 출판. 인상주의 및 신인상주의의 이론과 기술에 커다란 영향을 끼쳤다. [네이버 지식백과] 미셀 외젠 슈브뢰이 [Michel Eugène Chevreul] (미술대사전(인명편), 1998., 한국사전연구사 편집부)
96) 관념운동반응 [ideo-motor response, 觀念運動反應] (상담학 사전, 2016. 01. 15., 김춘경, 이수연, 이윤주, 정종진, 최웅용)
97) 청소년 집단의 시험 관련 반지점 [靑少年集團-試驗關聯斑指占] (한국향토문화전자대전)
98) Michel Eugene Chevreul, Mineral Resources of the United States, U.S. Government Printing Office, 1883, p. 621.

생각이 다우징의 결과를 좌지우지 한다는 주장이다. 실제 이전에 다친 곳을 기억하면 실제 다쳤던 곳에 통증을 느끼는 반응, 레몬을 생각하면 입에 침이 고이는 반응 등 생각에 따라 몸은 반응한다는 실험 결과를 통해 다우징의 객관성에 의문을 제기한 것이다. 다우징이 무엇인지에 대한 연구가 이전에는 하지 못했던 질문을 던지기 시작한 시점이다. 맹신적인 믿음이 아닌 과학적 이해를 향해 나아가는 과정이었고 긍정적인 부분도 많았지만 중세 시대부터 전해 내려온 미신적인 인식이 선입견으로 작용하는 사례 또한 많았다. 다우징이 정말 어떤 것인지 백지로부터 시작하는 것이 아닌, 다우징은 믿을 만한 인지 기법이 아니다라는 전제를 깔고 시작하는 것의 차이이다. 다음 장에서 설명은 되겠지만 다우징의 객관성에 대한 논의는 오늘날까지 계속되고 있다. 사람의 마음에 따라 결과가 다 다르게 나타난다면 다우징이 왜 필요한가에 대한 논의와 더불어 실제 정확하게 정답을 맞추는 여러 사례들이 서로 평행하게 공존하고 있는 상태이다.

4.3 1900년대 이후 현재

[2017년] 첨단 장비가 있어도 다우징이 효과적이라…

2017년, 영국 중부 도시에 사는 샐리 르 페이지(Sally Le Page)의 부모님은 집의 상수도 파이프 연결 공사를 위해 상하수도 관리업체를 고용했다. 며칠 뒤 업체 기술자가 집에 와서 상수도 연결관을 찾는 작업을 시작하며 생소한 도구를 꺼내드는 장면을 보고 소스라치게 놀랄 수밖에 없었다. 기술자가 꺼내든 것은 다름 아닌 기역자 막대기, 엘로드였던 것이다. 샐리의 부모님은 이 사실을 과학자인 딸 샐리에게 전했고 샐리는 아직도 다우징이라는 기술에 의존하는 업체가 존재한다는 사실에 놀라며 실상을 좀 더 알아보기로 한다.

영국 중부 지역에서 상하수도 관리 사업을 하는 업체 12군데에 문의한 결과 그녀는 놀라지 않을 수 없었다. 12군데 중 10군데의 업체에서 아직도 다우징으로 상하수도 파이프를 찾거나, 누수된 곳을 찾는다는 답변을 받았기 때문이다. 첨단 과학 기술 시대에 살고 있는 그들은 왜 아직도 다우징 기술을 사용하고 있을까? 업체의 답변은 의외로 간단하다. "저희 업체에서는 드론이나 위성, 그리고 다른 현대 기술 장비를 사용하기도 하지만 **옛 방식(다우징) 또한 현대 방식만큼 '효과적'이기에 기술자들이 현장에서 상황에 따라 알아서 쓰고 있습니다**[99]."

---

99) 샐리와 영국 상하수도 관리업체와의 교감 내용은 아래의 홈페이지를 통해 상세하게 알 수 있다. https://medium.com/@sallylepage/in-2017-uk-water-companies-still-rely-on-magic-6eb62e036b02

[1900년대] 현장다우징과 정보다우징

1900년대 들어와 다우징 연구는 물리적인 접근과 정신적인 접근으로 양분화된다. 수맥 찾기, 광물 찾기 등 실제 현장에서 실행하는 다우징을 '현장다우징(Field dowsing)', 실제적 현장 없이 주제 설정을 통해 정보를 얻는 다우징을 '정보다우징(Information dowsing)'으로 분류하여 다양한 접근을 시도한다. 물리적인 접근을 시도하는 과학자들은 그 당시 발견된 X-rays와 방사선을 활용하여 실제 우리 눈에 보이지는 않지만 존재하는 에너지, 혹은 기운의 형태를 찾으려고 노력하였다. 1920년대 미국 예일대 의학교수인 해롤드 색슨 버(Dr. Harold Saxon Burr)는 모든 생명체는 고유한 생명장(Life field)를 가지고 있다고 주장했다. 눈에 보이지는 않지만 전기역학적(electrodynamic) 관점으로 보면 분명히 존재하는 무언가가 있으며 다우징 행위는 이처럼 존재하지만 사람의 눈에 가시적이지 않은 이 에너지장을 측정하는 것이라는 주장[100]이다. 정보다우징의 경우 현장다우징에서 시도한 물리적 성격의 실험 범위를 벗어나 정신, 마음의 다양한 변수를 고려해야 하기에 실험으로 그 객관성을 입증하는데 어려움이 있었다. 병의 진단, 잃어버린 물건 찾기, 미래 예측하기 등 여러 실험이 진행되었지만 대개 우연의 확률 정도의 결과를 얻는데 그쳤다. 실제 놀라운 확률로 정확한 답을 찾아낸 사례가 있었지만 후속 연구로 이어지는 경우는 거의 없었다.

독일에서는 현장 다우징, 즉 광산에서 탐광을 위해 실제 현장에서 다우징 도구를 사용하여 탐사를 하는 방식이 성행했다면 옆 나라 프랑스에서는 지유 분야에서 정보 다우징(medical dowsing)이 성행하기 시작했다. 몇몇의 과학자가 중요한 역할을 했다. 1913년 프랑스 생물학자이자 고고학자인 아망 비에(Armand Vire, 1869-1951)는 다우징이 거짓이라는 것을 밝히기 위해 실험을 제안했다. 지하 동굴의 위치를 찾는 실험이었는데 결과는 뜻밖에도 그의 예상과는 전혀 다르게 나왔다. 다우저들이 동굴의 위치를 정확하게 다 찾아냈기 때문이다. 다우징을 부정하려던 그는 오히려 이 실험을 계기로 다우징의 본질에 주목하기 시작했고 책 '다우저가 되는 방법_내가 목격한 것과 내가 한 것(Comment Devenir Sourcier, Ce Que J'ai Vu, Ce Que J'ai Fait[101])'을 출판하기에 이른다. 객관적인 과학자의 시선으로 다우징을 관찰한 그는 다우징의 본질을 파악했고 비판적인 시각을 가진 사람들의 주장에 다음과 같이 반응을 했다.

---

100) Micheal Schmicker, Best evidence(2nd edition), 8. Dowsing, Writer's Club Press, 2002, p.126.
101) Armand Viré, Comment devenir sourcier : ce que j'ai vu, ce que j'ai fait, Paris : J.-B. Baillière et Fils, 1934.

[1920년대] 프랑스의 의료 분야, 오답과 오진을 이유로 다우징이 부정될 수는 없다

"물론 많은 다우저들이 오답을 내는 현상을 보고 다우징을 반대할 수도 있습니다. 하지만 우리 주변엔 실력이 모자란(오진을 하는) 의사들도 있으며 수준 낮은 공학자들도 있습니다. 다우징도 마찬가지입니다. 우리 주변엔 다우징을 잘 하는 다우저가 있는가 하면 다우징을 못하는 다우저들도 있습니다[102]."

오답을 내는 현상을 기준으로 다우징을 부정하는 사람들의 근시안적인 행태를 비판하는 내용이다. '인간' 이라는 매개가 중심에 있는 이상 조건과 상태, 환경적 요인에 따라 다우징의 결과에 차이가 있을 수 있음은 오히려 자연스럽다. **핵심은 그 차이 이전에 '다우징' 이라 불리는 고유한 지각 시스템이 인간을 통해 운행하고 있다는 사실을 확인하는 것**이다. 오진하는 의사가 있다고 하여 의료 시스템 전체를 부정하는 우를 범하지 않듯 다우징 또한 오답이 나왔다고 해서 우리 몸을 통해 작동하는 초감각적 지각 시스템 전체를 부정해서는 안된다. 비에는 바로 이 지점을 정확하게 인지한 과학자로서 훗날 프랑스에서 성행한 '의료 다우징' 의 태동을 감지 했다.

1920년대에 들어 Jean Jurion신부, Abbe Alexis Bouly 신부, Jean-Louis Bourdoux 신부 그리고 Abbe Alexis Mermet 등에 의해 의료 다우징에 대한 연구가 활발히 진행되었고 과거의 다우징에 대한 비판적인 분위기와 미신적 편견을 타파하고자 새로운 단어인 'radiesthesie(Radiating perception)[103]' 를 사용하기 시작한다. 라디에스테시스는 훗날 'Homeopathy' 연구와 병행하며 신부들 사이에서 전도를 위해 꼭 배워야 하는 공부로 자리 매김 한다. 그 후 지속적인 발전을 거듭해온 의료 다우징은 현재 프랑스 노동부에서 공식 인증한 'Syndicat National des Radiesthesistes[104]' 기관을 통해 활발히 연구 보급되고 있다. 라디에스테시스를 통해 태동한 의료 다우징은 그 후 Radionics(Dr. Albert Abram), Psionic Medicine(George Laurence) 그리고 Applied Kinesiology(Dr. George Goodheart) 등의 다양한 방식으로 그 영향력을 넓혀갔다. 물론 프랑스 과학계에서 도출한 성과가 다우징에 대한 잘못된 인식과 편견을 다 없앤 건 아니다. 다우징과 관련해서는 언제나 찬반양론이 존재했고 똑같은 실험 결과에 대해서도 전혀 다른 해석을 내리는 경우가 많았다.

---

102) 원문: "One may object that many dowsers can commit every kind of error. But are not many doctors insufficiently prepared to practice their art, or engineers of markedly inferior quality? Likewise, there are dowsers and there are dowsers."_Armand Vire, La Nature 출처: Jarva Chow(MD), 같은 논문 p.40.
103) 직역하면 방사하는 에너지를 감지하는 것이다.
104) 영문 직역은 The Union of Medical Dowsing이다. 아래의 사이트를 통해 현재 진행중인 연구, 사례 등을 볼 수 있다. http://www.snradiesthesistes.fr/index.html

[1930년대] 노벨 생리학상을 수상한 샤를 리셰, 다우징! 이제 논쟁을 멈추고 발전시키자

하지만 다우징이라는 인간 고유의 지각법이 존재한다는 의견에는 대체로 동의하는 분위기가 조성되었다. 프랑스 생리학자로 과민성 연구로 노벨 생리 의학상을 수상한 샤를 리셰(Charles Richet, 1850-1935)[105]는 다우징에 대해 이렇게 말했다. "**우리는 다우징을 사실로 받아들여야 합니다. 여러 실험들을 통해 다우징이라는 지각법이 존재한다는 사실을 가려내려는 작업은 무의미 합니다. 우리가 해야하는 것은 다우징 활용의 발전입니다.**[106]" 아직도 다우징이 맞냐 틀리냐의 논쟁에 빠져있는 사람들이 놓치고 있는 중요한 사실을 알게 해 주는 내용이다. 다우징을 직접 해본 사람들은 다 인정하는 사실, 즉 누구나 도구를 들고 걸어가면 반응이 나타난다는 사실은 부인할 수 없다. 다우징에 대한 연구와 활용은 그 부인할 수 없는 사실이 시작점이다. 이 '사실'은 과연 무엇이며 우리는 이 사실로부터 무엇을 끌어낼 수 있을 것인가가 논쟁의 초점이 되어야 하지 이 시작점이 맞냐 틀리냐의 싸움은 이 '사실'을 직접 경험해보지 못한, 그리고 제대로 관찰하지 못한 사람들의 소모적이고 무의미한 주장일 뿐이다.

[20C 많은 연구와 실험] 원리와 근거는 알 수 없지만, 실제로 작동하는 특유의 지각법

다우징의 흔적은 이 후 다양한 실용(實用)의 영역에서 발견된다. 스위스 제약회사 Hoffmann-La Roche는 제약 공장을 지을 때 다우징을 통해 물이 풍부한 곳을 먼저 고른다고 한다. 실제 회사 내 여러 수맥 전문 다우저를 고용하고 있다. 왜 다른 현대 과학적 기법으로 물을 찾지 않느냐는 질문에 "**우리 회사는 그것이 과학적이든 과학적이지 않든 이익이 높은 방식을 선택할 뿐이다.**[107]" 라고 간단하게 대답했다.

아마 다우징의 실용적인 사례 중 가장 흥미로운 것은 1960년대 말 미군이 베트남전에서 적군이 숨어있는 지하 땅굴을 찾아내는데 사용했다는 사실이다. 1967년까지 미해병 1사단과 3사단(1st and 3rd US Marine division)은 지하 땅굴을 통해 공격해 오는 적군들의 대항에 속수무책이었다. 사태의 심각성을 인지한 미국 정부도 지하땅굴을 찾아낼 수 있는 기계를 만드는데 전념을 하지만

---

105) 1850 ~ 1935. 프랑스의 생리학자. 신경·호흡·근육 등의 생리와 간의 기능, 혈청요법 등에 관한 연구를 했다. 세균을 주사하면 면역이 생기는 것을 확인하고 처음으로 혈청요법을 시작했다. 과민성 현상에 관한 연구로 노벨 생리·의학상을 수상했다. [네이버 지식백과] 샤를 리셰 [Charles Robert Richet] (두산백과)
106) 원문: "We must accept dowsing as fact. It is useless to work experiments to prove its existence. It exists. What is needed is its development." 출처: Micheal Schmicker, Best evidence(2nd edition), 8. Dowsing, Writer's Club Press, 2002, p.131.
107) Micheal Schmicker, 같은 책 2002, p.122.

계속 실패로 돌아갔다. 차라리 개를 사용하는 것이 효과가 있었을 정도였다. 막대한 자금을 쏟아 붓고도 별다른 해결책을 찾아내지 못하던 미군은 다우징 사용을 시도해보기로 한다. 급한대로 전장에 교육장을 만들고 차출된 해병대원들을 4시간 정도 가르쳤고 바로 현장에 투입되었다. 실제 1968년 3월, 케산전투[108]로 잘 알려진 케산에서 취재를 하던 연합뉴스 기자는 미군들이 엘로드를 사용하여 지하 땅굴을 찾는 모습을 보았다는 기사를 내보냈다[109]. 미국 정부 또한 자국에서 다우징과 관련한 실험을 신속히 진행한다. 펜실베니아 대학을 통해 다우징의 효용에 대해 실험을 진행하였지만 실용성에 대한 결론을 내지 못하고 결국 이후 전쟁이 사그라들며 다우징 연구 또한 멈추게 되었다[110].

그 외 다우징 관련 사례들은 무척이나 많다. 중요한 사례들만 추려보면 다음과 같다. Verne Cameron이라는 다우저가 물 부족 현상을 겪고 있던 미국 유타주에 있는 작은 마을인 엘시노어(Elsinore)에서 남캘리포니아에서 가장 큰 대수층을 찾아낸 사례[111], Henry Gross라는 다우저가 가뭄으로 고통 받던 버뮤다 제도에 대한 뉴스를 듣고 지도에서 원격으로 수맥을 찾아 성공한 사례[112], 프랑스에서 자크 아이마(Jacques Aymar)라는 다우저가 경찰들과 협조하여 살인사건을 해결한 사례[113], 다우징을 활용하여 땅 속에 묻힌 고대 유적지를 찾아내는 영국인 존 베이커(John Baker)의 사례[114], 척박한 남인도에서 물이 부족한 마을을 찾아다니며 다우징으로

---

108) 케산 전투(Battle of Khe Sahn, 1968년 1월 21일 ~ 1968년 7월 9일)은 1968년 미국해병대 제3해병사단과 북베트남 군대가 케산에서 치른 전투이다. 제2의 디엔비엔푸 전투로 유명하였다.
109) 이와 관련한 내용은 JOSEPH TREVITHICK, American Troops Tried to Find Viet Cong Tunnels Using Witching Rods: The military was willing to try almost anything once 글에서 자세하게 볼 수 있다. https://medium.com/war-is-boring/american-troops-tried-to-find-viet-cong-tunnels-using-witching-rods-e97dd9070954
110) 이와 관련한 내용은 Bossart, R.K. 1968. The utility of dowsing as a means of detecting Vietcong tunnels. In Gardinier, R.J. and Clauser, J.K. (eds) 와 Project Poorboy Annual Progress Report, Proj. NR-348-018, Contract N00014-67-C-0349, Office of Naval Research, HRB-Singer Inc. State College, Pennsylvania를 통해 자세히 알 수 있다.
111) Dowsing - The Parapsychological Association, https://parapsych.org/articles/61/504/dowsing.aspx?gclid=Cj0KCQjw6PD3BRDPARIsAN8pHuHwkUEaRBcc43cryi6R-PoG9ngPEXDoMXbOpk-YDOMO8WHMI1AI2nQaAmldEALw_wcB
112) Dowsing - The Parapsychological Association https://parapsych.org/articles/61/504/dowsing.aspx?gclid=Cj0KCQjw6PD3BRDPARIsAN8pHuHwkUEaRBcc43cryi6R-PoG9ngPEXDoMXbOpk-YDOMO8WHMI1AI2nQaAmldEALw_wcB
113) Dowsing and divination: An ancient art adapts to the New Age, https://www.eagletimes.com/news/dowsing-and-divination-an-ancient-art-adapts-to-the-new-age/article_c450bb04-6e77-11e9-8b63-031946076263.html
114) Why dowsing makes perfect sense, https://www.newscientist.com/article/dn17532-why-dowsing-makes-perfect-sense/

수맥을 찾아주는 인도인 암바다스 라웃(Ambadas Raut)의 사례[115], 2011년 극심한 가뭄에 시달리던 미국 텍사스주에서 다우징을 통해 물부족 현상을 해결한 사례[116], 2017년 캐나다 몬트리올에서 룩 레 블랑(Luc Le Blanc)과 다니엘 캐론(Daniel Caron)이 다우징을 사용하여 거대한 지하 공동을 발견한 사례[117] 등으로 다양하다.

학계에서의 연구 또한 다양하게 진행되었다. 독일 정부가 1987년 후원한 'Scheunen 실험'이 대표적이다[118]. 이 실험 결과를 토대로 두 과학자의 논쟁이 시작되었는데 '재현성'과 '반복성'을 기준으로 평가한 과학자 엔라이트(J.T. Enright)의 주장, 즉 다우징은 우연의 확률 그 이상도 이하도 아니다라는 결론과 그럼에도 놀라운 확률로 정확성을 보인 다우저들이 보인 현상에 초점을 맞춰 섣부른 결론에 도달하지 말아야 한다는 과학자 에르텔(S. Ertel)의 주장이 상반되었다.

1977년 스위스에서 '생물물리경계영역 연구회(GFBG)'가 발족되었고 스위스 학계의 유명 인사들과 손잡고 수맥 탐지 분야의 기초 연구가 시작되었다. 1984년 이 연구회는 당시 서독 방송국과 공동으로 TV 프로그램을 제작했는데 내용은 실제 현장에서 수맥을 탐지하고 곧바로 시추로 확인하는 실험이었다. 결과는 대성공이었고 다우징의 객관성을 밝힌 최초의 공개 실험이었다[119]. 이 실험을 통해 과학자들이 도달한 결론은 의미심장하다. 방송이 나간 후 큰 반향을 일으킨 이 실험에 대한 독일 신문의 기사 내용은 "하늘과 땅 사이에 우리 이성으로 이해할 수 없고 과학으로 설명할 수 없는 현상들이 일부 존재함이 분명하다.[120]"라고 썼다. 연구회 또한 여태까지의 수맥 탐지 연구를 통해 도달한 객관적인 사실은 "탐지봉이 실제로 기능을 한다는 것[121]"이라고 밝힌다. 정확한 원리와 과학적 근거는 알 수 없지만 다우징이라는 고유의 지각법은 실제로 작동하고 이를 통해 원하는 결과값을 얻을 수 있다는 것은 분명한 사실이라는 것이다.

---

115) Are Indians Turning To The 'Supernatural' In Subterranean Search For Water? 기사 내용. 그는 2015년 기준 약 400건의 물찾기를 하였고 그 중 80%는 실제 물을 찾았다고한다. 그의 주장에 따르면 다우징은 누구나 할 수 있는 것이다. 다우징이 무엇이냐는 질문에 자기는 모른다며 오직 신만이 알 뿐이다라고 했다. 그리고 자기는 그저 다우징이라는 행위를 통해 물을 찾을 수 있다는 사실만을 안다고 했다. https://www.npr.org/sections/parallels/2016/05/22/478854808/are-indians-turning-to-the-supernatural-in-subterranean-search-for-water
116) How to Water Dowse, https://www.texasmonthly.com/the-culture/how-to-water-dowse/
117) 'This is a major discovery': Explorers find massive ice-age cavern beneath Montreal, https://www.cbc.ca/news/canada/montreal/montreal-underground-passage-1.4428833
118) Jarva Chow(MD), 같은 논문. p.39.
119) 뤽 뷔르긴, 같은 책, pp.140-144.
120) 뤽 뷔르긴, 같은 책, p.144.
121) 뤽 뷔르긴, 같은 책, p.141.

현재 다우징은 과학의 경계에 서서 그 수용의 범위를 넓혀가고 있다. 종교 제도의 틀과 시대의 과학 수준이 아직 다우징을 이방인처럼 느끼게 하지만 이러한 비판 속에서 이론이 아닌 실제적 결과로서 그 정체성을 잃지 않고 있다. **우리가 기억해야 할 것은 다우징은 인간을 통해 드러나는 행위라는 것**이다. 인간이기에 때로는 주제에 대한 집중과 객관적인 사고방식을 유지하는 것이 어려운 일이다. 통계적으로 아직 유효하지 않은 결과가 나오는 상황을 기준으로 다우징을 재단한다는 것은 '인간'이라는 조건을 제거하는 것과 같다. 따라서 다우징의 객관성, 효용성을 어떤 입장에서 바라볼 것인가가 중요한 문제이다.

아직 우리가 정확히 알 수 없는 회색지대에 놓인 현상들을 현재의 인식의 틀로 규정지어 바라본다는 것은 마치 1931년 독일에서 '아인슈타인에 반대하는 100인의 물리학자[122]'의 팸플릿에 이름을 실은 과학자들과 같이 되는 것이다. 다우징 전체를 놓고 볼 때 부인할 수 없는 현상, 무시할 수 없는 사실을 시작점으로 지속적인 연구와 쓰임을 통해 그 객관성을 드러내는 것이 필요한 이유이다.

이미 다우징이 인간의 마음과 연관되어 있고 그래서 다우징이 영적이고 신성한 종교적 합일체험의 일종이라는 주장이 나오고 있다. 전 미국다우징협회 회장인 리 앤 포터(Lee Ann Poter)는 다우징을 "상당히 영적인 행위입니다. 다우징을 한다는 것은 당신이 무한한 정보 체계와 접속한다는 것입니다. 이런 믿음을 가지고 있는 사람들은 이를 대개 '전지전능한 지식, 지혜'와 연결되는 것이라고 생각하고 있습니다. 몇몇은 이 전지전능한 지식을 '신'이라고 하죠[123]."라고 설명한다.

[오늘] 다우징, 인간을 통해 드러나는 행위. 바르게 사용해야 할 텐데…

다우징이 인간의 마음과 연과되어 있기에 이를 오용하는 사람들도 분명 있다. 2013년 영국의 사업가 제임스 맥코믹(James McCormick)은 엉터리 폭탄탐지장치를 이라크 정부에 판 혐의로 징역형을 선고 받는다. ADE(Advanced Detection Equipment)라 불리는 이 장치는 다우징을 할 때

---

122) 100 Authors against Einstein. Edited by K. Israel, Erich Ruckhaber, and R. Weinmann. Leipzig: R. Voigtlander 1931.
123) Dowsing and divination: An ancient art adapts to the New Age. https://www.eagletimes.com/news/dowsing-and-divination-an-ancient-art-adapts-to-the-new-age/article_c450bb04-6e77-11e9-8b63-031946076263.html

많이 쓰이는 엘로드 모양을 하고 있다. 맥코믹은 골프장에서 잃어버린 골프공을 찾을 때 사용하는 기계에 착안하여 이를 폭탄을 찾는 기계로 둔갑을 시켰고 놀랍게도 이를 이라크 군에 값비싼 가격(개당 4000파운드)으로 팔기까지 한 것이다. 이런 기계를 만든 것도 놀랍지만 이것을 구매한 이라크 정부의 결정 또한 미스테리이다.

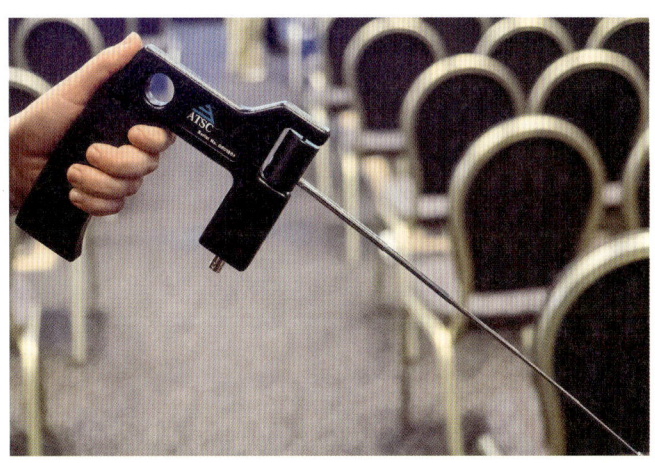

Figure 21. 실제 사용된 가짜 폭탄 탐지 장치, ADE 651 모델(Wikimedia, Your funny uncle, CC BY-SA 4.0)

실제 이라크 정부에서는 이 기계의 구입을 정당화 하기 위해 국영 방송국 실황 중계를 통해 현장 시연을 했는데 한 군인이 이 장치를 들고 앞에 버젓이 보이는 폭탄 쪽으로 걸어가다 반응이 나타나는 장면[124]을 보여준다. 이내 실제 현장에서 도입된 이 기계는 결국 바그다드 시내에서 이 기계를 손에 들고 검열을 하는 수많은 군인들의 검열을 유유히 빠져나간 테러리스트에 의해 300명이 죽는 폭발사고[125]가 발생하며 그 사용의 막을 내리게 된다. 하지만 끝났을 것이라 생각한 이 기계는 놀라운 생명력을 보여준다.

2020년 4월 전세계가 코로나 바이러스로 신음하고 있을 때 이란의 이슬람체제를 수호하기 위해 창설된 최정예군사조직인 '이란혁명수비대(Islamic Revolutionary Guard Corps)'는 단체의 이름에 걸맞는 혁명적인 발표[126]를 한다. 바로 코로나 바이러스 검사 장치이다. 문제는 이라크에서 문제가 된 ADE와 같은 장치라는 점이다. 놀랍게도 이란 정부 역시 생방송을 통해 이 장치가 어떻게

---

124) 2010년 1월 26일 올라온 CNN 뉴스를 통해 이와 관련한 내용을 볼 수 있다. Fake bomb detectors, https://youtu.be/yoxo_BQ91bY
125) 이 사기극의 전말은 다양한 뉴스매체를 통해 알려져 있다. 아래는 그 중 대표적인 뉴스이다. https://www.theregister.com/2016/07/26/iraqi_government_finally_bans_debunked_dowsing_rods_for_explosives/
126) 이 발표 영상은 아래의 링크를 통해 확인할 수 있다. Iran: IRGC unveils device that can remotely "detect coronavirus in five seconds", https://youtu.be/UPTfloBhRCI

작동하는지, 그리고 검사장치의 우수한 정확성에 대한 설명회를 연 것이다. 이 장치의 고안자로 알려진 사람은 이 장치는 코로나 뿐만이 아니라 에이즈까지 정확하게 검사할 수 있다고 주장[127]한다.

이런 웃지 못할 사건에서 그럼에도 우리가 알아야 할 점은 다우징으로 숨겨진 폭탄을 찾는 것도 원리적으로는 가능하다는 것이다. 역사에서도 보았듯이 다우징으로는 무엇이든 원하는 물건을 찾을 수 있다. 어떤 물체이든, 주제가 무엇이든 그에 해당하는 객관적인 앎을 끌어내는 도구이기 때문이다. 그러나 더 중요한 것은 이를 얼마나 잘 끌어낼것인가의 문제이다. **이론과 실제가 같아지려면 숙련이 필요하다.** 이는 다우징 뿐만이 아니라 모든 직업에서 요구되는 사항이다. 샤를리세의 말처럼 지금 우리가 할 일은 다우징을 어떻게 하면 더 정확하게 사용할 것인가를 연구하는 것이다. 이라크와 이란의 사례는 '잘 사용하는 것'이 아닌 기존의 과학으로 설명하기 어려운 맹점을 악용하여 무고한 사람들의 생명을 위협하는 위험한 도구로 변신한 다우징이다. 그만큼 다우징을 잘 사용해야 한다는 경고이기도 하다.

---

127) Iran's Fake Coronavirus Detector Is the Same as a Fake 'Bomb Detector'
https://www.vice.com/en/article/k7edkx/irans-fake-coronavirus-detector-is-the-same-as-a-fake-bomb-detector

5. 다우징의 심층 이해

"나는 내가 설명하지 못한다고 해서
그것을 사기라고 규정해 버리는(기존 주류계가 하는)
우를 범하지 않을 것이다."

(영어원문)
"I shall not commit the fashionable stupidity
of regarding everything I cannot explain as a fraud."

- 칼 융 박사가 1919년 심령연구협회(the Society for Psychical Research)에서 진행한 발표 중

5.1 다우징을 통한 인식 능력의 확장-인류의 미래

고대부터 현대까지의 다우징의 역사를 개략적으로 알아보았다. 고대에는 다우징이라는 행위가 인간이 절대의 진리를 획득하기 위한 신인합일의 지각 방식이었으며 이 지각을 통해 더 나은 세상을 구현하려 했던 노력의 과정이 전 문화권에 나타난다. 그 후 중세를 거치며 종교 제도의 틀과 세상을 바라보는 방식이 달라지며 다우징은 신과 교감하는 신성한 지각 방식에서 또 다른 신을 섬기는 비종교적인 행위로 전락해 버리고 만다. 비과학적 미신, 저급한 신비주의적 행태로 비판을 받았지만 한편 실제로 물을 찾거나 광물을 찾을 때 유용하게 사용되는 실용적 가치만은 변하지 않았다. 현대에 들어와 심도있는 과학적 접근을 시도했고 아직도 시도하고 있지만 다우징이라는 고유한 지각 방식이 담는 내용은 물리적인 영역은 물론 인간의 정신적인 면을 다 포함하는 방대한 연구 분야이기에 너무 많은 분야로 나뉘어 연구되는 현 시대의 흐름으로는 그 정체성을 제대로 파악하기가 어려운 실정이다.

하지만 분명한 사실은 다우징이라는 행위를 통해 나타나는 고유한 지각 현상이 실재한다 는 점이다. 즉 인간은 감각을 벗어나 현상을 객관적으로 알아차릴 수 있는 능력을 가지고있다 사실이다. 이 핵심적인 기본 바탕을 이해한 과학자들이 남긴 말에서 우리는 다우징이라는 주제를 어떻게 이해해야 하는지 알 수 있고 앞으로 우리에게 남겨진 과제에 대해서도 의미있는 논의를 이어갈 수 있다.

아인슈타인, 다우징은 인간의 신경계의 반응이 증폭되어 보여지는 것이다.

아인슈타인은 다우징에 대해 다음과 같은 의견을 나타내었다. "아직도 우리 주변의 많은 과학자들이 다우징을 점성학 내지는 고대로부터 전해지는 미신적 주술 정도로 이해하고 있는 것을 저는 알고 있습니다. 하지만 저의 입장은 다릅니다. 다우징 막대기는 인간의 신경계가 현재 우리가 다 알지 못하는 어떤 요인에 의해 반응하는 것을 증폭시켜 보여주는 간단한 도구일 뿐입니다[128]." 세상의 진리를 찾고자 하는 '과학'의 진정한 모습은 무엇이 사실이고 무엇이 사실이 아닌지 가려내는 것이다. 현재 다우징과 관련한 사회, 문화, 과학적 인식에서 우리가 사실로 받아들일 수 있는 것은 무엇일까가 논의의 초점이고 앞으로의 발전을 위해 초석으로 삼아야할 발판이다. 아인슈타인의 눈에 다우징이 보여주는 사실은 인간 신경계의 특정 반응을 보여주는 도구라는 것이다. 어떤 것에 반응하는지, 그리고 어떻게 반응하는지는 잘 모르지만 고유한 반응기제가 인간에게 내재하고 있다는 사실만큼은 정확하게 인지했다. 이는 지난 장에서 언급한 아망 비레와 샤를 리세의 입장과도 일맥상통한다.

모든 다우저가 통계적으로 유의한 결과를 보여주지 못한다고 해서 다우징 전체가 부정되는 것은 옳지 않다. 우리에게 주어진 과제는 그럼에도 작동하는 다우징 체계를 적극적으로 연구하여 그 정확성을 높이는 것이다. 미국의 발명가 에디슨 또한 '전기'에 대해 같은 맥락의 생각을 가지고 있었다. 전기가 과연 무엇이냐는 질문에 그는 **"나도 모릅니다. 하지만 전기가 존재한다는 것은 압니다. 한번 잘 사용해보죠[129]."** 다우징 또한 잘 사용하는 과정을 통해 정확한 이해에 도달할 것이라고 생각한다. 잘 사용한다는 것은 결국 정확한 이해의 과정 속에 나타나는 현상이기 때문이다.

---

128) 원문: I know very well that many scientists consider dowsing as they do astrology, as a type of ancient superstition. According to my conviction this is, however, unjustified. The dowsing rod is a simple instrument which shows the reaction of the human nervous system to certain factors which are unknown to us at this time." 본 내용은 아인슈타인이 194년 Mr. Peisach 라는 사람과 나눈 편지에 쓴 내용이다. 의료 진단을 위한 다우징에 대한 질의 응답의 과정에서 나온 아인슈타인의 답변내용 중 일부이다. 자세한 내용은 아래의 링크를 참조바란다. https://www.mail-archive.com/meteorite-list@meteoritecentral.com/msg91161.html

129) 원문: What is electricity? He replied. I don't know. But it is there. So let's use it." 출처: Yuri Iserlis, Human Intellect: Optimal Tuning and Control: Astonishing Way to Become Smarter, Chapter3. Methods of evaluation and measurement of intellectual abilities and characteristics, 3.4 Radiesthesia as subjective method of extraction of information from subconscious part of mind, Author House, 2020; 실제 에디슨의 경우 과학적 이론에는 그다지 많은 지식이 없었다고 한다. 이 때문에 당대의 과학자들과 엔지니어들로 부터 많은 비판과 공격을 받았는데 그럴때마다 그의 반응은 "나는 언제나 그들을 고용할 수 있습니다. 하지만 그들은 나를 고용하지 못하지요." 라고 응수했다고 전한다. 머리로 아는 것과 실제 잘 사용할 수 있는 사람과의 차이를 보여주는 대목이다. 출처: Helen Palmer(Editor), Inner Knowing_Consciousness, Creativity, Insight, Intuitions, New Consciousness Reader, 1998, p. 128.

다우징, 잘 사용하는 과정을 통해 정확한 이해에 도달할 것.

인류 역사를 살펴본 바 고대 문명에서 현대까지 인간들은 다우징이라는 특정한 지각을 활용하여 신과 교감하거나 눈에 보이지 않는 실재를 찾는데 활용했다. 이는 '진리'를 얻기 위한 노력이었다. 하늘의 뜻을 안다는 것은 그만큼의 힘이자 권력이었고 왕권의 상징이었다. 미국의 심리학자 윌리엄 제임스의 정의를 빌리면 이는 곧 '종교'적인 행위와 마찬가지이다. 그의 정의에 의하면 종교는 '**눈에 보이지 않는 세계와 개인이 맺는 관계**[130]' 로 볼 수 있다고 하였는데 다우징은 정확하게 그 관계를 실현시키는 매개로 역할하고 있다. 다우징을 통해 인간의 인식 능력이 확장됨으로 더 많은 것을 알고 더 많을 것을 할 수 있다는 사실은 인류의 미래에 큰 의미가 있고 따라서 다우징에 대한 심층적인 연구가 절실하게 필요하다는 것을 말해준다.

5.2 초감각적 지각의 실체-우리 안에 '선천적 앎'이 있다

경이로운 현상들로 가득 찬 자연

Figure 22. 큰되부리도요(Wikimedia, Onioram, CC BY-SA 4.0)

인류의 무구한 역사를 통해 축적된 지식으로는 설명이 안되는 부분들이 아직도 넘쳐난다. 특히 동물의 세계는 놀랍고도 경이로운 행태를 보여준다. 큰되부리도요의 경우 태평양 연안의

---

130) 성해영, 수운 최제우의 종교 체험과 신비주의, 2. 종교 체험과 신비주의, 서울대학교출판문화원, 2017, p.59. 이 정의는 미국 종교학자 윌리엄 제임스의 정의이다.

습지에서 서식하다가 봄에는 둥지를 틀기 위해 북극으로 떠나는데 그 여행의 거리는 자그마치 1만 1500킬로미터이다. 심지어 일주일 동안 한번도 땅에 내리지 않고 시속 70킬로미터의 속도를 유지하며 날아가는데 더 놀라운 점은 이 새의 몸무게가 250그램밖에 안되는 아주 작은 새라는 것이다. 더 흥미로운 사실은 이 새들은 정확하게 목표지점에 도달한다는 점이다. 마치 현대의 GPS시스템을 탑재한 것 처럼 말이다.

뻐꾸기 또한 같은 모습을 보여준다. 알에서 깨어난 뻐꾸기 새끼는 얼마간의 보호를 받다가 아프리카로 날아가는데 한 번도 해보지 않은 이 여행에서 뻐꾸기 새끼들은 길을 잃은 적이 없다. 심지어 아프리카에서 6개월을 보낸 후 다시 원래 태어난 곳으로 돌아오는데 정확하게 원래 있던 둥지 위치로 돌아온다는 것이다.

새들은 도대체 어떤 감각 능력을 가졌길래 이런 놀라운 모습을 보여주는 것일까? 새들에게 내재하는 시스템은 과연 무엇일까? 새의 이동은 아직도 신비의 영역이다. 대략 추측할 수 있는 것은 새들은 날아가면서 고유의 지각 시스템을 발동시켜 주변의 환경, 즉 산, 강 들, 바다, 별, 태양, 달 등과의 관계를 정확하게 측정하며 최종 목적지에 안전하게 도달한다는 것이다.

하루의 일교차가 매우 큰 아프리카 사막에서 내부온도를 항시 30도로 유지할 수 있는 자동환기시스템을 기반으로 집을 짓는 흰개미, 포식자로부터 스스로를 보호하기 위해 일부러 물살이 센 곳에 댐을 만들어 그 위에 튼튼한 집을 짓는 비버 등 아직 인간으로서 경이롭게만 바라볼 수밖에 없는 이들의 능력은 이 외에도 무수히 많다.

또한 비범한 지각 능력을 내 안에 지닌 인간들

하지만 지난 장에서 우리는 우리 스스로에 대해서도 모르고 있던 생소한 영역을 접했다. 바로 다우징이다. 다우징이라는 매개를 통해 인간이 잠재된 인식 능력을 드러내는 사례와 체험을 살펴보았다. 고대부터 이어져온 이 지각법의 흔적은 현대에서도 그 정체성을 뚜렷하게 드러내고 있는데 이 지각법은 인간이 동물의 신비한 능력을 바라볼 때 가지는 경이로움과 마찬가지로 인간 스스로도 비범하다고 여겨지는 놀라운 능력을 나타낸다. 그것은 바로 **감각을 벗어난 지각 능력을 지니고 있다는 것**이다. 이를 다른 말로 하면 인간은 '객관적인 지식'을 드러낼 수 있는 능력을 가지고 있다고 표현될 수 있다. 길지만 좀 더 서술적으로 말하면 이럴것이다. 다우징은 인간이 미쳐 몰랐던 사실, 즉 인간은 누구나 우주적 실체로서 무한한 지식이 내재하고 있는 존재이고 이 지식을 현재의 인식의 범위 안으로 들어오게 가시화시키는 행위가 바로 다우징이라는 것이다. 따라서 다우징은 우리가 이미 알고 있지만 감각적 지각으로 혹은 나의 머리로는 미쳐 알아채지 못하는 것을 알아차리게 도와주는 혁신적인 초감각적 지각 행위이다.

이번 장에서는 바로 이런 초감각적인 지각법인 다우징에 대해 우리 몸을 살펴보며 과학적인 탐구를 시도해보고자 한다. 하지만 탐구 전에 다우징이라는 행위에 대해 다시한번 정확한 이해를 다지고자 한다. 지난 여러 사례와 실체 체험으로부터 나타난 현상에 대해 사실이 정확하게 무엇인지 짚어야 탐구의 관점이 성립될 수 있기때문이다. 다우징에 대해 지금까지 논의 된 체험과 사례 그리고 수만 년을 가로지르는 역사가 가리키는 하나의 공통점은 무엇일까? 바로 인간은 '이미 정보를 알고 있는 존재' 라는 사실이다. 다우징이라는 행위가 우리가 이미 알고 있는 정보를 드러나게 도와주는 도구, 즉 명료한 매개로서 가시화의 역할을 할 뿐이라면 가시화되는 정보는 인간에게 미리 존재해야 한다. 다우징은 감각적인 지각법에 찌들어 있는 우리가 순간적으로나마 감각을 벗어나, 즉 탈감각화하여 우리가 이미 알고 있는 현상의 객관적인 모습을 관찰할 수 있게 도와주는 도구인 것이다. '진리' 의 그리스어인 'aletheia' 의 뜻이 **가려져 있는 상태로부터 벗어난** 이라면 이는 분명 가려진 어떤 것이 이미 있다는 것을 내포한다. **이미 있는 진리가 어떤 연유로 인해 가려지고 포장되어 있지만 그것을 벗겨내기만 하면 원래부터 있던 진리의 모습이 드러난다는 구조이다.** 다우징은 바로 우리가 이미 가진 진리를 가리고 있는 의식적, 무의식적 방해물들을 걷어내 원래의 진리가 찬란하게 빛날 수 있도록 도와주는 행위이다. 진리는 이미 거기에 있고, 언제 어디서나 살아 숨쉬며 작동하고 있는 '자연' 과 같다. 인간의 현재 인식이 그 진리를 못 보는 것일 뿐이다. 따라서 다우징은 이미 우리가 가진 진리, 우리가 알고 있는 정보를 드러내는 행위이기에 이를 '새로운 지각법' 으로 표현하는 것이 적절한지 고민이 필요하다. 현재의 인식 수준에서는 확실히 다른 지각법으로서 새롭게 받아들여지지만 이 지각법은 이미 우리 안에 있었고, 언제나 작동 중인, 고유한 '원래의 지각법' 이기 때문이다.

이미 알고 저절로 작동하는, 신비로운 '나의 몸'-불수의근, 자율신경계, 자연 치유력

우리 몸을 구성하는 요소 중 불수의근(不隨意筋, involuntary muscle)이라는 근육체계가 있다. 나의 의지와 관계없이 스스로 움직이는 근육을 말한다. 대개 인체의 내장을 이루는 평활근(平滑筋)과 심근(心筋)이 이에 속한다. 평활근은 식도, 위, 장, 혈관 및 자궁을 구성하고 있는 근육이고 심근은 심장벽의 두터운 중층을 만들고 있는 근육으로서 두 시스템 모두 대뇌의 신경지배를 받지 않는다. 이와 마찬가지로 우리의 의지와 관계없이 심장박동, 소화관 운동, 소화액 분비 등의 내장 작용과 이와 관련된 근육체계를 조절하는 신경계인 자율신경계 (自律神經系, autonomic nervous system)또한 우리 몸에서 없어서는 안 될 중요한 요소이다. 불수의적인 근육과 자율신경계가 어떤 일을 하는지 가장 가까운 예를 들어 살펴보자.

혹시 주변에 아는 사람 중에 본인의 심장이 지속적으로 뛰도록 의식적으로 심장 근육을 작동시키는 사람을 본 적이 있는가? 아니면 폐가 지속적으로 작동하여 안정적으로 숨쉴 수 있도록 폐를 둘러싸고 있는 기관지 근육을 의식적으로 관리하고 있는 사람을 본 적 있는가? 음식을 먹을 때 소화와 배설까지 걱정하며 먹는 사람이 있는가? 인간의 의지와는 상관없이 스스로 움직이는 이 두 시스템은 인간의 기본적인 체내기관이 **스스로 그러하게** 작동하는 바탕을 제공한다.

이 두 시스템을 통해 드러난 사실은 우리 몸 안에는 우리의 의지와는 상관없이 저절로 알아서 작동하는 체계가 있다는 것이다. 신비롭지 않은가? 태어날 때부터 언제나 그랬기에 우리가 인식하지 못하고 있었을 뿐, 이 체계는 인체의 가장 기본적인 생명활동을 보장해주는 아주 중요한 역할을 하고 있다. 몸의 내/외부 상태와 환경에 적절하게 맞춰 내부 장기와 조직의 기능을 최적으로 조절하고 유지하는 이 시스템의 주인은 누구일까? 나의 의지와 관계없지만 나의 몸을 최적의 상태로 유지하고 있다면 나의 의지를 넘어선 어떤 거대한 의지, 나의 몸을 최적으로 유지시키는 지혜를 가지고 있는 의지가 따로 있다는 것일까? 여기서 정답을 가리는 것보다 더 중요한 것은 이 시스템이 나의 몸 안에서 작동하고 있다는 사실을 알아차리고 인정하는 것이다. 심장 박동 하나하나, 한 자락의 들숨과 날숨 안에 나타나는 이 거대한 의지의 명료한 존재성을 자각하는 것이 중요한 이유이다.

'경이로운', '불가사의한', '기적과 같은' 이라는 뜻을 가진 영단어 'wonder'[131] 는 상처, 부상이라는 뜻을 가진 영단어인 'wound'[132] 와 그 뿌리를 같이 한다. 어원에 대한 현대 철학에서의 해석[133]은 이렇다. 옛 고대인들은 몸에 난 상처가 자연/자발적으로 아물고 치유되는 과정을 진지하게 관찰했고 이를 통해 인간이라는 생명체 안에 녹아있는 치유력에 대해 고찰할 수밖에 없었다. 그대로 놔두어도 상처가 저절로 아무는 과정은 그 당시 고대인들이 가졌던 영원의 철학(Perennial

---

[131] Old English wundor "marvelous thing, miracle, object of astonishment," from Proto-Germanic *wundran (source also of Old Saxon wundar, Middle Dutch, Dutch wonder, Old High German wuntar, German wunder, Old Norse undr), of unknown origin.

[132] Old English wundian "to wound," from the source of wound (n.). Cognate with Old Frisian wundia, Middle Dutch and Dutch wonden, Old High German wunton, German verwunden, Gothic gawundon.

[133] 본 어원의 해석은 필자가 대학원(Delft University of Technology) 수업 과정에서 들었던 Patrick Healy교수의 수업 내용에 기인한다.

Philosophy)[134], 즉 이 땅의 모든 것은 하늘의 영원하고 신성한 세계의 실재를 복제한 것[135]이다 라는 믿음을 공고히 할 수 있는 기회였다. 상처가 스스로 저절로 치유되는 과정을 실제 목격함으로서 그들은 더욱 풍요롭고 강인한 실재를 두 눈으로 확인할 수 있었다. 그리고 그들은 확인된 사실을 바탕으로 이 고유한 실재에 대한 믿음과 신뢰를 구축하여 이 실재에 스스로를 내어맡겨 자신 또한 온전히 신성하고 영원하고 완벽한 존재임을 자각하고자 하였다. 이 실재는 과연 무엇일까? 이 실재는 왜 인간의 몸에 난 상처를 원래대로 되돌려 놓아 인간이 몸을 제대로 기능할 수 있도록 할까? 인간 몸이 가진 신비로운 현상의 또 다른 사례를 보자.

O-ring test는 미국의 대체의학 요법 중의 하나인 응용신체운동학(Applied Kinesiology, 이하 AK)에서 아이디어 차용하여 일본의 노무라 박사가 만든 진단기법이다. 근력 평가를 통해 진단과 치료 효과를 파악한다. 대개 AK에서는 몸의 다양한 근육들을 이용하는데, O-Ring test에서는 검사자가 피검자의 엄지와 검지를 동그랗게 모아 붙인 근력의 정도의 변화를 측정하여 특정 물질이 피검자에게 미치는 영향을 파악한다. 근력을 측정할 때 한 손은 O-Ring 모양을 만들고 다른 손에 음식이나 약 등을 올려놓은 뒤 테스트를 하여 그 물질이 피검자에게 긍정적 혹은 부정적 영향을 미치는지를 판단한다.

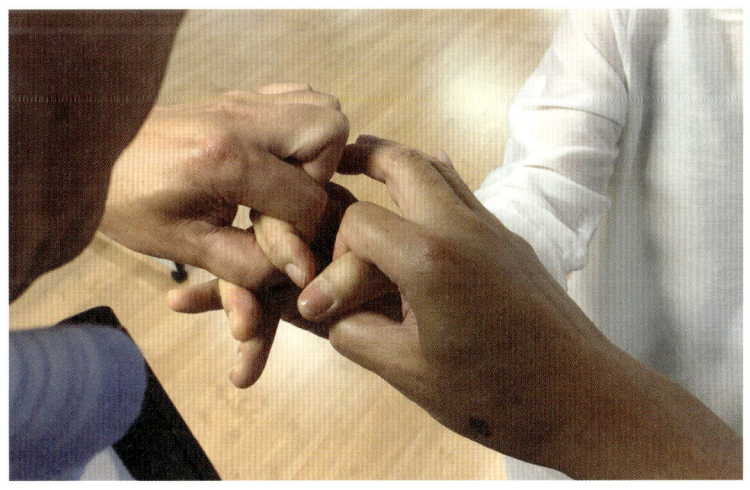

Figure 23. 오링테스트 장면

---

134) 헉슬리(A. Huxley)가 주창하면서 많이 알려진 용어로서, 그는 "신성 또는 근원적 실재는 모든 성질, 묘사, 개념을 뛰어넘으며 기존 종교 전통에서는 이것을 브라만, 도 또는 신 등 다양한 용어로 부르고 있다."라면서 세계의 모든 주요 종교의 최대 공통 요소는 영원의 철학이라고 하였다. [네이버 지식백과] 영원의 철학 [perennial philosophy, 永遠-哲學] (상담학 사전, 2016. 01. 15., 김춘경, 이수연, 이윤주, 정종진, 최웅용)
135) 카렌 암스트롱, 정영목 옮김, 신을 위한 변론, 1장 호모렐리기우스, 웅진 지식하우스, p.41.

이 검사의 핵심은 우리 몸에 긍정적인 자극이 오면 근력이 강해지고, 부정적인 자극이 오면 근력이 약해진다는 것을 기저로 하는 측정법이라는 것이다. 근력은 신경섬유를 뿌리로 많은 가지로 구성된 근섬유들의 수축능력에 기반하는데 만약 근육에 힘이 빠지면 그만큼 전달된 전기신호가 신경섬유와 근섬유의 능력을 약하게 하였다는 뜻이다. 역으로 근육에 힘이 증가하였다는 뜻은 전달된 전기 신호가 근섬유가 활발히 기능할 수 있도록 자극했다는 뜻이며 이는 몸 전체를 둘러싸고 있는 골격근육, 심장근육, 내장근육의 전체적인 기능의 증대를 뜻한다. 이 메카니즘을 통해 자극전후를 비교하여 특정 물질이 몸의 근육이 더 힘을 쓸 수 있게 하는지(긍정적) 아니면 힘을 빠지게 하는지(부정적)를 알 수 있다. 오링 테스트와 비슷한 방식으로 완력, 즉 '팔의 힘'의 변화를 읽어내는 방법 또한 자주 사용하는 방식 중 하나이다. 중요한 것은 어떤 방식이 더 좋냐보다 어떤 방식을 사용하던 근력 차이를 정확하게 판단해 내느냐이다.

근력의 차이를 알아차리는 오링테스트를 통해 여러 음식, 약재 등을 검사해 본 결과 알 수 있는 사실은 우리 몸은 근력이 세지는 음식과 근력이 약해지는 음식을 구별하는 능력을 원래부터 지니고 있음을 알게 된다는 것이다. 위에서 언급한 불수의근과 자율신경계의 작동 방식과 마찬가지로 이는 우리의 주관적 선호와는 전혀 상관없이, 다시 말해 우리의 인식과는 무관하게 우리 몸은 우리에게 어떤 것이 좋은지(힘이 세지는) 나쁜지(힘이 약해지는)를 분별하는 앎을 내재하고 있다는 사실을 말해준다. **이를 통해 몸의 힘이 세지는 음식이나 약재 등을 선별하여 섭취하게 될 때 신체는 더욱 튼튼하고 병이 없는 상태로 변화할 수 있으며 이는 사람의 생각에도 영향을 미쳐 삶을 더욱 활기차고 긍정적으로 살아갈 수 있는 조건을 만든다**[136].

중요한 점은 나의 머리는 모르지만 내 근육 시스템은 나에게 어떤 물질이 좋은지 이미 알고 있다는 사실이다. 물질 뿐만이 아니다. 근육은 마음에도 영향을 받는다. 특정 생각이 몸에 영향을 준다는 것이다. 예를 들어 불안과 두려움에 기반한 부정적인 생각을 떠올릴 때 몸의 힘이 약해지는 것을 확인할 수 있으며 반대로 자신감과 기쁨이 고취된 상태의 긍정적인 생각은 몸의 힘이 더

---

[136] 이 지점에서 다우징은 동무(東武) 이제마(李濟馬)의 '사상의학(四象醫學)'과 만난다. 사상의학의 핵심은 사람은 누구나 선천적인 약점을 타고 태어난다는 것이다. 사상 개념에 따라 네 종류(태양, 태음, 소양, 소음)로 나뉜다. 놀랍게도 오링테스트를 통해 음식을 분류해보면 네 종류의 사람 체질에 따라 음식 또한 4종류로 나뉜다는 것이다. 이는 음식에만 국한되는 것이 아니라 색깔, 모양 등 모든 물질에 해당된다. 따라서 자기의 체질을 아는 것이 곧 자기의 타고난 약점을 아는 것이며 이를 보완해 나가는 것이 육체적인 건강 뿐만이 아니라 정신적인 건강까지 확보할 수 있는 길이며 이 과정을 정확하게 진단할 수 있는 방법은 인간에게 내재한 불수의적 앎, 즉 초감각적인 지각을 활용하는 것이다. 제대로된 치유는 정확한 진단에서부터 시작한다.

세지게 만든다. 얼굴 표정 또한 근육에 영향을 미친다. 화가난 얼굴, 찌뿌린 얼굴을 하면 몸의 힘이 약해진다는 것은 무수히 많은 테스트를 통해 검증이 되었다. 이런 현상들을 통해 우리는 어떤 결론을 내릴 수 있을까? 부인할 수 없는 사실은 인간의 몸은 어디에나 반응하고 있으며 무엇이든 알아차리고 있다는 점이다.

근육 시스템은 하나의 매개일 뿐이다. 정보가 가시화되는 통로의 역할을 할 뿐이다. 따라서 근육이 중요한 것이 아니다. **내가 알고 있는 지금의 '나'는 생각보다 훨씬 거대하고 무한한 정보를 담고 있는 우주의 그릇과 같을 수 있다는 생각이 중요**하다. 나의 감각적 지각을 넘어선 초감각적인 지각 체계가 내 안에서 이미 작동하고 있다는 이 사실을 알아차리고 인정할 때 우리는 인식의 확장을 경험할 수 있다.

이렇듯 우리는 우리와 가장 가까운 '몸'만 조금만 주의깊게 살펴보더라도 엄청난 신비로움을 발견할 수 있다. 너무나 당연하게, 자동적, 자발적으로 작동되는 여러 생체 시스템들 (소화, 순환, 신경계 등), 상처나 손상을 입었을 때 저절로 치유되는 현상들은 우리가 아직 다는 모르지만 현재 우리가 아는 지식을 넘어서는 무언가, 언제나 몸의 상태에 맞게 최적으로 작동시키려는 어떤 것이 분명히 있다는 것을 말해 준다.

다우징 또한 같은 맥락에서 생각해볼 수 있다. 다우징 행위의 수많은 사례와 실제 체험을 통해 알 수 있는 사실은 **인간에게는 감각적 지각을 넘어서는 탈(脫)감각적, 초(超)감각적 지각 능력이 있다는 것이고 심지어 이 지각은 언제나 작동되고 있었다는 사실**이다. 다우징 또한 특정 반응에 대한 신체 근육의 반응을 확장하여 보여주는 매커니즘일 뿐이다. 엘로드도 도구이고 근육 또한 도구이다. '반응' 자체를 야기시키는 선천적인 앎이 우리 안에 있다는 것을 알아차리는 것이 중요하다. 이 앎은 감각기관을 통해 얻은 지식, 경험 등의 후천적인 판단/인지 시스템에 바탕을 두는 것이 아닌 선천적인, 선험적인 인지 시스템이다. 언제 어디서나 작동되고 있는, 그래서 '존재' 그 자체로서의 고유한 인지 시스템이지만 후천적으로 습득되고 학습된 방해요소들로 인해 가려지고 덧대어져 지각되기 어려운 영역에 놓여버린 인간 본성의 지극히 기초적인 지각방식이다.

[1984년, GFBG] 인간은 왜 수맥을 찾을 수 있는가? 인간은 민감한 수용체

다우징의 역사에서 언급한 스위스로 다시 돌아가보자. 1984년 생물물리경계영역연구회(GFBG)가 제작한 수맥 탐지 실험 방송은 큰 반향을 일으키며 사람들 사이에서 많은 질문들을 쏟아내게 했다. 그 중 가장 빈번했던 질문은 '왜 인간은 수맥을 찾을 수 있는가?'였다. 이에 연구회 회장인 에프너 박사는 다음과 같은 답변을 했다.

> "물은 모든 생명체의 생존에 필수적인 원소입니다. 인간은 유기체로서 외부에서 오는 영향이란 영향은 모두 다 받아들이는, 머리 아플 정도로 복잡하고 민감한 수용체이죠. 그렇기 때문에 자연은 진화라는 틀 속에서 우리에게 어떤 식으로든 물을 '탐지'하는 소질을 주었을 거라고 저는 생각합니다.[137]"

다우징 체험은 그 자체로 많은 질문을 하게끔 만든다. 다우징 체험의 공통점은 누구나 적절한 도구를 들고 이동을 하면 반응을 얻는다는 사실이다. 이때 특정된 물체나 주제 등을 찾고자 하는 것은 아니다. 그냥 도구를 들고 걸었는데 반응이 나타나는 것이다. 2002년 필자의 다우징 체험도 다를 것이 없었다. 엘로드를 들고 그냥 걸었을 뿐 그 외 어떠한 부가적인 생각이나 행동을 취하지 않았다. 그럼에도 반응이 나타났다. 처음엔 반응이 거의 보이지 않다가 몇 번의 반응을 보인 후부터 아주 많은 반응들을 볼 수 있었다. 아무 생각없이 걸었는데도 불구하고 왜 우리 몸은 어떤 반응을 주는 것일까? 질문도 하지 않았는데 왜 답을 주는 것일까? 지난 장에서 신체의 다양한 능력에 대한 고찰을 통해 알 수 있는 사실은 의식하지 않음에도 인간의 신체는 저절로 완벽하게 작동하고 있는 모습을 보인다는 점이다.

내 몸은 스스로 생명 유지를 위한 기본 기능과 활동을 보장한다.

생명체의 기초적인 유지와 활동 기능은 개체의 주관적인 선호와 상관없이 스스로 그러하게 보장된 것이다. 이 관점이 엘로드의 반응에도 적용될 수 있을까? 특정 생각이나 찾고자하는 의지가 없는데도 불구하고 반응을 보이는 경우를 어떻게 설명할 수 있을까? 그리고 이런 반응을 보인 지점은 무엇일까? 왜 이 지점에 반응이 타나났을까? 이 반응점들이 인간의 기본적인 생명 유지와 활동에 큰 영향을 주는 어떤 것이기 때문일까? 인간의 몸은 어디에나 반응하고 있으며 무엇이든 알아차리고 있다면 그 중 가장 기초적으로 나타나는 반응점들, 즉 질문 없이 그냥 걸어갔는데 반응하는 점들을 어떻게 해석할 수 있을까?

에프너 회장의 설명은 실제 체험을 통해 얻은 통찰력 있는 내용이다. 수 많은 다우징 경험과 실험을 통해 유독 다우징이 수맥과 관련돼 있다는 것을 생명 유지의 절대 요소로서의 물이라는

---

137) 릭 뷔르긴, 같은 책, pp.144-145.

관점으로 해석한 것이다. 실제 물은 인류를 비롯한 모든 생물에게 물질 중에서 가장 중요한 것으로서 몸의 주요한 성분이다. 인체는 약 70%, 어류는 약80%, 그 밖의 물속의 미생물은 약 95%가 물로 구성되어있다. 같은 것 끼리 끌어당긴다는 유유상종(類類相從)[138], 혹은 동기감응(同氣感應)[139]의 원리에 의해 인간은 기본적으로 물을 찾을 수 있는 능력을 가진 것일까? 왜 인간은 물을 쉽게 찾을 수 있는지 또 다른 설명을 살펴보자.

1952년 독일의 물리학자인 슈만(W. O. Shumann) 박사는 지구의 고유 진동 주파수 (a frequency of the earth's magnetic field, 'Schumann resonances'로 명명)는 7.8Hz로 인체에 해롭지 않다고 발표했다. 그러나 물과 흙, 암반의 종류와 물의 흐름 속도 등에 따라 달라지는 수맥파는 다른 파동을 지니고 있다. 그래서 지구의 고유 진동 주파수가 수맥파의 간섭을 받아 상하로 복잡하게 변화하면 그 위에 있는 사람의 뇌파도 영향을 받아 그와 함께 복잡하게 변화한다. 그러므로 수맥파 위에 있는 사람이나 동,식물 또는 기계 마저도 정상적인 자신의 고유 파동을 유지할 수 없게 된다[140]. 지구상에 지구의 고유 진동 주파수에 간섭하는 파동은 수맥파를 포함하여 다양한 지자기파가 있으며 이들의 간섭은 '지인성 스트레스 (Geopathic stress)'로 알려져 많은 질병의 원인으로 지목되고 있다.

그렇다면 다우징을 통해 나타난 반응점들의 위치는 무엇을 말해주고 있을까? 미국의 지질학자 존 맨 박사에 의하면 지하의 물길인 수맥은 언제나 흐르기 때문에 물길 양쪽 경계인 물과 흙 또는 물과 암석이 만나는 지점에서 특수한 에너지가 발생하고 이 에너지의 파장이 수직으로 상승한다고 밝혔다. 예를 들어 하나의 물길이 있다고 가정해볼 때 이 물길의 양쪽 경계라인에서 '간섭파장'이 발생된다는 것이고 이 간섭된 파장이 곧 다우징으로 나타나는 반응점들이라는 것이다. 그렇다면 다우징을 할 때 나타난 반응점들의 위치는 지하 물길의 경계지점들이다. 하나의 물길이 아닌 지하의 여러 물길의 경계선의 점들이 무작위로 측정된 것과 같다.

결국 2002년 필자가 체험한 것은 땅 밑에 존재하는 수 많은 물길의 경계선 위치들을 찾은 것이다. 첫날 수업에서 약 한 시간이 채 안 되는 시간 안에 땅 밑 깊숙한 곳에서 흐르는 지하 물길의 경계선을 찾을 수 있다는 것을 어떻게 믿을 수 있을까? 직접 체험을 하지 않으면 이를 이해하는 것은 아주 어려울 것이다. 기존에 익숙한 문헌 조사를 통한 학습으로 지하에 흐르는 수맥의 경계라인을

---

138) 유유상종의 근원은 알 수 없으나, 《주역(周易)》의 〈계사(繫辭)〉 상편에서 그 전거를 찾을 수 있다. 방이유취 물이군분 길흉생의(方以類聚 物以群分 吉凶生矣), 즉 "삼라만상은 그 성질이 유사한 것끼리 모이고, 만물은 무리를 지어 나누어 산다. 거기서 길흉이 생긴다" 하였다. [네이버 지식백과] 유유상종 [類類相從] (두산백과)
139) 같은 기는 서로 반응한다, 혹은 같은 종류는 서로 반응에 움직인다는 뜻을 지니고 있다.
140) 설영상, 도안계 풍수지리, 2장 도안계 풍수지리, 북스힐, 2009, pp.86-87.

정확하게 찾을 수 있을까? 불가능하다고 본다. 하지만 스스로를 빈 서판[141]처럼 만들었을 때 불현듯 나타나는 반응을 엘로드의 도움으로 알아차리는 방식으로는 가능하다. 이는 역사가 증명하고 지금 이 순간에도 증명 가능한 인간 고유의 지각 방식이다.

5.3 다우징, 이미 알고 있는 것을 드러내는 초감각적 지각 도구

나의 의지와는 상관없이 저절로 알아서 작동하는 인체의 근육/신경 체계, 나의 개인적인 호오나 선악의 기준과는 상관없이 나에게 유익한/유해한 물질을 분별할 수 있는 인식 체계, 한번도 배운 적도 없고 전혀 생소할 뿐인 엘로드를 사용하여 한 시간 만에 지하 수맥의 경계선을 정확하게 측정할 수 있는 지각 체계가 실제 존재함을 알아보았다. 이제까지 종합적으로 살펴본 다우징 행위의 특성은 아래와 같이 핵심적으로 정리될 수 있다.

반복성을 뛰어넘는 편재(遍在, Ubiquitous)성

다우징 행위의 가장 큰 특징 중 하나는 같은 체험의 형식이 누구에게나 똑같이 나타날 수 있다는 사실이다. 여기서 말하는 같은 체험의 형식은 **'도구를 통한 근육 반응의 가시화'**를 말한다. 쉽게 얘기하면 누구나 엘로드를 들고 걸어가면 몸의 근육체계가 반응하며 엘로드가 서로 교차하는 현상이 나타난다는 것이다. 앞 장에서 서술한 역사적 흔적과 현대의 사례들 뿐만이 아니라 같은 체험들이 동서양을 막론하고, 시공간을 초월해서 반복적으로 체험되고 실용되고 있다. 시대와 공간을 달리함에도 같은 형태의 체험이 반복적으로 보고된다는 사실은 근거없는 허위나 주관적 망상으로 확정지을 수 없는 근거이다. 다우징을 통한 결과적 객관성의 평가 이전에 이 체험 자체가 반복적으로 발생 가능한 점은 부인할 수 없다.

재현성을 뛰어넘어 누구라도 할 수 있는 보편(普遍, Universal)성

다우징 행위의 또 다른 본질적인 특징은 남녀노소, 교육 정도를 가리지 않고 누구나 체험할 수 있다는 점이다. 쉽게 얘기해서 **다우징은 누구나 재현 가능한 행위이자 누구나 부릴 수 있는 인간의**

---

141) 타불라라사(tabula rasa). 아무것도 씌어 있지 않은 종이', 즉 백지(白紙)라는 의미. 이 말의 사용은 멀리 스토아 학파에게서도 보여지는데 감각적인 경험을 하기 이전의 마음의 상태를 가리킨다. J.로크의 견해를 따라 일체의 경험 이전의 인간의 정신상태를 나타내는 말로서 유명하다. 출처: 철학사전편찬위원회 외 30인, 철학사전, 중원문화, 2009

지각 능력이다. 남녀노소 누구나 교육 정도에 상관없이 저절로 탐사도구가 움직인다는 것은 매우 중요한 사실을 시사한다. 누구나 다 되고 저절로 움직인다는 것은 누구에게나 있는 기본적인 능력이라는 사실이다. 특수 교육을 받거나 특별한 사람에게서만 나타나는 능력이 아니라 인간에게 본래 내재되어 있는 일반적, 보편적인 능력이다.

개체성/주관성을 벗어던진 초감각(탈감각)을 통한 온전(穩全, Perfect)성

다우징 행위는 두뇌의 판단 작용을 거치지 않고 몸에 나타나는 반응을 알게 한다. 두뇌의 판단을 거치지 않는다는 것은 감각을 벗어난다는 의미와 같다. 즉 다우징 행위는 감(感, sensation)과는 상관없는 지각인 셈이다. 이를 달리 말하면 초감각적, 탈감각적인 지각이라고 할 수 있다. 감각을 벗어난다는 의미는 개체성[142], 주관성[143]을 벗어난다는 의미이다.

감각을 통해 들어오는 일차적인 지각은 물론 이전의 모든 감각적 지각을 통해 적립된 지식, 편견, 선입관, 기억 등 인간이 의식적으로 의지하고 있는 모든 것을 중지하거나 또는 벗어난 상태에서 지각하는 상태를 뜻한다. 그렇기 때문에 **'객관적인 앎'**을 획득할 수 있다. 필자의 체험에서도 언급했지만 필자의 아무 것도 모르는 백지장과 같은 상태가 다우징이라는 행위를 통해 첫날부터 지하 물길의 정확한 경계지점을 찾을 수 있게 하였듯 이는 다우징 행위의 고유한 특징이며 인간, 나아가 우주 전체에 대한 영적인 성찰을 도모하는 바탕이 된다.

실제 다우징의 초감각적인 요소는 종교사에서 언급되는 **'신비체험'** 혹은 **'신인합일'** 체험과 깊은 연관성을 가진다. 이와 더불어 '성스러움' 혹은 '신성함'의 인식 또한 '오감을 벗어난' 상태와 연관지어져 있는 것을 알 수 있다.

확실하게 알고 넘어가야 할 점은 이것이다. 초감각적인 지각을 통해 객관적인 정보를 획득할 수 있다는 구조는 객관적인 정보는 언제나 그 자리에 있다는 사실을 전제한다. 이를 '감각'이라는 방해물이 가리고 있어 모르고 지나치고 있었을 뿐이다. 고대 그리스 시대의 언어로 표현하면 진리는

---

142) 인간의 개별적 자기 의식
143) 主觀性, subjectivity, 개인의 독특한 사적(私的) 경험을 반영하는 성질. 타인이 확인할 수 없는 개인의 경험을 의미하기도 해서 편파적이거나 비과학적인 뜻으로도 사용되는 경우가 있다. 주관적 경험도 여러 개인 사이에 일치를 보게 되면 문화적으로 객관성을 띠게 된다. 사회적으로 합의(合意)되었다고 해서 반드시 진리라고 말할 수는 없지만 사회적으로는 그것이 진실인 것으로 받아들여진다. [네이버 지식백과] 주관성 [主觀性, subjectivity] (교육학용어사전, 1995. 6. 29., 서울대학교 교육연구소)

언제나 빛나고 있는 무엇이었다. 다만 사람들 저마다의 '베일'이 그 진리를 가리고 있을 뿐이다. 플라톤이 주장했던 것처럼 **'인간의 감각은 너무 어두워서 대다수가 지상의 대응물 속에 빛나는 형상을 보지 못한다.**[144]' 현상은 언제나 현상 그 자체로서 모든 것을 담고 있고 나타내고 있다. 감각에 지배당한 주관적인 인식의 틀이 그 현상을 있는 그대로 못 보게 할 뿐이다. 따라서 초감각적 지각이 필요한 이유는 이미 드러나 있는 진리, 있는 그대로의 세상의 모습을 온전히 인식하기 위해서이다.

'내어맡김'을 통해 드러내는 수용(受容, Receptive)성

초감각적이라는 것은 현재의 '나' 이전의 원래의 '나'에게 모든 판단을 맡긴다는 '내어맡김'의 과정이자 결과이다. 다우징 행위는 능동적 주의 집중을 통한 수동적 지각 체험이다. 일반적인 다우징 행위의 과정을 잘 살펴보자. 다우저가 하는 일은 찾고자 하는 물건 혹은 주제를 떠올리고 주의 집중을 유지하며 걸어가는 것 뿐이다. '반응'은 나타날 때 나타나는 것일 뿐 다우저는 반응에 대한 일체의 권한이 없다. '반응'은 통제영역의 밖에 있다. '반응'은 주어지는 어떤 것일 뿐이다. 기대하지 않고 있다가 갑작스럽게 나타나기에 당혹스럽고 두려움을 느끼는 경우도 있는 이유가 그것이다.

이 현상에 대한 이해는 고대에서도 그 흔적을 볼 수 있다. 고대 그리스 시대의 '장인'은 원형의 의미에서의 **'자연을 있는 그대로 드러내는 사람'** 이라고 했으며 그 과정은 'Semi-creative' 하다고 했다. 완전한 creative가 아닌 '반만(semi)', 내지는 '어느 정도'만 creative하다는 말이다[145]. 이유는 바로 자신 안에 '이미' 내재하는 답을 드러내기만 할 뿐이라는 사실에 있다. '내'가 무언가를 아는 것이 아니라 '앎'이 나를 끌어당기는 것이다[146]. 다우징을 할때 다우저의 역할은 스스로의 편견, 잡념이 떠오르지 않도록 주제에 집중하는 노력을 하는 것 뿐이다. 그리고 내 안의 진리가 나타나도록 스스로를 더 큰 '나'에게 내어맡기는 것이다. **이 과정을 통해 편견이 없어진 상태에 들어가게 되면 그 다음은 '이미 내재하는 답', '실상(實相)'이 저절로 드러나는 구조**이다. 따라서 다우징은 역설적으로 자신을 비움으로서, 자기 포기를 통해 궁극적인 앎을 얻는 지각 방식이다. 기존의 교육 방식과는 정 반대의 개념이다. 감각 기관을 통해 지식을 쌓아나가는 방식이 아닌 이미 쌓인 지식이 작동하는 것을 멈추고 이를 비워나가는 방식으로 최고의 지식, 궁극적인 지혜를 얻기 때문이다.

---

144) 카렌 암스트롱, 신을 위한 변론, 제3장 이성, 웅진지식하우스, 2009, p.127.
145) Richard Rojcewicz, The gods and Technology: A Reading of Heidegger, Part1. Ancient Technology, SUNY, pp.42-43.
146) 카렌 암스트롱, 2009, p.127.

내어맡겨 안다는 것을 어떻게 이해할 수 있을까? 플라톤에 의하면 '진리'는 '상기(想起_Remembrance)' 하는 것일 뿐이다. **인간이 무언가를 이해하고 알게 되는 것은 사고(思考)에 의한 것이 아니며 우리에게 이미 주어져 있던 것을 떠올릴 뿐**이라는 주장이다. 그의 우주관에 따르면 우리에게는 이 세상에 존재하는 모든 것의 이데아가 이미 존재한다. 달리 말하자면 우리는 우주의 모든 이데아에 대한 기억을 지니고 있다. 하지만 어떤 연유에서인지 태어날 때 망각의 강(Lethe)을 건넘으로서 그 기억을 잊었다. 잊고 있을 뿐이지 잃어버린 것은 아니다. 따라서 **우리가 지상에서 할 일은 잊고 있던 이데아들을 다시 기억해 내는 것일 뿐**이다. 건너 온 망각의 강을 다시 건너는 것(aletheia)이다[147]. 소크라테스와 메논 장군의 대화에서 바로 이 '상기'에 대한 묘사가 나타난다.

> "영혼은 불멸할 뿐 아니라 여러 번 태어나고 여기 지상 뿐 아니라 하데스에 있는 이 모든 것들을 보았기 때문에, 영혼이 배우지 않은 것은 없다네. 그래서 탁월함에 관해서든 다른 것들에 관해서든 영혼이 어쨌든 전에 인식한 것들을 상기할 수 있다는 것은 결코 놀랄 일이 아니네.
> 왜냐하면 자연 전체가 같은 혈통이고 영혼은 모든 것들을 배웠기 때문에, 단 하나를 상기한 사람이, 그가 탐구하는데 지치지 않는다면 다른 모든 것을 스스로 발견하지 못할 이유는 전혀 없기 때문이지. 탐구와 배움은 모두 '상기' 니까 말일세[148]."

이 말을 한 후 소크라테스는 교육 한번 받은 적이 없는 메논의 노예 소년에게 수학 법칙과 공식을 알려주지 않고 오로지 질문만을 통해 스스로 답을 찾을 수 있도록 하고 이것이 가능하다는 것을 증명한다.

소크라테스가 설명하고 직접 시연한 '상기'는 '초감각적인 지각'과 맞닿아있다. 그 이유는 이 상기의 작업은 기존의 지식, 감각적 지각을 사용하지 않고 이미 내재한 앎을 '재인식(Re-cognize)' 하는 과정이기 때문이다. 이미 있는 것을 알아채는 것, 이미 내가 가지고 있었다는 사실을 다시 확인하는 과정이 곧 상기하는 것이고 이는 초감각적인 앎에 다가가는 방식, 즉 지금의 '나'가 아닌 모든 것을 알고 있는 원래의 '나'에게 내어 맡긴다는 것이 무엇인지 말해준다.

---

147) 지난 장에서 언급한 그리스어로 '진리'에 해당하는 단어 aletheia는 따라서 건넌 망각의 강(lethe)를 다시 건너는(a), 다시 되돌리는 과정, 혹은 결과를 나타낸다. 부정접두사 'a'의 쓰임을 통해 언어에 녹아있는 그 당시 사상을 포착할 수 있다.
148) 플라톤, 이상인 옮김, 메논 - 원제 Menon, 정암고전총서 플라톤 전집, 이제이북스, 2009, p.68(81c-d).

지금까지의 논의는 다우징이라는 특징적인 행위를 통해 인간이 감각을 벗어나 진리를 지각할 수 있다는 내용이었다. 하지만 분명히 알고 넘어가야 하는 점은 '그럴 수 있다는 것'과 '실제 그렇게 되느냐'의 차이가 있다는 것이다. 필자의 개인적인 체험에 의하면 이 '내어맡김'의 과정은 정신적, 심리적 고통이 수반된다. 현재까지 자신이 쌓아올린 것을 버린다는 것은 누구나에게 힘든 일이기 때문이다. 자신이 구축한 안정된 기반을 포기하고 미지의 세계에 발을 디딘다는 것은 불안하고 두려운 일이다. 큰 용기가 있지 않으면 안되는 작업이다. 다우징의 결과가 객관적이지 않은 경우는 대개 헌신적인 자기포기를 통한 내어맡김, 즉 용기를 제대로 내지 못했다고 볼 수 있다. 용기가 없다는 것은 자신 안에 진리가 있다는 확신이 그만큼 완전하지 않다는 것이다. 그리고 진리는 놀랍게도 그 확신의 수준 만큼 자신을 내어준다.

내어맡김을 잘 하지 못했다는 의미는 또한 다우징 과정에서 주관적인 판단이 개입되는 가능성을 열어두었기 때문으로 볼 수 있다. 이는 내 안의 진리를 드러내는 것보다 감각적으로 보장된 자신만의 안정감을 선택했다는 것과 같다. 실제 다우징 체험을 직접 한 사람이면 이 상황을 이해할 것이다. 우리는 다우징 할 때 이미 머리에서 정리된 감각, 감정적인 선호가 강하게 작동하는 것을 알 수 있고 아무리 그 생각을 끓어내고 제3자의 입장에 서서 객관적인 자세를 취하려고 노력하지만 잘 되지 않는 경우를 경험한다. 따라서 다우징 행위는 자기와의 싸움이며 이 과정에서 자신의 본래성을 '상기' 하는 작업이다. 다우징이 영성적, 종교적 수련 도구로서 탁월성을 가지는 이유이기도 하다. 실제 카톨릭에서 나타나는 '수동의 영성[149]', 불교의 '방하착(放下着)[150]' 등의 개념은 현재의 자기를 벗어나는 내어맡김의 노력이 영성 수련에서 핵심임을 말해 준다.

---

149) 이제민 신부, 수동의 영성_제3의 인생, 바오로딸, 2005. 본 책에서 저자는 제1의 인생이 능동의 영성에 바탕을 둔 것이라면 제2의 인생은 능동의 영성이 지닌 한계를 체험하는 기간이고, 제3의 인생은 수동의 영성에 바탕을 둔 인생이라고 주장하며 수동적인 삶, 이끌리는 삶의 중요성에 대해 설명한다.
150) Releasing the attachments. 내려놓아라 혹은 내버려라의 의미. 출처: 시공불교사전

참된 공간 지각: 고대 건축의 비법

> "모든 성스러운 것은
> 반드시 제자리를 갖는다."

— 어느 현명한 원주민(A native thinker) —

6. '새로운 공간'에 대한 모색

3부에서는 앞서 논의된 초감각적 지각 능력을 통해 바라본 공간과 건축의 참 모습을 심도있게 다룰 것이다. 아직까지 신비스럽게만 비춰지고 있는 고대 유적지들은 그냥 막연하게 신비스러울 뿐일까? 아니면 우리 인간이 원래의 모습을 못 알아채고 있어서 신비스러워 보이는 것일까? 초감각적 지각은 현상의 있는 그대로의 모습을 보는 방식이다. 그렇다면 이 능력을 발휘하여 신비스럽게 보이는 유적지들을 관찰해 보면 이제까지 우리가 못 보고 있었던 여러가지 모습들을 볼 수 있지 않을까?

그리고 공간에 대한 문제제기와 더불어 공간을 선별하고 건축을 했던 특별한 방식을 알아볼 것이다. 이를 위해 필자가 직접 답사한 고대 문화 유적을 바탕으로 그 이야기를 풀어갈 예정이다. 신비를 담고 있는 고대 유적 건축물의 원래 가치를 감각을 벗어나 관찰해보며 공간의 의미와 건축의 참된 묘미는 무엇인지 알아갈 것이다. 그리고 이 가치가 현대에도 적용 가능한 것이지 같이 고찰해 보는 유익한 시간을 가질 것이다.

> "자리는 우리 존재의 시작이다. 아버지처럼."
> – 로저 베이컨(Roger Bacon, 1214~1294) –

인간은 언제 어디서나 '공간[151]'으로 둘러싸여 있다. 어떤 건물의 내부에 있든 외부에 있든, 혹은 어느 도시의 길 위에 있든, 수풀이 우거진 산 속에 있든, 인간이 점유하는 특정한 지점/자리는 언제나 그것을 둘러싸고 있는 구성요소들에 의해 성립되고 한정지어지며 영향을 주고 받는다. '건축(Architecture)'이라는 행위를 통해 만들어지는 공간은 따라서 그 의도에 따라 인간이 그 공간을 점유하는 자세, 행태를 규율하는 도구이며 궁극적으로는 실제 의도된 목적과 기능에 부합하는 결과를 이끌어 내는 정묘한 장이기도 하다.

---

[151] 본 내용에서 정의하는 공간은 크게 두가지이다. 첫째는 사전에서 정의하는 '어떤 물질이나 물체가 존재할 수 있거나 어떤 일이 일어날 수 있는 자리'의 뜻을 갖는다. 둘째로 글의 맥락에 따라 '건축 공간(Architectural space)', 혹은 '건축된 공간'을 뜻하기도 한다. 이에 대한 의미는 건축용어사전을 참고하도록 한다. "공간은 일반적으로 바닥, 벽, 천장 등에 의해서 한정되는 건축 내부의 3차원 공간. 특히 건축이 만들어내는 인간 행동의 장으로서 지각되어 쓰이는 공간. 건물 부위의 구성이나 복수 건물의 구성으로 성립하는 장 내지 공간, 또는 그들의 구성 관계를 말한다." 출처: 건축용어사전, 현대건축관련용어편찬위원회, 2011. 1. 5., 성안당.

6.1 공간에 대한 질문

공간은 살아 숨쉬는 생명체-특정 생각과 행동을 유발한다.

프랑스 철학자 앙리 르페브르(Henri Lefebvre, 1901-1991)는 그의 저서 'The Production of Space[152]' 에서 공간에 대한 중요한 질문을 던진다. 사회주의와 공간과의 연관성에 대해 그는 "사회주의 체제는 자신에 고유한 공간을 만들어 냈던가?[153]" 라는 질문을 하며 공간이 받쳐주지 못한 체제에 대한 비평을 가한다. 그의 비평을 해석해 보면 결국 사회주의의 실패는 그 체제의 특성, 생각, 실천형태 등을 담아내지 못한 건축공간에서 찾을 수 있다는 것이다. 그는 "사회주의에서는 어떠한 건축적 혁신도 일어나지 않았으며 어떠한 특별한 공간도 창조되지 않았다." 라는 주장과 함께 "이러한 질문은 중요하다. 새로운 공간을 생산하지 못한 혁명은 그 잠재력을 충분히 실현하지 못하고 있는 것이다…중략…정말로 혁명적인 성격을 갖는 사회적 변환은 그것이 일상생활이나 언어, 공간에 미치는 효과에서 창조적인 능력을 보여 주어야 한다.[154]" 라고 강조를 한다.

그의 주장에 따른 공간은 마치 살아 숨 쉬는 생명체와 같은 아주 구체적인 기능을 가진, 특정 생각과 행동을 유발시킬 수 있는 기초적인 장(場)으로서 인식이 된다. 흥미롭게도 이와 같은 생각을 가진 사람이 이미 고대부터 있었다는 사실이다.

히포크라테스, 공간이 치유와 연관된다.

서양의학의 아버지라고 알려진 히포크라테스(Hippocrates, BC 460-370)의 경우 공간이 치유와 연관이 있다는 사실을 명확히 알고 있었던 의학자이다. 다른 여러 문화권에서도 비슷한 치유의 방식이 있지만 고대 그리스에서도 '터' 가 사람의 건강에 영향을 미치는 것을 이미 인식하고 있었으며 그 인식에 기반하여 적극적으로 좋은 터로 집을 옮겨 병을 고치는 전지(轉地)요법[155]이 행해지고 있었다. 전지요법의 현대적 정의에는 주로 기후나 풍토가 핵심 치유 요소로 드러나 있지만

---

152) Henri Lefebvre, The Production of Space, Donald Nicholson-Smith (Translated by), Wiley-Blackwell, 1991.
153) 이진경, 근대적 시공간의 탄생, 1장 시간의 역사에 관한 강의: 사회적 시간의 역사이론을 위하여, 개정증보판, (주)그린비출판사, 2010, p.28.
154) 이진경, 같은 책, p.29.
155) 전지(轉地)요법 혹은 전지요양이라는 개념은 질병의 회복, 치유를 목적으로 거주지를 바꿔서, 그 곳에서 요양생활을 하는 것을 가리킨다. 전지에 의한 자연환경이나 인간관계의 변화가 요양에 유효하다고 생각되고 있다. 출처: 간호학대사전, 대한간호학회, 1996, 한국사전연구사

원래 고대 그리스에서는 **'에너지가 넘치는 곳'**, 즉 특정인의 병을 치유할 수 있는 가장 적합한 에너지 장을 찾아 그 위치에 집을 짓고 거주를 하는 형식을 띄고 있었다[156]. 전지를 하여 치유를 한다는 개념을 좀 더 넓게 생각 해보면 이 치유의 기본 전제가 '자연에는 이미 질병을 치유하는 힘이 있다' 는 사실이다. 히포크라테스에 따르면 "자연은 질병을 치유하는 힘을 가지고 있으며 자연에는 하고자 하는 것을 하려고 하는 힘이 이미 구비되어 있다. 자연의 치유과정을 방해해서는 안 된다." 라며 그 자연의 부분을 차지하고 있는 '인간' 이라는 존재 안에도 본래부터 가지고 있는 치유의 힘, 즉 자연치유력이 있으며 이를 극대화 시킬 수 있는 방법은 이 치유의 힘이 작동하는 것을 방해하는 요소를 걷어내는 것일 뿐이다 라고 주장한다.

조금 더 논의를 넓혀 보자. 고대 그리스 시대에 통용되던 개념, 즉 **'적합한 치유가 발생할 수 있는 에너지가 넘치는 곳'** 을 우리는 어떻게 이해할 수 있을까? 이미 알려진 물리학의 토대를 사용하여 설명해 보면 다음과 같다. 모든 물질은 고유의 파장을 가진 물질파를 가지고 있다. 그 모든 물질들은 서로 간에 회절과 간섭 등을 통해 파장에 변화를 야기시킨다. 인간 또한 이와 같은 하나의 진동체(振動體)적 물질로서 존재하고 있다. 인간을 구성하는 세포를 현미경으로 들여다보면 전자와 분자들이 독특한 진동수로 서로 밀접하게 연결되어 있는 것을 알 수 있다. 수많은 세포들의 진동장들로 구성된 인간은 외부의 장들에 의해 쉽게 영향을 받는다. 생활하면서 알게 모르게 접하는 수많은 물질들의 장과 간섭하며 이롭거나 해로운 영향을 받는다. 동물들의 경우 달이나 태양에 의한 자기장이나 중력장의 변화에 민감하게 반응하며 주거지나 이동 경로를 설정한다는 것이 밝혀졌다. 인간의 경우 자기장이나 중력장은 물론 기후에 따라 달라지는 전자기장 그리고 TV나 휴대폰에서 발생되는 전자파장 등에까지 큰 영향을 받고 있는 것을 알 수 있다. 이를 미루어 볼 때 장의 변화에 따라 인체의 뇌의 반응 또한 달라질 수밖에 없으며 그에 따른 호르몬의 변화로 인한 신체와 정신에 대한 영향 또한 간과할 수 없는 구조이다.

6.2 공간은 총합적인 물질장(物質場)-인간과 상호교감하는 생명체적 특성

'공간' 또한 마찬가지이다. 이는 어느 한 지점을 점유하고 있는 고유의 틀을 가진 몸(Entity)으로서 위치적으로 볼 때 하늘과 땅 사이에서, 그리고 변화하는 주변 지형의 영향에 의해 그만의 독특한 성질을 가질 수밖에 없다. 하물며 공간은 그만의 형상과 다양한 재질 그리고 색깔로 구성되어 있는, 다시 말해 여러 고유의 파장들이 한데 섞여 있는 하나의 총합적인 물질장이다.

---

[156] 마쓰나가 슈가쿠, 이철구 옮김, 건축의학, 서장. 왜 지금 건축의학인가?, 기문당, 2009, p.20.

심지어 공간 여기 저기를 차지하고 있는 생활 용품, 장식 등의 작은 요소들까지 감안한다면 공간은 무수히 많은 파장들이 서로간의 간섭을 통해 영향을 주고받고 있는 살아 숨쉬는 생명체라고 볼 수 있다. 이 관점에서 본다면 고대 그리스 시대 사람들에게 '좋은 에너지가 넘치는 치유의 공간' 이라는 것은 어떤 공간이 가진 성질이 특정인에게 유익한 영향(육체적, 정신적으로)을 끼치는 파장들, 즉 물질들로 구성이 되어 있는 장소/지점이라 할 수 있지 않을까?

건축은 이에 새로운 장을 더하는 행위-경이로움이 주는 '큰 그림 효과'

나아가 확장하여 생각해 보면 건축 행위는 이러한 기존의 장에 새로운 장을 더하는 하나의 미디어로서 인간의 지각을 바꾸고, 사고와 감정에 영향을 끼치며 이런 방식으로 인간 행동을 조직하고 이에 권력을 행사하는 특질[157]을 가지게 된다. 이는 **지형의 형상을 관찰하여 에너지의 흐름을 판별하고 그 중에서도 가장 중요한 곳을 선별하여 국가나 개인의 중요한 공간을 구축하는 방식인 '풍수지리학'**[158]의 개념과 일맥상통한다. 실제 공간이 인간의 지각에 미치는 영향을 보여준 사례를 우리는 아폴로 14호에 탑승했던 우주인 에드가 미첼(Edgar Mitchell, 1930-2016)을 통해 알 수 있다.

후에 정신과학연구소(Institute of Noetic Sciences)를 설립한 에드가 미첼은 1971년 달에서의 임무를 완수한 후 돌아오는 길에 겪은 개인적인 신비체험을 절대 잊을 수 없다고 했다. 어떤 체험이었을까? 홀가분한 마음으로 지구로 돌아오는 길 미첼은 우주선 안에서 밖을 내다보고 있었다. 그 때 아폴로 14호는 열 균형을 유지하기 위해 황도와 직각을 이루는 궤도를 계속 돌고 있었다. 2분마다 지구, 달, 태양이 한번씩 모습을 드러내고 있었다. 이 모습을 반복적으로 관찰하면서 지금까지 우주인으로서 교육 받았던 내용, 그리고 우주의 신비한 체계, 나아가 인간과 별, 그리고 우주안의 모든 것이 동일한 대상의 일부라는 내용을 머릿속으로 떠올리고 있었다. 그리고 그 때 모두가 '하나' 라는 걸 인식하게 되었다. 밖에 보이는 별이 곧 '나' 이고 내가 곧 저 별과 다르지 않은 존재라는 것을 온 몸으로 느끼고 확인하는 체험이었다.

지구로 돌아온 후 미첼은 자신이 겪은 신비스러운 체험을 잊지 못하고 계속 연구를 지속했고 몇몇

---

157) 콜린 엘러드, 문희경 옮김, 공간이 사람을 움직인다-마음을 지배하는 공간의 비밀, 여는글, 더퀘스트, 2016(3쇄), p.23.
158) 풍수지리는 땅의 이치를 말하고 풍수지리학, 풍수학, 지리학은 땅의 이치를 연구하는 학문이다. 땅의 토질, 색상, 지형 등을 연구해 땅과 사람과의 관계, 더 크게는 땅과 하늘과의 관계들을 밝혀내 특정 땅의 가치를 알아내는 학문이 풍수지리학이다. 출처: 설영상, 도안계 풍수지리, 1장 풍수지리, 북스힐, 2009, p.23.

학자들의 도움으로 그날 그가 겪은 체험이 '삼매체험' 즉, 여러 사물을 개별적으로 바라보면서 동시에 하나의 단일체로 경험하는 것임을 알았다. 더 중요한 것은 따로 있었다. 이 체험 이후 미첼은 이전과는 전혀 다른 사람이 된 것 같은 강한 느낌을 가지게 된 것이다[159]. 그 전과 같은 방식으로 살 수 없을 정도로 영향을 끼친 이 현상은 과연 무엇일까?

Figure 24. 우주에서 바라본 지구

미첼은 이 현상을 '큰 그림 효과(Big picture effect)'라고 명명했다. 역사에 따르면 이는 고대 그리스 철학자들이 실제 수련에 사용했던 방식이다. 철학자 피에르 아도가 '위에서 내려다 본 모습(View from above)'이라고 불렀던 시각화 기법으로 고대인들이 우주적 의식을 함양하기 위해 사용한 실제 명상 방식이다[160]. 우리가 거대한 자연 속으로 들어가 높은 산과 드넓은 평야, 힘있게 흐르는 강을 바라볼 때도 같은 영향을 받을 수 있다. 맑은 날 무궁한 하늘을 바라보며 구름과 별들을 관찰하고 해와 달을 응시하는 행위 역시 같은 맥락에서 비슷한 영향을 얻을 수 있다. 고대인들은 이 방식을 통해 자신의 고민이나 걱정거리를 좀 더 큰 사람의 입장에서 바라보게 되었고 이 과정에서 불안과 근심은 잦아들고 부분으로서 거대한 우주에 대한 경외감을 가질 수 있었다[161]. 이를 통해 일상적인 불필요한 고민들을 털어버리고 더 큰 목표, 즉 인간의 참된 정체성에 대한 생각을 이어나갈 수 있었다.

---

159) 줄스 에반스, 서영조 옮김, 철학을 권하다, 6. 헤라클레이토스가 권하는 저위에서 내려다보며 사색하는 기술, 더퀘스트, 2012, pp.154-157.
160) 줄스 에반스, 같은 책, p.164.
161) 줄스 에반스, 같은 책, pp.164-165.

결국 거리두기, 더 큰 입장에서 보기를 통해 현재의 나를 가두고 있는 감각의 성을 벗어나 현상을 바라볼 수 있는 힘을 얻을 수 있다는 것이다. 중요한 점은 이 관찰 방식이 큰 그림을 볼 수 있었던 지점, 즉 지구 밖 우주선 안이라는 공간에서 자연스럽게 이루어졌다는 사실이다.

이와 비슷한 경험을 우리는 일상에서도 자주 할 수 있다. 집이라는 익숙한 공간을 떠나 큰 교회나 성당, 거대한 불상이나 탑이 서있는 절 등을 가면 그들의 모습에서 압도당하는 경우가 있다. 필자가 어릴 적, 처음으로 스페인 바르셀로나에 있는 '성(聖)가족성당(Sagrada Família)'을 보았을 때 같은 체험을 하였다. 성당 정문에 화려하게 조각된 상들의 모습에 완전 압도되어 한동안 그 자리에 서서 바라만 보고 있었다. 그 당시를 회고해 보면 이전에 알던 건축의 모습이 아닌, 전혀 경험하지 못한, 갑작스럽고 당황스러울 정도의 모습을 맞닥뜨리면서 정상적인 지각이 멈추고 새로운 지각을 위해 몸과 정신이 잠시 시간을 갖는 듯한 느낌이었다.

그 외 이집트의 피라미드와 신전들, 인도의 석굴군 등을 방문했을 때에도 비슷한 반응을 느꼈다. 웅장하며 섬세한, 불가사의라고 느낄 정도의 작품성을 보여주는 공간 앞에서 분명 이전의 지각이 멈추는 듯한 기분을 느꼈다.

공간, 인간의 생각과 태도 그리고 행동에 영향을 준다.

다양한 심리학 연구에 의하면 **특정 공간은 분명 인간이 느끼고 생각하는 방식에 영향을 미치고 나아가 공간이 의도하는 바대로 태도와 행동에 영향을 미친다**[162]고 한다. 미국 The Catholic University of America의 건축학부인 School of Architecture and Planning 산하에 Sacred Space and Cultural Studies(SSCS)라는 부설학과의 훌리오 버뮤데즈 교수(Julio Bermudez)는 Non-Ordinary Architectural Phenomenologies 논문[163]에서 평범하지 않은 감정적 경험들을 통해 공간의 신성함을 연구하는 내용을 발표하였다.

어떤 특정 공간에서 일어나는 비범한 감정적, 미학적 경험(Extraordinary Architectural Experiences)들은 기존지식, 습관화된 감정체계의 환원화에 의해 발생이 된다고 하며 에고(ego)를 벗어던진 상태, 혹은 에고의 판단이 작동되지 않는 상당히 고차원적인 의식적 경험이라고 주장을

---

162) 콜린 엘러드, 같은 책, p.24.
163) Julio Bermudez, Environmental & Architectural Phenomenology, Vol. 21, No. 2, ISSN 1083-9194, Spring, 2010.

한다. 주체와 객체의 간격이 사라져 두 개가 하나가 되어 경험하는 것이며 이러한 상태에서는 모든 것이 주체이며 객체인 상태이다. 이런 경험은 독일의 현상학자 후설(Edmund Husserl, 1859~1938)이 주창한 '판단중지(bracketing)' 라는 개념과 같이 이해할 수 있는데 이는 지금 여기 현재의 체험에서 관계없는 편견들을 걷어냄으로써 오염되지 않은 의식의 내용에 온전히 접근할 수 있다는 주장[164]이다.

우리는 공간에 대한 현재 통용되는 인식 수준과 별 의심없이 동조하고 있는 패러다임에 질문을 던질 수 있다. 지금 이 시대에 인간이 만들어 내고 있는 공간에 대해 어떤 평가를 내릴 수 있을까? 실제 목적에 타당한 공간을 창출하고 있기는 한 것일까? 쉽게 말해 만들고자 하는 공간의 개념에 부합하는 공간을 설계하고 만들고 있기는 한 것일까?

---

164) 원문: This reductive procedure consists of filtering out biases unrelated to the ongoing experience so one might access the unspoiled contents of consciousness alone—in other words, pure reality. 출처: E. Husserl, Ideas: General Introduction to Pure Phenomenology, Allen & Unwin, 1931.

공간에 대한 당연한 질문
****

'학교' 라는 공간은
학생들에게 지식과 지혜를 넓히기 위한 공간으로서
필요한 영향을 미치게끔 자리를 잡고 설계가 되었을까?

'시청' 은 지역 발전을 위해
여러가지 계획을 세우고
주민 생활의 불편을 해소하는 역할을 잘 하게끔 위치를 정하고 지어졌을까?

교회나 절과 같은 '종교적인 성소' 는
신자들이 하나님의 말씀, 내 안의 불성을 깨닫고
이를 삶에 실천할 수 있는 용기를 얻어갈 수 있게끔
입지 선정, 건물의 모양과 크기가 선택되었을까?

내가 사는 집은
내가 삶에서 이루고자 하는 목적을 이룰 수 있게
도와주는 힘을 가졌을까?

지금 나는 나를 행복하게 만들어 줄 수 있는 공간에서 살고 있을까?

7. 공간 지각의 원형 회복

7.1 공간의 원래 모습을 볼 수 있다면…

Figure 25. 빔베트카 은신처 암벽화

    2016년 겨울, 필자는 고대 건축 문화 유산 답사 차 인도를 여행하고 있었다. 첫 목적지는 빔베트카 바위 은신처(Bhimbetka rock shelters)였다. 중부 인도 평원의 남쪽 가장자리에 위치해 있는 자연적으로 생긴 바위 은신처로서 사암층으로 이루어져 자연적인 은신처 외에 인위적으로 깎고 파고 들어간 공간 구성 또한 많이 보이는 유적지이다. 이 은신처의 주요 핵심 가치는 바위에 새겨져 있는 암각화이다. 원래 발견된 경위는 1888년, 불교 유적 공간으로서 처음 알려졌다. 하지만 그 후 1957년 깊이 있는 조사와 발굴 작업을 통해 선사시대의 주거지였다는 것이 확인되었고 2003년 유네스코 세계문화유산에 등재가 되었다. 약 750개의 은신처가 발견되었으며 많은 은신처에서 암각화를 볼 수 있다. 가장 오래된 암각화의 경우 3만 년 전, 그러니까 후기 구석기시대(Upper Paleolithic Era)에 그려진 것으로 추정하고 있다. 그만큼 아주 오래 전부터 인간이 거주를 해오던 장소였으며 그 후 청동기시대를 거쳐 역사시대, 중세시대에 이르는 넓고 깊은 역사를 담고 있는 공간이다.

    은신처, 특히 동굴 형태의 공간은 건축역사에 있어 어쩌면 출발점으로 보아도 무방하다. 옛 선인들은 자연적으로 형성된 지형을 그들의 목적에 부합하게 아낌없이 사용하는 지혜를 보여주었다. 3만 년 전에는 인간들이 아무런 '건축적 행위'를 하지 못하였을까. 고고학적 분석에 의하면 여기 빔베트카에는 석기시대 때 지어진 것으로 추정되는 돌로 된 벽 구조와 바닥이 발견되었다고 하며 이것이 현재까지 발견된 유적으로서는 세계에서 가장 오래된 인간의 창조물이라고 한다. 따라서 이곳은 어쩌면 자연과 인간이 조화롭게 공존을 했었던 집단 거주지의 성격을 가진 장소였지 않나 하는 추정을 가능케 한다.

거주를 위한 장소의 선택은 예나 지금이나 표면적으로는 거의 같은 논리에 의해 결정된다. 신체의 이상적인 유지를 위해 외부로부터의 강한 추위나 열을 피하며 안락하게 휴식을 취할 수 있는 곳을 떠올려 적합한 장소를 가려냈을 것이다. 따라서 움푹 들어간 곳 등은 비와 눈, 뜨거운 태양을 피하기에 안성맞춤인 장소이다. 이런 실용적인 맥락에서의 동굴은 기본적인 인간의 욕구를 담아내는 하나의 그릇이다.

또 다른 해석은 가능할까. 지금 여기 빔베트카에서도 알 수 있지만 어떤 것은 깊이가 그리 깊지 않은 석굴 형태이고 어떤 것은 아주 깊이 들어가야만 내부 공간에 다다를 수 있는 형태를 띠고 있다. 어떤 이는 동굴이 어머니의 자궁과 같은 공간으로서 어둠과 빛이 신비롭게 공존하는 성스러운 하나의 생명체로 규정하기도 한다. 어쩌면 동굴 중에서도 그런 종교적인 기능을 했던 곳도 있었을 것이라 생각이 든다. 그리고 또 다른 목적을 가진 공간들도 분명 존재를 했으리라 생각이 든다. 그들 또한 현대인들과 마찬가지로 의식주의 기본욕구를 넘어 즐거움, 쾌락, 사회적 공감 등을 유발하는 지극히 인간적이고 자연스러운 생활 체계를 가졌으리라 생각되기 때문이다. 그에 적합한 공간을 찾거나 아니면 만들어 그 체계를 담아낼 수 있게끔 하였을 것이다. 지금 눈앞에 보이는 바위로 된 동굴들을 단편적으로 보는 것이 아닌 다채로운 삶을 담아냈던 마을로 본다면 좀 더 입체적이고 객관적으로 공간의 성격과 본질을 해석할 수 있지 않을까.

왜 하필 그곳에…

초창기 국내외 건축기행을 하며 옛 선인들이 남긴 유적 공간에 서서 던진 질문이 기억이 난다. **'왜 당시 사람들은 이렇게 비생산적, 비실용적이었을까?'** 추측하건대 그 당시 나는 국내 어느 험한 산 정상 부근에 우뚝 솟아오른 바위에 그려진 마애석불을 쳐다보고 있었다. 어쩌면 단순해 보이는 부처의 모습을 그냥 평평한 땅에다 그릴 수는 없었을까. 바위로 이루어진 평평한 지대는 있었을 것이다. 왜 굳이 이런 험한 산꼭대기까지 올라와, 이 고생을 하며 바위에 부처의 모습을 이 크기로 새겼을까. 같은 질문을 던지기를 반복할 수밖에 없었던 이유는 많은 절, 석탑, 암자, 신전, 혹은 성스럽다고 알려져 있던 장소들이 거의 다 '비생산적'으로 보일 수밖에 없는 위치에 있었기 때문이다.

Figure 26. 서산 용현리 마애여래삼존상

강화도 마니산 참성단만 보더라도 왜 굳이 그 정상까지 저 바위들을 이고 지고 올라가 쌓아야 했을까라는 질문을 하는 것은 어쩌면 지극히 당연하다. 하물며 이집트 피라미드, 영국의 스톤헨지 등의 거석 유적들을 보면 오히려 참성단은 애교로 보이기까지 한다. 단순히 무거운 돌을 옮기는 노력 외 위험한 작업방식이 동원된 유적지들도 많다. 지금은 관광을 위해 넓은 공간의 땅을 만들어 놓았지만 원래 발견 당시에는 지지대가 전혀 없어 보이는 절벽에 새겨진 서산 용현리 마애여래삼존불[165]이 그 한 예이다. 그 당시에도 절벽 옆으로는 땅이 이어졌기에 좀 안전하게 조각할 수 있었음에도 굳이 절벽 끝까지 나가 심히 위험한 조각을 왜 감내했을까.

---

165) 서산 용현리 마애여래삼존상은 충청남도 서산시 운산면 용현리에 있는 백제 말기의 화강석 불상. 국보 제84호이다.

Figure 27. 강화도 마니산 참성단 전경(출처: Ssnm1015, CC BY-SA 4.0, https://commons.wikimedia.org/wiki)

이런 비생산적이며 비경제적인 공간구축의 역사는 후기 구석기 시대엔 빈번한 일이었던 듯하다. 비슷한 시대에 만들어진 것으로 추정하는 프랑스 도르도뉴 지방의 라스코 동굴(Lascaux Cave)에서는 아주 독특한 동굴의 형태가 발견되었다. 들어가는데만 몇 시간이 걸리는 동굴이 발견이 되었는데 그 동굴 내부에는 샤먼으로 추정되는 사람의 모습이 여러 동물들과 함께 그려져 있다고 한다. 지팡이를 든 지도자급의 사람(샤먼으로 추정)이 무아지경에 빠져있는 듯한 모습으로 동물들을 사냥하고 있거나, 또 어떤 장면에서는 그 사람이 하늘을 날아다니는 듯 그려진 조각들은 보면 이 그림, 이 장면을 그리기 위해 여기까지 뚫고 들어와야만 했던 그 당시 사람들의 생각을 궁금해하지 않을 수 없다. 심지어 영국의 비교종교학자 카렌 암스트롱(Karen Armstrong, 1944-)에 의하면 '**그들은 근처에 넉넉한 장소가 있는데도 옛 그림 위에 새 그림을 그리기도 했는데, 그것은 그 장소가 매우 중요했기 때문인 듯하다. 우리로서는 짐작할 수 없는 어떤 이유로 그림을 그리기에 보다 적절한 장소가 있었던 것 같다**[166].' 그리기 어려운 장소뿐만이 아니라 어떤 경우는 옛 그림 위에 새 그림을 덧칠을 한 역사적 증거는 '장소', 혹은 '공간의 위치'에 대해 본질적인 의문을 던지게끔 유도를 한다. 이런 옛 선인들의 행위는 마치 모든 것에는 **그에 합당한 장소, 어떤 지점**이 있다는 것으로 보인다.

---

[166] 카렌 암스트롱, 정준형 옮김, 신을 위한 변론, 1장 호모렐리기우스, (주)웅진씽크빅, 2010, p.37. 원문: "They often painted new pictures over old images, even though there was ample space nearby. It seems that location was crucial and that, for reasons we cannot fathom, some places were deemed more suitable than others. Excerpt From: Armstrong, Karen. "Case for God."

Figure 28. 라스코 동굴 벽화(출처: Francesco Bandarin, UNESCO.org, CC BY-SA 3.0 IGO)

현재 인간의 삶을 들여다보면 표면적으로는 비슷한 논리에 기준하여 공간을 사용하고 있다. 여느 주거든 침실과 부엌, 화장실은 나뉘어져 있고 공부방과 놀이방 또한 그 목적과 기능에 맞게 구분되어 있다. 하지만 단순한 구획의 문제였다면 빔베트카나 라스코의 동굴에서 보이는 공간은 설명되지 못한다. 왜냐면 구획의 문제는 동굴 밖에서도 얼마든지 할 수 있기 때문이다. 왜 그들은 많은 시간과 육체적 노동을 감수하면서까지 이 동굴을 파고 들어왔을까? 그리고 왜 그들은 조각을 위한 넉넉한 장소가 있었음에도 불구하고 옛 그림 위에 새 그림을 그리고 또 그리고 했을까? 그들은 도대체 그 장소에서 무엇을 보았을까?

공간 선정에 대한 의문은 다른 사례를 통해서도 제기된다 불교의 창시자 석가모니의 깨닫기 직전의 행적에서 드러난 사례이다. 깨달음으로 가는 마지막 투쟁을 위해 석가모니는 모든 것을 내려놓고 자기 자신과의 최종적인 싸움에 들어가기로 마음을 먹는다. 지난 6년간의 극한 고행으로 석가모니의 상태는 당장 죽어도 이상하지 않을 정도였다. 그동안 깨달음을 위해 당대 스승들이 알려준 방법들을 모두 시도했지만 결국 실패하고 말았다. 하지만 막다른 골목에서 지금까지 자신의 모든 것을 포기했을때 홀연히 해답이 떠올랐다. 어릴 적 체험한 '매우 자연스러운 순순한 기쁨[167]'이 바로 그 힌트였다. 어릴 적 아무런 노력없이 해방감을 맛보았다면 해탈이라는 것은 분명 인간이라는 구조 속에 이미 내재된 무엇일 수 있다는 생각이 머리에 스쳤다. 떠오른 생각에 대해 깊게 성찰한 후 옳다는 확신을 가진 그는 이 확신을 스스로 증명하여 사실로 받아들이기로 하였고 보리수나무 아래에서 마지막 목표를 이루게 된다. 아래 내용은 보리수나무 아래에 도착한 후 석가모니가 보인 행적의 기록에 근거한다.

붓다가 찾아가 앉은 터

피폐해진 몸을 겨우 추스른 후 궁극의 해방을 위해 보리수나무 아래로 걸어간다. 그런데 석가모니는 나무 아래 바로 앉지 않는다. '우선 그는 이전의 모든 붓다들이 닙바나에 이르렀을 때 앉았던 곳을 찾으려고 나무 주위를 돌아보았다. 그러나 고타마가 서는 곳마다 "평평했던 땅이 위로 솟아오르거나 밑으로 꺼졌다. 마치 땅 위를 구르는 거대한 수레바퀴 위에 올라가 있는 것 같았다." 결국, 고타마는 나무의 동쪽으로 갔으며 그곳에 서자 땅도 가만히 있었다. <u>고타마는 그곳이 이전의 모든 붓다들이 자리를 잡았던 '부동의 지점'이라고 판단하고, 그곳에서 동이 트는 동쪽을 향하여 아사나 자세로 앉았다.</u>[168]'

'스스로 깨어난 자, 붓다(원제:Buddha)'의 저자 카렌 암스트롱의 해석에 의하면 석가모니가 분별작업을 거쳐 골라낸 자리는 대개 '나무'로 표현되는 '우주의 축'이라는 개념으로 이해되며 이는 전세계 문화권에서 동일하게 발견되는 구원 신화와 연결돼 있다고 한다. 이 '나무'가 서 있는 곳은 **'거룩한 에너지(Divine energy)가 세상으로 쏟아져 들어오는 곳이며, 인류가 절대적인 것을**

---

167) 이 체험은 막다른 골목에서 용기를 잃지 않고 뜻을 이루고자 집중을 유지한 고타마에게 불현듯 어린 시절 궁의 유모들과 작물을 심기 전 밭을 가는 연례 행사에 참가한 기억에 근거한다. '마하삿짜까경(Maha-Saccaka Sutta)'에서 서술하는 자이나교도인 삿짜까(Saccaka)와 붓다의 대화에 나타나있다. 원문은 다음과 같다. "나에게는 다음과 같은 생각이 일어났다. 석가족 부왕의 행사중에, 나는 근처의 염부나무 그늘에 앉아서 온갖 감각적인 욕망을 떠나고, 불건전한 마음상태[不善法]를 떠나 尋이있고 伺가 있으며, 떠남에서 생긴 기쁨과 즐거움이 있는 初禪에 도달하여 머물렀던 것으로부터, '이것이야말로 깨달음에 이르는 도일 것이다'라고 깨 달았다. 악기베싸나여! 나에게 이러한 생각이 일어났다. '이것이야말로 깨달음에 이르는 도일 것이다'라고." 출처: MN.I.36,p.246 Abhijānāmi kho panāham pitu Sakkassa kammante sītāya jambucchāyāya nissinno vivicc' eva kāmehi vivicca akusalehi dhammehi savitakkam savicāram vivekajam pītisukham patham jhānam upasampajja viharitā, siyā nu kho eso maggo bodhāyati. Tassa mayham Aggivessana satānusāri viññānam ahosi : eso va maggo bodhāyati.(재인용: 김준호, 初期佛傳에 나타난 붓다와 禪定, 보조사상 28집(2007.8), p. 229-230)
168) 카렌 암스트롱, 정영목 옮김, 스스로 깨어난 자 붓다, 3장 깨달음, (주)도서출판 푸른숲, 2015, p.149. 원문은 본생경(本生經, Jataka)에 나와있다. 본생경에는 석가가 이 세상에 출현, 성불(成佛)하여 부처가 되기 이전, 즉 전생에 보살로서 수행한 일과 공덕을 이야기로 구성한 경전이다.

만나 좀더 완전하게 자기 자신이 되는 곳[169]'이며 이 '부동의 지점'에서는 인간이 '**완벽한 균형 속에서 세상과 우리 자신을 보게 해주는 심리적 상태**[170]'로 바뀔 수 있는 가능성이 높은 지점을 나타내는 것이라고 한다. 그 이유는 이런 심리적인 상태가 아니면 '깨달음은 불가능'하기에 '**모든 붓다들은 닙바나를 얻기 전에 이 자리에 앉아야 했다.**[171]'는 주장이다. 이는 세계 많은 신화에서 공통적으로 나타나는 '세계의 축(Axis Mundi)', 즉 '**현실적이고 무조건적인 것과 만나는 차분한 고요의 지점**[172]'과도 연결된다.

다시 석가모니가 터를 골라내던 상황으로 돌아가 그의 행위 하나하나를 분석해보자. 우선 석가모니는 궁극의 해탈에 도달하고자 하는 목표를 가지고 보리수나무가 있는 곳으로 걸어왔다. 이쪽으로 걸어왔다는 것은 이 보리수나무 주변이 본인의 목적에 부합하는 어떤 것을 가지고 있다는 것이다. 바로 그 다음 그의 행위를 보면 확연히 드러난다. 그는 '**이전의 모든 붓다들이 닙바나에 이르렀을 때 앉았던 곳을 찾으려고 나무 주위를 돌아보았다.**' 그는 찾고자 하는 대상이 분명했다. 그래서 그는 질문했다. '모든 붓다들이 닙바나에 이르고자/ 이르렀을 때 앉았던 곳은 어디인가?' 그리고 집중을 했다. **그러자 땅이 그의 질문에 대답하기 시작한다.** 땅과 대화를 시작한 것이다. 땅은 그의 질문에 '**떨림**'으로 반응을 했다. 더 정확히 말하면 땅과의 교감에서 석가모니가 지각하는 방식이 '떨림(the fantastic shuddering)'을 통해서 였다. 땅이 거꾸로 솟아오르거나 밑으로 꺼질 것 같은, '어지러운' 감각적 정보를 그에게 전달한 것은 엄밀히 말해 그 안의 그가 몸의 근육과 신경계를 통해 그에게 전달한 정보이다. 대상에 대한 냉철한 집중을 유지한 까닭에 석가모니는 몸을 제대로 가눌 수 없고 정신이 흐려질 정도로 요동치는 곳을 여러 번 거친 후 마침내 차분하고, 고요하고, 완벽한 평형상태의 지점을 찾아낸다. 목적을 잃지 않고 몰입하여 그의 인식에 드러나는 정보들을 냉철하게 알아차린 덕분이다.

---

169) 카렌 암스트롱, 같은 책, p.149.
170) 카렌 암스트롱, 같은 책, p.150.
171) 카렌 암스트롱, 같은 책, p.150.
172) 메르치스 엘리아데의 〈이미지와 상징〉에 의하면 '중심' 속에서 축에 의해서 지하세계로부터 하늘의 중심(천정天頂)-하늘의 궁륭(穹窿)의 정점(頂点)까지 연결되는 Axis mundi의 원형적 이미지는 고대 동양문명에서 잘 나타나 있는데, 실제로 고대 동양의 모든 도시, 사원, 궁전들은 그 장소, 혹은 상징적인 나무, 상징적인 산을 통해 중심주(柱), 우주목, 우주산이라는 원시적 이미지로 표현되었다. 출처: 메르치스 엘리아데, 이재실 옮김, 이미지와 상징, 까치 글방, 1998, pp. 48-49.

고대 거석 문화 유적, 자연과 합일된 의식 속에서 건축됐으리라…

미국 로버트 맥더못(Robert McDermott)[173]교수는 바로 이 지점에서 연구를 시작했다. 그는 전 세계에 흩어져 있는 고대 유적, 특히 거석 문화유적들의 신비로움을 논하며 **"분명 그 당시 고인돌을 지었던 사람들은 지금의 현대인들과는 다른 방식으로 세상을 관찰했을 것이다.**[174]**"** 라는 당연한 인식으로부터 연구를 시작한다. 실제 아직도 현대 과학으로도 규명되지 않은 수많은 고대 유적들이 전세계에 분포되어있다. 거칠지만 아주 다양한 형식과 형태를 가진 거석 건축물에서 부터 섬세하고 견고하게 지어진 피라미드들은 인간에게 무수한 질문을 던지게 만든다.

Figure 29. 인도 파타다칼(Pattadakal) 인근에서 발견된 고인돌

왜 이 위치에 지었는지, 왜 이러한 배치인지, 도대체 왜 이런 모양과 재질을 썼는지 등을 질문하며 답을 찾아가지만 이내 '모름' 을 인정할 수밖에 없는 결론에 도달한다. 그들이 내놓는 답들은 현대인의 시각 혹은 패러다임 안에서 가능하다고 생각되는 가정들일 뿐 실제 그 당시 건축가들이 어떤 앎의 방식을 통해서 건축행위를 진행했는지 밝히는 것과는 거리가 있다.

---

173) President Emeritus, Professor, Department and Chair at California Institute of Integral Studies
174) 원문: Their way of knowing emerged from their interaction with nature and the environment…It may have been closer to imaginal consciousness than the abstract intellectual faculty that we call "thinking…"Experiences which modern Western thinking typically regards as profoundly transformative and revelatory, or too remarkable to be believable, might take on a different meaning when considered within the context of the consciousness in and by which they occurred. [Exert from his public lecture, June 1992.] 출처: Helen Palmer, Inner knowing: Consciousness, Creativity, Insight and Intuition, Part 1: Knowing for the Twenty-first century_Nonduality, A New conscious reader, 1998, p.3.

맥더못 교수가 말하는 '자연과 합일된 비이원성(Nonduality)'적 의식 속에서 건축했을 것이라는 다소 추상적인 해석이 그럼에도 의미가 있는 이유이다. 카렌 암스트롱의 해석에 따른 석가모니의 행적을 미루어 볼 때 **공간은 인간의 심리, 즉 생각하는 능력에 영향을 미칠 수 있다는 것**을 말해준다. 성스러움을 체험하기 위해서 그에 상응하는 장소를 찾아 머물러야 하는 이유가 바로 여기에 있다. **공간이 그냥 물리적이 틀이 아닌 살아 숨쉬는 생명체로서 그 안에 살아가는 사람들의 지각 능력과 행동, 사고력에 영향을 준다는 개념은 다양한 문화권에서 발견된다.** 우리에게 남은 과제는 이런 공간을 어떻게 알아볼 것이고 만들 수 있을 것인가의 문제이다. 인간이 파장과 그 변화를 정확히 읽어낼 수 있다면 목적에 맞는 물질 간의 이롭고 해로움을 판단할 수 있고 필요에 의한 선택이 가능해진다.

7.2 공간의 원래 모습(Genius loci)이란?

> "나는 그 방에 들어가 앉아서
> 그 분위기가 나에게 어떤 영감을 주는지 볼 생각이네.
> 나는 수호신(genius loci)이 있다고 믿거든[175]."
> – 셜록 홈즈, [공포의 계곡] –

추리소설 속의 인물인 셜록 홈스에게는 여러가지 수사 방법이 있는데 그 중 하나는 입장을 바꿔 생각하는 것이다. 약간의 상상력이 동원되어야 하지만 충분히 그럴 만한 가치가 있는 사고법이라는 주장이다. 이 과정은 내가 곧 범인이 된다고 가정한 후 그의 지능을 가늠해 보는 작업이고 같은 상황에서 나라면 어떻게 행동해 나갈 것인지 상상하는 것[176]이기도 하다. 셜록홈즈가 범죄가 발생한 방에 앉아 그 방을 수호하는 수호신, 다른 표현으로 하면 그 방의 공간을 다스리고 있는 '정령'과 교감을 하는 장면은 중요한 점을 시사하고 있다. 바로 현재의 모습을 기반으로 지각을 변형시키고자 하는 노력이다. 다른 사람의 입장에 서서 그 사람의 머리로 생각하려는 노력은 자신의 감각적 인식의 영역을 떠나 생각한다는 것을 의미한다. 특히나 풀기 어려운 사건을 맞닥뜨렸을 때, 도저히 안 풀리는 난제를 만나 도무지 해결 방법이 떠오르지 않을 때 나보다 이 문제에 대해 더 잘 알고 있는 존재가 되었다는 가정 혹은 그 존재가 답을 줄 수 있도록 내어맡기고자 하는 생각이 꽤 효과적일 수

---

175) 아서코난도일, 백영미 옮김, 셜록홈즈 전집 4(공포의 계곡), 황금가지, 2002, p.104.
176) 움베르토 에코, 토마스 세벅 역음, 김주환, 한은경 옮김, 셜록홈즈, 기호학자를 만나다(원제: The Sign of Three: Dupin, Holmes, Peirce, 3장. 셜록홈즈-응용사회심리학자, 이마, 2016, p.111.

있는 증거는 이미 앞서 논의한 바와 같이 고대부터 무수히 많은 사례들로 존재하고 있다.

셜록홈즈에게 그 방은 비밀을 풀 열쇠를 쥐고 있는 공간이다. 하지만 그 스스로는 그 열쇠가 어디에 있는지 알지 못한다. 하지만 그 방의 수호신, 즉 터에 깃들어 관련된 모든 것을 관장하는 정령은 그 방에서 무슨 일이 일어났는지 분명히 알고 있기에 그와 교감을 하려고 한다. 여기서 말하는 **터의 정령, 방의 수호신**이라고 불리는 'Genius loci'는 과연 무엇일까?

Genius loci: 정령이 거하는 공간-공명하는 떨림이 깃든 곳

'Genius'는 고대 로마시대에 태동한 개념으로서 이 땅에 존재하는 모든 것에는 태어날 때부터 주어지는 그만의 고유한 genius(정령,精靈)가 있고 이는 수호하는 것들의 성질과 운명을 관장한다고 알려져 있다[177]. 정령은 만물의 근원을 이룬다는 신령스러운 기운으로서 전세계 많은 문화권에서 초목이나 무생물 등 갖가지 물건(나무, 돌, 산, 강 등 모든 것)에 제각기의 정령으로 깃들어 있다는 숭배 문화의 핵심요소이다. 만물의 근원에 해당하는 기운이 천지만물에 다 내재해 있으며 각각의 물질들의 고유한 역할을 통해 그 근원적 힘이 세상에 드러날 수 있다고 보는 관점이다.

결국 정령은 각각의 물질들의 원래의 모습, 참된 모습을 일컫는 개념이다. 그것이 감각적 인식에 의해 왜곡이 되는 경우 당연한 무엇에서 신비스러운 무엇으로 되며 숭배의 대상이 될 뿐이다. Genius의 어원에 해당하는 'gens[178]'가 'inborn nature', 즉 '진성(眞性)'을 뜻하는 것은 해석에 있어 중요한 근거가 된다.

이 시각으로 보면 공간(loci[179]) 또한 하나의 '개체'로서 그만의 정령을 가지는 존재이다. 건축 행위가 발생하기 전 상태의 땅을 예로 들면 이는 특정 장소의 위치, 지형, 토질, 색상 등이 조합하여 구성된 개체로서 고유의 성질(물질파)을 지니고 있다. 감각적 지각으로는 인지가 안될 뿐 원래 '장소'란 무수히 복잡하고 다양한 요소들-그것이 눈에 보이든 보이지 않든-로 구성되어 있다. 그 성질의 핵심을 잘 파악하여 그에 어울리는 의도의 공간을 덧대는 것이 고대부터 전해내려온 건축(architecture)의 본질이다.

---

177) Christian Norberg-Schulz, Genius Loci: Towards a Phenomenology of Architecture, Rizzoli, 1979, p.18.
178) Online Etymology Dictionary, https://www.etymonline.com/search?q=genius
179) 어떤 특정 존재나 사건이 발생하는 장소, 중심지라는 뜻을 가지고 있다.

성질을 잘 파악한다는 뜻은 그 장소에 서려있는 다양한 물질파들의 진동수, 파장과 이들이 총합적으로 만드는 공명장의 '떨림'을 정확하게 인식한다는 것이다. **그 장소의 '떨림'을 정확하게 알고 난 후 그 위에 그 장소의 떨림과 같이 조화롭게 떨릴 수 있는 공간을 짓는 것이 '건축'의 참 모습이다.** 따라서 통합적인 관점에서 해석해 볼 때 Genius loci란 특정 공간의 원래 모습, 있는 그대로의 본질적인 모습을 말하며 이는 감각적인 지각을 떠나 관찰될 수 있는 무엇이다. 영국의 시인 알렉산더 포프(Alexander Pope, 1688~1744)가 조경건축의 원칙으로서 '터의 정령과 상의해야한다(Consult the genius of the place in all).[180]' 는 표현을 가장 먼저 쓴 것은 그 만큼 공간에 대한 문제는 감각적인 미가 기준이 아닌 심층적인 앎이 더 우선시 되어야 한다는 사실을 간접적으로 말해준다.

공간의 원래 모습을 바라보려는 노력-단군신화로부터, 그리고 공맹도

공간의 있는 그대로의 모습을 바라보려는 노력, 즉 Genius loci를 관찰하려는 노력은 전 세계 많은 문화권에서 공통적으로 나타나는 현상이다. 인류는 예로부터 이상적 거주지 선택을 추구해왔다. 동서양을 막론하고 인간이 자신이 거주할 땅을 가리는 전통은 보편적으로 발견된다. 우리와 가장 가깝게는 삼국유사에 기록된 단군신화와 관련된 내용이다.

> '옛날 환인의 서자 환웅(桓雄)이 자주 천하에 뜻을 두고 인간 세상을 탐내어 찾았다. 아버지가 아들의 뜻을 알고 아래로 삼위태백(三危太伯)을 굽어보니 인간을 널리 유익하게 (홍익인간, 弘益人間) 할 수 있었다. 그리하여 천부인(天符印) 3개를 주어 천하로 보내 다스리게 하였다.[181]'

---

180) 원문: Consult the genius of the place in all; That tells the waters to rise, or fall; Or helps th' ambitious hill the heav'ns to scale, Or scoops in circling theatres the vale; Calls in the country, catches opening glades, Joins willing woods, and varies shades from shades, Now breaks, or now directs, th' intending lines; Paints as you plant, and, as you work, designs. 출처: Epistle IV, to Richard Boyle, Earl of Burlington

181) 본 내용은 삼국유사의 '고조선' 조에 나오는 내용이다. 원문은 다음과 같다.
古記云。昔有桓國(謂帝釋也)庶子桓雄。數意天下。貪求人世。父知子意。下視三危太伯 可以弘益人間。乃 授天符印三箇。遣往理之。雄率徒三千。降於太伯山頂(卽太伯 今妙香山)神壇樹下。謂之神市。是謂桓雄天. 王也。將風伯雨師雲師。而主穀主命 主病主刑主善惡。凡主人間三百六十餘事。在世理化。
해설은 환단고기 역주본 (안경전, 상생출판, 2012)을 따랐음을 밝힌다. 이와 같은 내용이 '삼성기 전 하편(三聖記全 下篇)'에도 나타난다. '한국의 말기에 안파견이 밑으로 삼위三危와 태백太白 을 내려다보시며 "모두 가히 홍익인간弘益人間 할 곳이로다."하시며 누구를 시킬 것인가 물으시니…' 출처: 삼성기 전 하편(三聖記全 下篇) - 4 (원동중 (元董仲 撰)

한국인이라면 잘 알고 있는 '홍익인간'이라는 개념이 땅을 가리는 기준으로 설정되 있음을 볼 수 있다. 이 문구에서 나타난 홍익인간은 널리 인간의 삶을 이롭게 할 수 있는 좋은 땅 또는 풍요로운 땅을 뜻한다. 여기서 말하는 좋은 땅이란 어떤 땅을 말하는 것 일까? 문화나 정서 그리고 당대의 상황에 따라 세부적인 조건은 차이가 있겠지만 대개 외적의 침략을 막을 수 있고, 물산이 풍부하고, 물이 충분하고, 바람은 부드럽고, 적어도 5천명 이상은 능히 살 수 있고, 산세 등의 지형이 부드러워 사람들이 평화롭게 어울릴 수 있고, 하늘의 기운을 받기 쉬워 천제를 지내기 좋은 곳을 뜻한다고 본다.

좋은 땅을 가리는 흔적은 중국에서도 볼 수 있다. 공자는 **'어진 곳을 가려 살지 않으면 어찌 지혜롭다 하겠는가?'** 라는 말을 여러 논서에서 한 적이 있다고 전해지는데 조선 후기의 실학자인 이익이 한 이에 대한 해설을 보면 그 중요성을 실감할 수 있다.

> '자기가 사는 마을을 가린다는 말은 공자, 맹자 때부터 나왔다. 사는 마을을 가리지 않으면 크게는 교화가 행해지지 않고 작게는 자기 몸도 편안치 못하다. 그런 까닭에 군자는 반드시 사는 마을을 가리는 것이다.'

그렇다면 우리에게 남은 과제는 하나이다. 공간을 있는 그대로 관찰하는 것이다. 있는 그대로 관찰한다함은 곧 감각을 벗어나 지각한다는 것이고 이는 우리가 앞서 심도있게 논의한 초감각적 지각을 발동시키는 것과 직접적으로 맞닿아있다. 그렇다면 초감각적 지각을 통해 공간을 어떻게 관찰할 수 있는지 알아보자.

7.3 공간의 원래 모습을 초감각적으로 지각하게 된 획기적 사건

고대에는 막대기로 공간의 원래 모습을 봤다는데…

고대로부터 나타난 역사에 의하면 다우징을 통해 감각을 벗어나 지각하려고 했던 인류의 노력을 엿볼 수 있었다. 하늘의 뜻을 지상에 나타내고자 자신의 '자리'에서 벗어나려는 노력은 이 후 '눈에 보이지 않는 실재'를 찾기 위한 도구로서 더 유명해지기에 이른다. 지하에 흐르는 수맥, 혹은 산 밑에 저장된 광맥 등을 찾는데 주로 사용되며 국가와 산업의 발전에 도움을 주었지만 바로 그 같은 이유, 즉 눈에 보이지 않는 실재를 찾을 수 있다는 사실때문에 신성모독으로 몰리게 되었다.

인간 세계 바깥에서 존재하며 인간들이 행하는 죄의 유무를 판단하는 '외부의 신'이 있는 이상 그 신이 아닌 다른 존재에게 답을 구하는 행위로 비춰졌기 때문이다. 하지만 다우징의 실재성은 부인할 수 없는 인간의 지각법으로서 그 존재성을 유지하며 현재까지 이어지고 있다. 시대를 거치며 다우징의 응용이 자연스럽게 이루어지며 다양한 영역에 적용되었고 이를 통해 점진적으로 사회적인 공감대를 형성해 나가고 있다.

"모든 것을 찾는(to search for anything)' 행위로서의 다우징은 이미 다양한 영역에서 무수히 많은 사례들로 그 존재가 증명되었다. 다우징 행위는 모든 인간이 보편적으로 가진 초감각적 지각 능력을 드러내는 방식이며 이는 어떤 주제이든 설정한 만큼, 그리고 주의를 온전히 기울인 만큼 답을 얻는 구조이다. 따라서 찾고자 하는 것, 그것이 사물이든 어떤 관념적인 주제이든 명료하고 간단하게 설정하는 것이 정확한 답을 드러내게 하는 중요한 핵심 요소 중 하나이다.

그렇다면 다우징을 통해 발동된 초감각적 지각으로 '공간'을 관찰해 보면 어떤 그림이 드러날까? 공간의 진짜 모습, 즉 'Genius loci'는 어떤 모습일까? 옛 선인들이 땅을 보며 아무 장소가 아닌 특정한 곳이 살기에 이롭다고 판단한 근거는 무엇일까?

1997년, 이런 일이 터질 줄이야! 다우징으로 땅의 생기(生氣)를 측정하다!

1997년, 경기도 여주에서 땅을 뒤흔든 역사적 사건이 생겼다. '도안계 풍수지리[182]'의 저자 설영상에게 내린 특별한 다우징 체험. 누가 이렇게 답을 주리라고 생각이나 했을까. 그가 겪은 신대륙 발견에 버금가는 사건의 개요는 소소하다. 등장 인물은 오직 3인. 기감이 탁월한 단전 호흡수련가, 정통 형기 풍수의 달인 그리고 수맥 찾기의 탁월한 능력을 지닌 설영상.

이야기는 이렇게 시작된다.

당시 엘로드를 사용해 '수맥파'를 정확히 잘 찾던 설영상은 여주 어느 마을로 풍수지리 답사에 우연히 동행하게 되었다. 수맥파는 특정한 생각없이 다우징으로 찾을

---

[182] 기존의 풍수이론으로 풀 수 없었던 땅 기운과 지기들을 도안의 입장에서 해석하는 이 책은 보다 나은 삶을 위해 실용적인 학문으로서의 풍수를 다루고 있다. 끊임없는 명상과 몸이 저절로 알아차려 반응하는 다우징을 통해 응답하는 실체에서 진짜 나의 능력을 알아차려 나, 그리고 주변 환경을 관찰하는 방법을 제시한다.

수 있는 파장의 일종이다. 설영상은 다년간의 연습과 훈련을 통해 수맥파의 크기와 방향, 깊이 그리고 흐름의 양까지도 정확하게 측정하는 고수의 능력을 연마했던 터이다. 하지만 생각없이 행하는 수맥 찾기가 다우징으로 찾아내는 전부였다.

이 우연한 답사는 두 사람이 주도했는데, 한 사람은 동양학의 정수인 풍수지리학의 이론과 실무에 정통한 사람이었고 다른 이는 기감(氣感)이 보통 사람들은 보기 어려운 것들을 눈으로 실제 볼 수 있었던 수련가였다. 고감각적 지각 능력이 뛰어난 사람은 대개 천리안, 텔레파시, 예지, 투사 등의 능력을 발휘하는데 쉽게 얘기하면 오감으로 지각하는 능력이 일반인들보다 폭 넓다는 뜻이다.

'깨달은 사람이 나오는 명당'이라는 소문이 자자한 여주의 한 마을에 도착하여, 터를 관찰하기 시작했다. 그들은 산 능선을 따라 흐르는 강한 '생기(生氣)[183]'를 관찰하고 측정하고 평가했다.

풍수지리 전문가가 자신의 이론에 근거하여 근처 산 정상으로부터 흘러 내리는 좋은 기[184]를 대략적으로 측정하였다. 주변 산세와 좌향 등을 보고 추측하는데, 대개 '생기'는 산 능선을 타고 내려오기에 산 모양을 잘 보는 사람이라야 기의 대체적 흐름을 인지할 수 있다. 하지만 산 능선이 또렷하지 않아 눈에 드러나지 않거나 혹은 능선이 끝나고 평지로 이어나가는 지점에서는 기의 흐름을 인지할 방도가 없는 것이다. 즉 눈에 보이는 능선이 기를 인식하는 한계이다보니, 일반적으로 두리뭉실한 흐름 해석으로 끝나고 만다.

한편, 아무 말없이 유심히 산 능선을 관찰하던 수련가가 풍수 전문가에게 물었다. "**혹시 저 능선을 타고 이쪽으로 쭉 내려와 지금 이 집 한켠으로 흐르는 이 노란색 기운을 말하는 건가요?**" 이 말을 들은 풍수 전문가는 깜짝 놀라 기겁하고 말았다. 자신이 알 수 없었던

---

[183] 풍수지리학에서 '기(氣. Qi)'는 산, 강, 들, 계곡, 바다 등 그 장소의 외적인 모양에서 만들어지는 에너지 흐름으로서 삶의 길흉화복에 지대한 영향을 미치는 요소로 인식되고 있다.[형기(形氣) 풍수] 풍수 전문가는 무릇 이 '기'를 정확하게 측정해야만 공간에 대한 진단과 처방을 제대로 할 수 있게 된다. 하지만 이론을 많이 안다고 해서 정확한 측정이 가능한 게 아니다. 풍수지리를 업으로 하는 지관이든 이를 객관적으로 연구하는 학자에게든 '기'는 아직 신비스러운 개념으로 인식되는 경우가 많으며 실제 측정을 한다해도 육안으로 인식하지 못한다. 다만 터의 형태와 주변의 환경적 조건이 풍수 관련 경전의 내용과 맞아떨어지면 생기가 있을 거라는 짐작 정도를 할 뿐이다.

[184] 용맥(龍脈)이라고도 한다. 용맥은 풍수지리에서, 산의 정기가 흐르는 에너지 흐름의 줄기를 뜻하며 그 정기가 모인 자리가 혈(穴)이 된다.

생기 흐름의 완전한 모습을 알려주었기 때문이다. 고감각적 지각의 소유자가 눈으로 보며 그려준 자연의 모습을 접하며, 풍수전문가는 예기치 못한 엄청난 충격을 받았다. 글로 말로 배운 형기 풍수의 한계가 적나라하게 드러난 것이다. 지식만으로 자연의 현상을 제대로 보기 어렵다는 사실을 고백할 수밖에 없었다.

설영상은 이 과정을 잠자코 지켜보기만 했다. 그간 수맥파 찾기만을 연마했을 뿐, 지금 얘기하는 '생기'에 대해서는 그 개념조차 접한 적이 없었다. 바로 그때 수련가가 설영상에게 이 생기를 다우징으로 찾아보라고 권했다. 수맥파를 정확하게 잘 찾아내는 능력이면 생기의 흐름 또한 잘 찾을 수 있을거라는 그의 추론이었다. 일반적인 감각으로는 보이지 않지만 다우징을 통한다면 수맥파든 생기든 다 찾을 수 있다는 생각이었던가 보다.

'정말 그럴까?' 설영상은 반신반의했지만 한번 시도해 보기로 했다.

두 사람의 고수들이 얘기하는 생기를 찾으려고 엘로드를 들었으나 어떻게 찾아야 할지 막막하기만 했다. 이리저리 걸어다녀 보았지만 전혀 반응이 없었다. 아무 생각없이 걸으며 수맥파는 잘 찾아냈는데, 도대체 이 '생기'라는 것은 어떻게 해야 찾을 수 있는 건지 답답했다. 그가 할 수 있었던 것은 수맥파를 찾을 때와 같은 방식으로 엘로드를 들고 이리저리 걸어다닐 뿐, 결코 생기를 찾을 수는 없었다.

시간이 흐르고 해가 저물 즈음, 막다른 골목에 다다른 각오로 마지막 시도를 준비하며 이렇게 자문해 보았다. "나한테 찾으라는 그 생기가 무엇일까?" 이 생각을 하며 항상 하던 대로 엘로드를 들고 걸었다. 그러자 갑자기 반응이 나타났다. 놀랍게도 바로 그때 그를 지켜보던 수련가가 외쳤다. **"그래! 바로 거기!"**

"어…! 이게 뭘까? 내가 방금 뭘 했길래 찾아진걸까?" 갑작스러운 반응이 설영상에게도 의아스러웠다. "'수련가가 찾으라는 것'을 '생각'하며 걸어간 것 뿐이었는데. 혹시 이것 때문일까?" 또 다시 '같은 생각'을 하며 걸어보았다. 그리고 또 한 지점에서 엘로드가 확 돌며 반응했다. 수련가가 또 외쳤다. "그래! 바로 거기!"

초감각적 지각에 대한 새로운 깨달음-명확히 질문하면 정확한 답을 준다.

유레카!! 순간 깨달음을 얻었다. 찾으려는 '생기'의 개념에 주의를 집중한 것이 열쇠였다. 같은 질문을 반복하며 생기의 흐름선을 정확히 찾아낸 설영상은 이 체험을 통해 그때까지 생각지 못했던 다우징의 핵심 원리를 찾을 수 있었다. 찾으려 하는 대상의 특정 개념에 초점을 맞춰 질문하면, 곧 답을 준다는 진리를 얻었다.

'찾으려는 대상의 개념만 정확하면 인간은 무엇이든 찾을 수 있다.'

주제 설정을 정확하게 하고 집중을 다하면 원하는 답을 얻을 수 있는 지각 구조라는 것을 알게 된 것이다. 풍수 전문가가 마련한 답사에서 눈으로 생기 흐름을 보고 그려낸 수련가 덕분에 설영상은 큰 깨달음을 얻게 된다. 다우징은 모든 답을 준다는 진리를 터득하게 된 것이다.

초점(주제)만 정확하면 다우징이라는 탁월한 도구를 통해 바른 답을 정확하게 찾을 수 있게 된 그는 그 후 지속적인 관찰을 통해 수맥파나 생기뿐만 아니라 그 외의 다양한 기의 존재를 확인할 수 있었다. 흥미로운 점은 여러가지 다양한 기의 개념과 특성을 발견하고 정리함에 있어, 고대 문화 유적 특히 현재 남아있는 신성한 건축으로부터 배운 바가 크다는 사실이다. 즉 고대인들이 남긴 유산을 통해 기의 종류와 성질을 분류할 수 있었으며, 이를 통해 고대 건축 양식을 성립시키는 기준, 신성한 건축이 충족해야하는 요소, 영적인 공간의 특징 등을 확연히 드러내는 계기가 될 수 있었다.

여주에서의 깨달음은 고대로부터의 건축 양식에 대한 숨겨진 지혜를 찾게 하고, 자연에 존재하는 다양한 기를 찾고 측정하고 총체적으로 정리할 수 있게 한 획기적 발견이라 할 수 있다. 여주의 만남은 강렬한 체험이자 대사건이었다. 다우징 능력이 공간의 기운 측정에까지 확장되었으니 말이다.

땅의 이치, 혹은 땅의 가치를 연구하는 학문을 풍수지리, 혹은 풍수지리학이라고 한다. 이는 땅의 토질, 색상, 지형 등을 연구해 땅과 사람과의 관계, 더 크게는 땅과 하늘과의 관계들을 밝혀내 특정 땅의 가치를 알아내는 학문[185]이다. 학계의 입장에서 풍수지리라는 개념은 중국 문화에서 생성되고 발전한 '길지발복(吉地發福)[186]'의 신앙 체계이다. 하지만 거의 동일한 개념의 택지술(擇地術)이

---

185) 설영상, 도안계 풍수지리, 1장 풍수지리, 북스힐, 2009, p. 23.
186) 조상을 길지(吉地)에 묻으면 그 조상의 기운이 후세에 미쳐 후손이 잘된다는 풍수사상이다.

한국은 물론 인도, 동남아, 유럽, 인디언(native American) 등의 문화 전반에 걸쳐 공통적으로 나타난다. 이 택지술에서 중요한 것은 특정 공간의 성질을 평가하기 위해서는 **땅의 기운**[187], 즉 **특정 장소의 토질, 색상, 지형 등이 조합하여 나타내는 기(氣)를 정확하게 측정할 수 있어야** 한다는 점이다. 대개 '지기(地氣)'라고 알려진 개념이다. 간혹 에너지, 힘(force) 등으로 표현하는 경우도 있지만 어떤 단어를 사용하던 그 속성에 대한 이해만 정확하면 큰 문제가 되지는 않는다. 따라서 땅을 선별하는 기술은 좋은 장소를 차지해서 바르게 사용하여 땅에 서려있는 생기의 영향을 받아 원하는 목적을 얻으려는[188] 인간중심적 의도로 출발하였고 지금도 같은 문화적 공감대를 볼 수 있다.

풍수지리의 시조로 알려진 중국의 곽박(郭璞)이 지은 '장서(葬書)'에 의하면 좋은 땅을 선별하는데 그치지 말고, **실제 그 곳에 살아야 좋은 영향을 받을 수 있다고 강조**한다. 그 땅에 존재하는 좋은 기장에 직접적으로 노출되어야 감응이 되고 이를 통해 좋은 기의 성질과 교합하여 발복을 할 수 있다는 주장이다. 공간은 그 공간에 존재하는 고유한 파장들이 회절, 간섭 등을 통해 서로 영향을 주고받고 있는 살아 숨쉬는 개체이고 그 공간을 점유하는 인간은 필연적으로 그 파장들의 영향을 받아 그 공명의 성질을 닮아가는 구조 속에 있다. 그렇다면 앞서 논의한 단군신화에서 나타난 터를 선별하는 장면으로 돌아가보자.

다우징으로 고대 유적의 택지술을 도출하자 – 역공학(Reverse Engineering)[189]적 접근

우리가 풀어야 할 과제는 어떻게 땅을 가릴 것인가이다. 정확하게 땅의 가치를 읽어내고 그 공간이 가진 성질을 제대로 파악하자는 것이다. 그 옛날 환인은 인간을 널리 유익하게 할 수 있는 땅을 어떻게 알아보았을까? 교화가 잘 이루어지고 몸이 편할 수 있는 땅을 도대체 어떻게 찾을 수 있을까? 지기의 흐름을 관찰했을까? 안타깝게도 현재 전해지는 풍수지리 관련 경전에는 어떻게 지기를 찾는가에 대한 서술이 없다. 설명이 불가능한 신비스러운 수단을 통해[190] 찾는다고 짐작할 수밖에 없는 실정이다. 하지만 '지기'가 반드시 존재할 수밖에 없는 자연이라면 우리는 이를 찾고자 노력을 해야한다.

---

187) '기운'에 대한 정의는 다양할 수 있으나 공통적으로 형성된 핵심 정의는 아래와 같다. 1. 우주에서 만물이 운행하는(하늘과 땅 사이에 가득히 차서 만물이 나고 자라는) 힘의 근원, 2. 생명체가 살아 움직이는 힘(vitality), 3. 눈에 띄거나 보이지 않는, 감각적 지각으로 알아차리기 어려운 어떤 힘
188) 윤홍기, 땅의 마음(The Mind of Land), 제2장. 풍수 지리설의 본질, 사이언스북스, 2011, p. 42.
189) 리버스 엔지니어링(reverse engineering)은 '역공학'이라 하여 남이 만든 인공물 속에 숨은 아이디어를 알아내기 위해 정상적인 설계 과정과 반대로, 생산된 제품을 분해하여 숨은 아이디어를 찾아내고 설계도면을 뽑아내는 과정을 일컫는다.
190) 윤홍기, 같은 책, p. 45.

만약 옛 선인들 또한 지기를 관찰하여 좋고 나쁜 땅을 가렸다면 혹시 그들이 남긴 유적에 그 판단의 흔적이 남아있지는 않을까? 그들이 땅을 철저히 가려 마을을 세우고, 주요한 건물을 지었다면 현재 남아있는 흔적들을 잘 살펴 보면 분명 이 지기에 대한 힌트가 있지 않을까? 남겨진 산물로부터 역으로 추적해 들어가면 땅이 어떤 기준으로 선별되었으며 그 선별하는 방식까지 알 수 있지 않을까? 다우징이 모든 것을 찾을 수 있는 지각의 열쇠라면 이를 적극적으로 활용하여 우리가 아직 모르고 있는 미지의 세계로 들어가 보는 것이 어떨까?

8. 땅의 본래 가치를 드러내는 지기(地氣)

프랑스의 인류학자 레비 스트로스(Levi Strauss, 1908-2009)는 호주 원주민들의 신화를 연구하며 '의례'와 '자리'와의 관련성에 대해 다음과 같은 말을 남겼다.

> "…자기 자리에 존재하는 것이 그 사물들을 성스럽게 만드는 것이라고 이야기하는 것도 가능할 것이다. 왜냐하면 머릿 속에서라도 그것들이 제자리에서 벗어난다면 우주의 전체 질서가 파괴될 것이기 때문이다. 그러므로 성스러운 대상들은 자기들에게 할당된 자리를 차지함으로써 우주 내 질서를 유지하는 데 기여한다.[191]"

우주 안의 모든 것은 마땅이 있어야 할 곳이 있다. 바로 그 지점을 점유하고 삶을 지어가는 것이 곧 우주 내 질서를 유지하는 방식이다. 우주 내 질서는 무엇을 뜻할까? 우주라는 개념의 영문 번역은 'cosmos'인데 이 단어의 어원적 뜻은 '질서'를 의미하는 'order'라고 한다. 결국 우주라는 무한한 실체가 곧 '질서'로 이해될 수 있다. 문제는 이것이 어떤 질서를 말하는지 정확하게 알아야 한다는 것이다. 그래야만 우리가 이 땅에서 우리가 마땅히 있어야할 곳을 알아차릴 수 있고 그곳에서 삶을 펴 나갈 수 있을 것이기 때문이다. 우주는 어떤 질서에 의해 운행되는 장(場)일까? 미국에서 일어난 흥미로운 사건을 통해 그 답을 유추해보자.

20세기 초반 미국 옐로스톤국립공원(Yellowstone National Park)에서 늑대를 소탕하는 계획을 수립했다. 이유는 늑대가 인근 농가에 출몰하여 가축들을 위협하는 사례가 많아졌고 이에 어려움을 겪던 지역 농부들이 정부에 단호한 대처를 요구했던 것이다. 정부 또한 사태의 심각성을 받아들여 이내 계획이 수립 고 공원 안밖의 늑대들을 사살하는 프로젝트가 진행되었다. 1930년에 이르러 이 지역에는 늑대가 한마리도 남아있지 않게 되었다. 지역 농부들은 환호했고 정부도 자신이 할 일을 했다는 자부심을 느꼈다. 하지만 문제는 다른 곳에서 터져나오기 시작했다. 지역 전체의 생태계에 이상 징후가 발견되었기 때문이다. 정부가 한 일은 농가의 골칫거리였던 늑대들을 소탕한 것뿐인데 다른 동물들의 개체수가 급격하게 줄기 시작한 것이다. 동물뿐만이 아니라 또한 벌거숭이 산들이 나타나기 시작했는데 그 이유는 동물들이 풀과 나무를 다 먹어치웠기 때문이다. 이뿐만이 아니었다. 강 주변의 생태계는 더욱 심각했다. 강 주변에 자라던 풀들은 물론 주변 나무들마저 사라졌다. 동물들이 풀과 나무, 열매들을 다 먹어치우자 새의 수와 종류도 급격히 감소하기 시작했다.

---

191) 조나단 스미스, 방원일 옮김, 자리잡기_의례 내의 이론을 찾아서, 서문, 이학사, 2009, p.8.

개체수의 감소도 문제였지만 증가로 인한 피해도 늘어나기 시작했다. 눈에 띄게 늘어난 동물은 사슴이었다. 늑대가 사라지자 사슴 개체수의 증가가 어마어마했다. 많아진 사슴들 때문에 그들이 먹을 수 있는 식량이 점점 줄어들었고 먹이를 찾아 강가까지 내려와 어린 활엽수의 눈까지 다 먹는 바람에 같은 먹이로 생명을 유지하는 비버의 개체수가 확연히 줄어들었다. 비버가 줄어들며 비버가 나무를 갉아 만드는 댐 형식의 집 또한 급격히 줄었고 이는 홍수의 증가와 강변의 토양이 쓸려내려가는 결과로 이어졌다. 토양의 침식이 가속화 되며 하천 바닥의 굴곡이 심해졌고 이는 전체 지형을 황폐화시키며 공원 전체 풍경을 바꿔버렸다. 농부들의 요청으로 시작된 늑대 소탕 작전은 끝내 공원 전체의 생태계를 말살시키며 막을 내렸다. 1995년 미국 정부는 자신들의 과오를 인정하고 공원 내 생태계 균형을 다시 회복시키기 위해 늑대를 다시 방사했다[192].

인위적으로 자연에 손을 대지 말라! 땅의 본래 가치를 따라서…

늑대 이야기를 통해, 혹은 이와 같은 무수히 많은 사례들을 통해 알 수 있는 사실은 하나이다. 자연은 스스로 그러하게, 고유한 생태계 혹은 생명장을 완벽하게 유지하며 존재하고 있다. 자연이 자연답게 존재하려면 인간이 더이상 인위적으로, 인간중심의 관점으로 손을 대지 않는 것이다. 이 논의가 중요한 이유는 우주의 질서, 그리고 이를 바탕으로 공간의 본래의 모습을 알고자 하는 노력 또한 같은 맥락에서 이루어져야 하기 때문이다. 공간은 그만의 고유한 방식으로 존재하고 있는, '자연' 과 같은 생명체이다. 하지만 인간의 입장에서 어떤 특정한 관점으로 보기 시작하면 어느 새 원래의 그림은 지워지고, 없던 그림이 그 공간을 채우게 된다.

본 장에서 논의하고자 하는 개념, 즉 땅의 본래 가치를 정확하게 알아채는 방식은 따라서 이 책의 가장 핵심인 감각을 벗어나 바라보는 것이다. 내 안의 직관 체계가 알아채도록 나를 내버려두는 것이며 이를 통해 드러난 어떤 정보에도 인위적인 손을 대지 않는 노력이 필수이다. 그럴 때 비로소 우리는 스스로 그러하게 존재하는 방식, 즉 우주의 고유한 질서에 대한 이해가 가능하며 이 방식으로 관찰할 때야 비로소 공간은 어떤 요소들로 구성되어 있는지, 그 숨겨진 진짜 모습을 볼 수 있다.

---

[192] 본 내용은 아래의 책에 서술한 사건을 인용하여 각색하였음을 밝힌다.
페터 볼레벤, 강영옥 옮김, 자연의 비밀 네트워크 나무가 구름을 만들고 지렁이가 멧돼지를 조종하는 방법, 1. 늑대가 돌아왔다, 더숲, 2018, pp. 13-15.

8.1 감각을 벗어난 알아차림. 신화인가 실재인가…

우리 주변 그리고 세계 곳곳에는 많은 문화 유적이 산재해 있다. 이미 발굴되어 많은 관광객들이 찾는 곳도 있고, 발굴이 시작되지 않고 아직도 원석의 상태로 사람들의 관심을 기다리고 있는 유적지들 또한 많다. 사람들의 왕래가 잦아지면서 경이와 감탄을 느낄 수 있는 관광 상품으로서의 가치는 분명해 보이지만 그들의 본래적 가치를 제대로 읽어내고 있는지 반문해보면 대답하기가 어려워진다. 실제 많은 유적에 대한 설명은 오감의 영역에 지나지 않거나 아주 주관적인 감상과 해석에 국한되어 있는 것이 현실이다. 이 상황에서 우리가 할 수 있는 것은 감각적 지각에서 벗어나 대상을 있는 그대로 관찰해 보려는 노력이다.

다우징을 통해 '감각을 벗어난 알아차림'을 발동하는 순간, 옛 선인들이 남긴 흔적들은 완전히 다른 모습으로 다가온다. 엉성하게 보이는 돌덩이들, 그냥 편의상 쌓아 올린 듯한 돌무지, 주춧돌만 남은 폐허들이 감추고 있던 비밀들을 하나씩 스스로 풀어놓기 시작한다. 나는 왜 이 지점에 세워졌고, 왜 이 방향을 바라보고 있으며, 이 모양과 크기로 자리 잡았는지를 털어놓는다. 다우징은 모든 것을 찾는, 즉 초감각적 앎의 기술이다. 명확한 주제 설정과 그에 대한 집중만 할 수 있으면 우리는 인간 본연의 직관 능력을 일깨워 그 주제에 대한 객관적인 정보를 체득할 수 있다. 불가사의하다고 보이는 옛 유적들 또한 마찬가지이다. 다우징을 통한 초감각적 지각의 발동을 통해 유적들과 솔직하고 투명한 대화를 함으로써 그들의 실체에 더 다가갈 수 있다. 인간 스스로가 그들을 불가사의라고 생각하고 있었을 뿐, 원래 그들은 우리에게 조금도 숨기는 것이 없었다. 못알아보는 우리가 문제였을 뿐. 이제 감각을 벗어나 지각을 한다는 것이 어떤 의미인지 이해하고 있는 바, '공간'이라는 것은 과연 어떻게 구성되어 있는 생명체인지 알아보자.

유적지들이 말해주는 실상에서 핵심적인 부분은 '입지', 즉 인간이 삶의 꾸리기 위해 선택하는 장소에 대한 근거이다. 아까도 언급했지만 '굳이 왜 이런 곳에 지었을까?'라고 질문하게 되는 유적지들이 전 세계적으로 많다. 초감각적 지각으로 살펴보면 이런 곳들이 공통적으로 보여주는 실상 중의 하나가 바로 입지과 지기와의 직접적인 상관 관계이다. 옛 선인들은 목적에 맞는 건물을 짓기 위해 그 목적에 어울리는 지기(들)가 있는 곳을 찾아 입지 선정을 했다는 것이다. 이와 관련한 흥미로운 사례를 우리는 동해 앞바다에 있는 수중릉인 대왕암[193]에서 찾을 수 있다.

---

193) 경북 경주시 양북면(陽北面) 봉길리(奉吉里) 앞바다에 있는 신라 문무왕의 수중릉(水中陵). 사적 제158호이다.

바다의 용이 된 문무대왕, 수중 능의 신묘스런 입지 선정

Figure 30. 문무대왕릉 전경(Wikimedia, Korearoadtour, CC BY-SA 4.0)

삼국유사에는 '문무 대왕 설화'가 기록되어 있다. 이 설화에 따르면 문무왕은 자신이 죽은 후 몸을 화장하여 동해 앞바다에 묻어 달라는 유언을 남겼다. 그러면 자신은 해룡이 되어 동해로 침입하는 왜구를 막겠다는 뜻이었다. 후손들은 문무왕의 유언에 따라 동해의 큰 바윗돌에 장사 지낸 뒤 그 바윗돌을 '대왕암'이라고 불렀다. 문무왕의 아들 신문왕은 아버지의 뜻을 받들어 장사를 지냈을 뿐 아니라 앞바다 근처에 감은사(感恩寺)를 세웠다. 이는 선왕의 뜻에 따라 불교의 힘으로 왜구의 침략을 막으려는 의도였다. 감은사 법당(금당) 밑에는 동해를 향해 구멍을 뚫어 용이 된 문무왕이 이곳을 통해 드나들 수 있도록 꾸몄다고 전해진다. 서기 682년 문무왕이 아버지의 유언을 따라 호국사찰로서 지어진 이 절은 현재 금당의 주춧돌과 삼층석탑 2기가 남아있다.

자, 여기까지는 이미 알려진 설화이다. 여기서 중요한 질문은 설화의 사실 여부일 것이다. 죽은 왕이 바다의 용이 되어 후대를 보호하고자 바다에서 감은사까지 드나든다는 이 얘기를 있는 그대로 받아들일 수 있는가? 일반적으로 이 설화를 진실로 곧이곧대로 믿는 사람은 거의 없다고 본다. 용 자체가 상상의 동물이거니와 사람이 죽어 용이 되어 절과 앞바다를 드나 든다는 서사 구조 또한 '실재'라고 받아들이기 어렵다. 물론 기존의 지식 체계와 감각적 인식 범위에서 볼 때 말이다. 그렇다면 초감각적 인식 체계를 바탕으로 '대왕암'과 '감은사'의 관계를 살펴보면 어떤 그림이 나올까? 아래의 다우징 과정을 통해 초감각적 지각이 드러낼 수 있는 정보가 무엇인지 알아본다. 다우징 행위의 순서[194]는 다음과 같다.

---

194) 다우징 행위를 도구로 삼아 초감각적 지각을 발동시켜 공간에 존재하는 지기를 측정하는 구체적인 방식은 7장에서 상세하게 논의할 것이다.

① 우리 안에 모든 것에 답을 주는 시스템이 있다는 사실을 굳게 자각한다[믿음].
② 그 자각을 유지하며 개념(찾고자 하는 주제)을 머릿 속에서 확실히 정리한다.
- 본존불을 안치했던 가람의 중심 건물[금당] 자리는 무엇을 기준으로 선정되었을까?
- 용이 된 문무왕이 드나든다는 신화와 연결지을 수 있는 근거가 있을까?
- 입지와 더불어 좌향의 기준은 또 무엇이었을까?
- 금당의 자리잡기에 주요한 역할을 한 실체가 있을까? 있다면 어디에 있을까?
③ 다우징으로 각 질문에 답을 얻는다.

위의 단계와 같이 다양한 질문과 함께 초감각적 지각을 발동하여 감은사와 대왕암이 담고 있는 공간의 가치를 알아내본 결과는 다음의 그림과 같다.

Figure 31. 문무대왕능과 감은사지의 지기 관계

문무왕이 '바다의 용'이 되어 해류를 타고 출입한다는 전설이 전하는 바와 아주 유사한 기운의 흐름이 감지되었다. 금당의 정 중앙 중심축으로 흘러 들어오는 기운의 흐름을 역으로 따라가면 바다 쪽으로 흘러 그 기운의 끝은 대왕암에 근접한 지점임이 측정되었다. 놀랍게도 이 기운은 설화의 내용과 아주 흡사하게 대왕암에서 시작하여 해변의 지형적 특징과 물길을 따라 올라오다 금당 방향으로 꺾여 들어오는 것이다. 흥미로운 것은 이와 같은 지기가 하나가 아니라 5개나 더 있다는 것이다. 이를 미루어 볼 때 옛 설화가 담고 있는 내용은 우리가 알고 있는 사실보다 더 사실적일 수 있다는 것을 의미한다.

지기(地氣), 눈에 보이지 않는 실재이며 공간의 모든 것

우리가 어떤 사람을 평가한다고 해보자. 어떻게 하는가? 외형적인 요소뿐만 아니라 그 사람의 성격, 기질, 건강, 교육의 정도, 주변과의 관계 등 다양한 면을 보고 종합적인 판단을 한다. 그럼에도 그 사람을 다 안다고 할 수 없다. 그 사람이 지지하는 판단 기준이나 삶의 철학 등 감각으로는 알 수 없지만 어쩌면 가장 중요한 바탕이 되는 요소는 특히나 제대로 알기가 쉽지 않다. 공간 또한 마찬가지이다. 공간의 가치는 그 장소의 토질, 색상, 지형, 주변 환경적 요소와의 관계 등이 조합하여 만들어낸다. 다양하고 복잡한 지형적, 지질적, 관계적 교감의 총합이 다양한 지기의 형태와 성질로서 표현되는 것이다. 바로 이 지점에서 초감각적 지각의 중요성이 대두된다. 왜냐면 이런 다양한 지기는 오감을 통한 인식이나 분과적 이론이나 지식에 바탕을 둔 논리적인 접근으로서는 측정이 불가능하기 때문이다. **지기(地氣)는 눈에 보이지 않는 실재이면서 공간의 모든 것이기도 한, 감각을 벗어나 인간이 원래부터 가지고 있는 인지 능력을 통해서만이 정확하게 인식되는 정묘한 영역이다.**

대왕암과 감은사 사례를 통해 볼 수 있듯이 옛 문화유적의 실상을 좀 더 정확하고 있는 그대로 밝히기 위해서는 초감각적 지각이 중요하다. 이는 유적지들의 입지와 좌향, 모양과 크기의 근거를 명확하게 밝힐 수 있는 방식이며 나아가 옛 건축술의 원리를 도출할 수 있는 근거를 제시할 수 있기 때문이다. 이는 그들이 건축에 담아내려고 한 그들의 세계관과 자연을 바라보는 자세를 이해할 수 있는 바탕을 제공한다.

종교학자 미르체아 엘리아데 (Mircea Eliade, 1907-1986)[195]는 그의 저서 '성과 속(The Sacred and the Profane)' 에서 성스러운 공간의 범주에 대해 서술하면서 호주 원주민의 신화를 소개하고 있다.

> "아룬타 부족 아칠파(Achilpa) 전승에 따르면 신화적 시간에 신적 존재 눔바쿨라(Numbakulla)가 그들의 미래의 영토를 코스모스화하고, 조상들을 창조하고, 제도들을 정립하였다고 한다. 눔바쿨라는 고무나무 줄기로 성스러운 기둥을 만들고 피로 축성한 뒤, 그것을 타고 올라가 하늘로 사라졌다. 이 기둥은 우주의 축을 상징한다. 왜냐하면 성스러운 기둥 주위에서라야 땅은 살만한 곳으로 변모하기 때문이다.[196]"

---

195) 루마니아 출신의 미국 종교학자이자 문학가로 인도철학자 다스굽타 문하에서 인도철학을 연구하여 《요가:불멸성과 자유》를 썼다. 이후, 파리 소르본대학의 객원교수와 시카고대학 교수로 있으며 《우주와 역사》 등의 저술을 통해 구미 종교학계에 큰 영향을 끼쳤다. [네이버 지식백과] 미르체아 엘리아데 [Mircea Eliade] (두산백과)
196) 조나단 스미스, 방원일 옮김, 자리잡기_의례 내의 이론을 찾아서, 제1장 자리를 찾아, 이학사, 2009, pp.19-20.

엘리아데에 해석에 따르면 성스러운 공간은 초인간적인 영역, 인간이 하늘과 접촉할 수 있는 지점이며 이는 '축(axis)' 또는 '기둥(pillar)'의 형태를 띤다. 이 축은 하늘과 땅이 서로 이어져 있는, 서로 만나는 지점으로 우주의 거룩한 에너지가 쏟아져 들어오는 성스러운 중심이다. 그는 고대 근동과 인도 자료를 연구하며 '중심'의 상징체계를 개진해 나갔으며 인도, 중국, 바빌로니아, 히브리, 기독교, 로마 등의 문명에서 가져온 신화적 사례들을 제시하며 "세계의 중심으로 간주되는 도시, 사원, 혹은 궁전은 모두 우주의 차원들을 지탱하는 우주산(宇宙山), 세계목(世界木), 중심의 기둥이라는 똑같은 고래(古來)의 이미지를 임의대로 표상하는 복제일 뿐이다[197]."라고 주장한다.

샤먼이 이 우주목이 서 있는 곳에서 몰아경의 상태에 빠지는 것 또한 이 중심이 가지는 하늘과 땅의 연결성때문이라는 것이다. 이 중심 속에 있어야 인간은 완벽한 균형 속에서 우주적 성질과 동화되며 '절대적인 것'을 만날 수 있으며 이를 통해 '완전한' 자신이 될 수 있었다. 이 '중심'에 서 있어야 전체를 볼 수 있고, 질서 정연한 우주를 가질 수 있으며, '하늘'에 더 가까이 있게되고, 절대적인 실재 내에 사는 것[198]이다. 앞서 밝혔듯 석가모니가 해탈을 얻기 위해 이전 붓다들이 해탈을 얻었을 때 앉았던 지점, 라스코 동굴에서 고대인들이 같은 지점에만 유독 덧칠을 하며 그린 흔적, 고대 이집트에서 피라미드를 건축하기에 앞서 전체 구조의 중심을 찾는 의례인 '마아트', 성경에 나타난 야곱의 사다리 등 '중심'에 대한 공통적인 바탕 생각은 다양한 문화권에서 동일하게 나타난다.

이쯤에서 우리는 질문을 던질 수 있다. 이 중심은 실재하는 공간인가? 우주의 기둥이라고 개념지어진 장소는 물리적인 장소인가?, 실제 많은 사원과 궁전이 이 중심을 바탕으로 지어졌다면 그 지점들은 어디인가? 이 질문에 대한 답을 도출하기 위해 엘리아데가 연구 사례로 삼은 인도 사원 중 하나를 초감각적 지각으로 살펴보기로 한다.

하늘로부터 내려오는 '원통형 지기'의 '중심'에 선 비슈바나트 사원

인도의 델리에서 400km정도 떨어진 마디아프라데시주(州)의 카주라호 (Khajuraho)는 힌두교와 자이나교의 사원이 20개 이상 모여있는 종교 유적지이다. 마하트마 간디가 "카주라호의 모든 사원을 부숴버리고 싶다"라는 말을 했을 정도로 사원의 벽면에 적나라한 성행위가 조각돼 있어 더 유명해진 도시이다. 1천년 전 찬델라 왕조(Chandela Dynasty)에 의해 건설된 카주라호의 유적들은 서부/동부 사원군으로 나누어져 있으며 전성기에는 85개에 이르는 사원들이 있었으나 이슬람

---
197) 더글라스 알렌, 유요한 옮김, 엘리아데의 신화와 종교, 6장 상징체계의 특징과 기능, 이학사, 2008, p.252.
198) 더글라스 알렌, 같은 책, p.257.

세력에 의해 파괴돼 현재는 22개만 남아 있다. 서부 사원군은 동부 사원군과는 달리 힌두교 성향이 강한 유적지들로 구성이 되어있다. 이중 가장 큰 사원인 비슈바나트(Vishvanath) 사원을 살펴보자.

Figure 32. 비슈바나트 사원 전경(도면출처: 윤장섭, 인도의 건축, 서울대학교출판부, 2002)

황색 사암으로 만들어진 비슈바나트 사원은 특징적으로 높은 기단부에 쌍십자형의 평면을 갖춘 공간이다. 하층 기단의 높이만 사람의 평균키를 넘는다. 다른 사원들도 거의 비슷한 기단부를 가진 듯 보인다. 공간의 구획은 기단부 밑에서부터 계단을 타고 올라가 사원에 다다르고 거기서 또 현관으로 진입하는 계단을 타고 올라가게 된다. 사원의 기본적인 공간 구성은 현관 뒤에는 먼저 전실에 해당하는 방 '만다파'가 나타나고 그 뒤에 본전에 해당하는 사당 '비마나'가 나타난다.

다우징으로 측정해보자. 이 사원은 거룩한 하늘의 에너지가 쏟아져 들어오는 지점을 중심으로 세워졌을까? 우선 사원의 가장 핵심 자리인 비마나(vimàna)[199] 공간을 초감각적 지각으로 살펴보자. 사원이나 신전 건축의 시작은 언제나 가장 중요한 지점, 즉 성물을 안치하거나 조각하는 지점이며 이 지점을 중심으로 그 외 공간이 덧붙여 나아가는 형식을 띤다. 따라서 사원의 '중심'을 관찰하기 위해 비마나를 핵심적으로 살펴보는 것이 중요하다.

---

199) 인도 사원 건축에서 본존을 만드는 사당(祠堂) 건축, 즉 본전. '비마나'라는 말은 수레 즉 차(車)를 뜻하며 신을 태우는 장식차의 성격을 가진다.

초감각적 지각을 통해 정확한 답을 얻기 위해 다음과 같은 질문을 던진다.

① 우선 비마나가 위치한 곳은 가장 핵심 성소가 될 정도의 중요한 지기가 있을까?
② 그 지기가 있다면 그 지기의 크기는 어떨까?
③ 지기의 외곽 경계선은 어디일까?
④ 이 지기의 흐름은 어떻게 될까?
⑤ 어디서 어디로 흐를까?

아래는 이를 통해 얻은 결과이다.

Figure 33. 비슈바나트 사원의 핵심지기 분포

1. 중앙 성소인 비마나 공간[사진에서 가장 끝의 높은 탑]의 중심에 지기가 측정된다.
    ① 지기가 흐르는 지점은 링가상이 있는 위치와 일치한다.
    ② 지기의 모양은 기둥형, 원통형으로 하늘에서 땅 방향으로 흐르고 있다.
    ③ 지기의 크기(넓이)는 흥미롭게도 성소 지붕 끝에 장식된 항아리 모양의 탑, 즉 '스투피'의 폭과 같다.

2. 중앙 성소 아래 전실 공간인 만다파(Mandapa)[200]의 중심에도 지기가 존재한다.
　① 3개의 전실 모두 같은 지기가 지붕의 중심으로 내려온다.
　② 지기의 크기는 모두 스투피 크기와 같은 폭이다.

사원 건축의 중심인 비마나의 가운데에 둥근 기둥형의 에너지 장이 측정되었다는 것이 흥미롭지 않은가. 하늘에서 내려오는 '원통형의 지기'가 혹시 옛 신화에서 언급된 하늘과 땅이 만나는 지점은 아닐까? 이 지성소가 지기를 중심축에 두고 있다는 사실이 이 터를 선정하게 된 핵심 이유가 지기에 근거한 것임을 분명하게 보여준다. 이 지기가 하늘의 어디쯤으로부터 내려오는지는 알 수 없다. 다만 '하늘'이라는 개념에서 유추할 수 있는 사실은 지구를 포함한 행성들간의 교감에 의해 서로 밀접하게 영향을 주는 파장의 결과가 아닐까 생각한다.

초감각적 지각으로 간략하게 살펴본 인도 사원의 모습은 지금까지 전혀 모르고 있었던 공간의 또 다른 모습, 언제나 그러했지만 우리가 놓치고 있었던 모습을 알려주고 있다. 놀랍게도 옛 선인들이 남긴 건축의 흔적에서 신화의 내용과 일맥상통하는 바탕이 드러난다. 그렇다면 건축 유적을 심층적으로 관찰하는 것이 우리에게 주어진 큰 과제라 아니할 수 없다. 초감각적 지각을 활용하여 그 공간들이 품고 있던 원래 모습을 낱낱이 밝히는 것이다. 또다른 형태의 많은 지기들이 존재할 수 있다. 과연 공간의 참 모습은 어떨까?

8.2 건축과 통하는 주요 지기들-20년에 걸친 고대 유적 답사와 지기 분석을 통해

1997년 다우징으로 '생기'를 찾은 설영상[201]은 다우징의 핵심 원리를 간파하였다. 그것은 바로 '생각한 만큼 답이 주어진다.'는 원리이다. 다시말해 어떤 주제든 명확하게 설정만 하면 그에 상응하는 초감각적인 인지가 드러나는 인간의 고유한 지각 능력에 대한 확인이었다. 이는 독일의 물리학자 베르너 하이젠베르크(Werner Karl Heisenberg, 1901-1976)가 말한 자연에 대한 성찰, 즉 **"우리가 관찰하고 있는 것은 자연 그대로가 아니다. 자연은 우리가 질문한 만큼 스스로를**

---

200) 인도의 사원건축으로, 열주가 있는 필로티로 되어 있거나 벽으로 둘러싸인 홀을 말함. 비마나(본전)의 전방에 붙어 있거나 또는 독립해 세워진 전전(前殿, 배전[拜殿]).
201) 설영상은 현재 '참나찾기수련원' 원장이다. 참나찾기수련원에서는 본래의 나, 참된 본성을 깨쳐 알기 위해 근육역학(오링테스트, 완력테스트), 특히 L-Rod를 직접적으로 활용하여 풍수상의 각종 지기, 사상체질 감별 등 이론상 객관적인 측정이 어려운 대상들을 감각을 벗어난 알아 차림을 통해 관찰하는 과정을 심도 있게 공부한다.

보여주고 있다.[202]* 와 같다. 우리는 우리 앞의 현상을 잘 관찰하고 있다고 믿고 있지만 결국 '보는 만큼 보고 있다'는 인간 인식의 한계를 벗어나지 못한다. 지금 내가 보고 있는것이 다가 아니라는 생각으로 감각적 판단을 냉철하게 중지하고 내 안의 직관이 드러나도록 허용하는 자세가 현상을, 자연을 좀 더 있는 그대로 볼 수 있게 한다.

원리를 알고난 후, 설영상은 많은 고대 건축 유적지를 답사하며 왜 이곳에, 이 방향으로, 이 모양과 크기로 건축이 되었는지를 질문하며 초감각적 지각에 기반한 답을 도출하기 시작했다. 그리고 고대의 건축은 그냥 지어진 것이 아닌 그 장소의 정확한 지기 분포를 따져 정밀하게 건축된 하나의 생명체[203]라는 사실을 파악하게 되었다. 신전, 사원, 무덤, 절, 교회, 성당 등 사회문화적으로 중요한 기능을 했던 건축은 당대의 미적 감각이나 정치영합적 기준이 아닌, 그 기능과 목적을 달성하기 위해 꼭 필요한 지기의 장(場) 속에 지어진 공간임을 확인할 수 있었다.

흥미로운 사실은 동서양을 막론하고 다양한 유적군을 조사한 결과 이들은 대개 같은 종류의 지기를 건축의 기반으로 설정한 흔적이 나타났다는 것이다. 실제 임의의 공간을 다우징으로 분석해 보면 무척 다양한 지기가 측정된다. 수맥파는 물론 인체에 유해한 에너지 라인이라고 알려진 커리 라인(Curry line), 하트만 라인(Hartmann line), 그 외 다양한 형태의 자기맥파 등이 손쉽게 측정되는 것을 알 수 있다. 하지만 고대 건축에서 나타나는 지기 쓰임의 형식은 이런 지기 외 땅 위에 사는 생명체, 특히 인간에게 더큰 영향을 주는 지기들을 주요하게 사용한 것을 알 수 있었다. **현존하는 풍수지리 이론으로는 알아낼 수 없는 종류의 지기가 자연엔 무척이나 많다는 것이다.** 결국 이론이나 관습적인 사고에 매몰되지 않고 자연에게 직접 묻고 답할 수 있는 인간 본연의 인식 능력을 가동시킬 때 자연은 비로소 우리가 놓치고 있던 여러가지 모습들을 보여준다.

설영상이 다년간의 연구 조사를 통해 지기 분류를 일차 완성하였는데, 그 지기의 종류는 총

---

202) 원문: 'What we observe is not nature itself, but nature exposed to our method of questioning.' 출처: Werner Heisenberg, Paul Davies, Physics and Philosophy: The Revolution in Modern Science, Penguin Classics, 2000.
203) 설영상에 의하면 '생명체'의 개념은 일반적인 사전적 정의에서 보이는 '비생물에 대응하는 것'이 아닌 개념의 한자 구성인 "명(命)이 생긴(生) 몸(體)"이라고 이해할 수 있다. 우주의 운행 과정에서 어떤 생명체의 해야할 일인 '명'이 나타나고 이를 실현시킬 수 있는 특정 염색체 지도를 갖는 생물이나 특정 분자식 구조 또는 지금 현대과학으로는 알 수 없는 구조를 가진 유·무형의 물질이나 생물 형태로 특정 생명체가 생겨나는 구조이다. 출처: 설영상, 생명체(生命體)와 성명쌍수(性命雙修), 한국정신과학학회지 제14권 제1호, 2010.

15개[204]이다. 본 책에서는 그 중 고대 건축에서 주요하게 적용된 지기 5개를 선별하여 소개한다.

1. 하방향 원주형 천기(A cylindrical force from above)

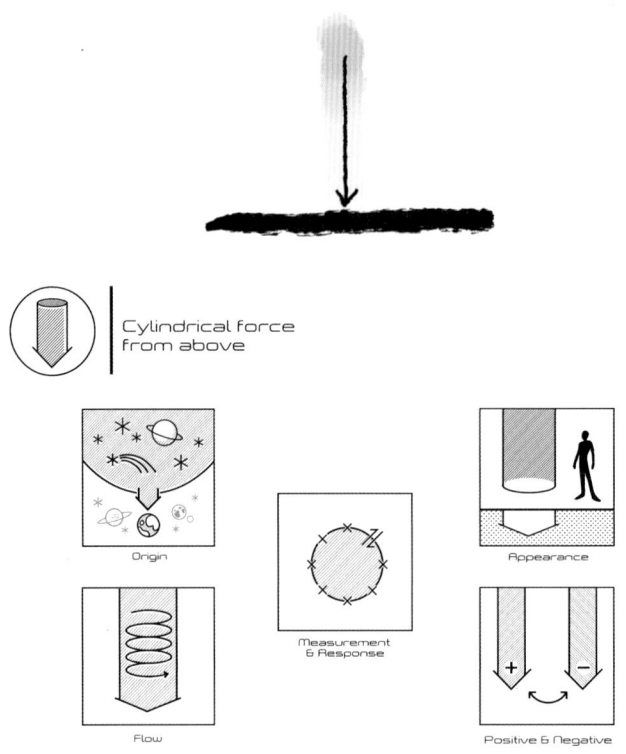

Figure 34. 하방향원주형천기의 생성과 흐름, 그리고 측정

하늘에서 땅 방향으로 수직으로 내려오는 원기둥형의 기운이다. 하늘로부터 내려오는 형태로 보아 지구를 포함한 행성과의 관계에서 생성되는 기운이라 추측된다. 어쩌면 하늘과 땅의 중요한 기운 조절 통로가 아닐지 생각해 볼 수 있다.

왜냐하면 고대의 신성한 건축물, 특히 종교적 공간 중 수행이나 기도를 했던 곳, 혹은 중요한 제사를 지냈던 곳들이 바로 이 천기가 떨어지는 곳에 입지되어 있는 것을 아주 많이 볼 수 있기 때문이다. **실제 종교의 원형이 하늘과 땅을 조화롭게 잇는 가르침이기에 실제 그러한 기운의 형태와 성질을 찾아 예배당이나 신전, 사찰, 제단 등을 짓고 사용했던 것이 아닐까 추측**해 본다. 앞서 밝힌

---

204) 설영상이 분류한 지기는 다음과 같다. 1. 수맥파, 2. 커리라인, 3. 하트만라인, 4. 불규칙 자기맥파, 5. 형기, 6. 물형정화지기, 7. 하방향원주형천기, 8. 상방향원주형지기, 9. 환형지기, 10. 해륙접경지기, 11. 수륙접경지기, 12. 우각사 정화지기, 13. 고정천기, 14. 유동지기, 15. 건축물 형기 이다. 이에 대한 자세한 내용은 그의 저서를 참고하면 된다. 설영상, 도안계 풍수지리, 북스힐, 2009.

'우주의 중심' 설화와 아주 밀접해 보이며 이 밖에도 수메르 문화권에서 발견되는 '하늘과 땅을 잇는 끈'이라는 개념 등 고대 신화에서 나타난 하늘과 땅의 관계성과 상응하는 모습을 보인다. 이 천기 중 인간에게 유익한 천기를 '생기', 유해한 천기를 '살기'라고 하는데 어느 장소든 생기가 있으면 그 근처엔 언제나 살기가 짝 지어 내려온다는 점이 흥미롭다. 위에서 언급한 종교적 공간, 수행처, 지성소 등에서 발견된 지기는 천기 중 '생기'를 사용한 흔적이다.

2. 상방향 원주형 지기(A cylindrical force from below)

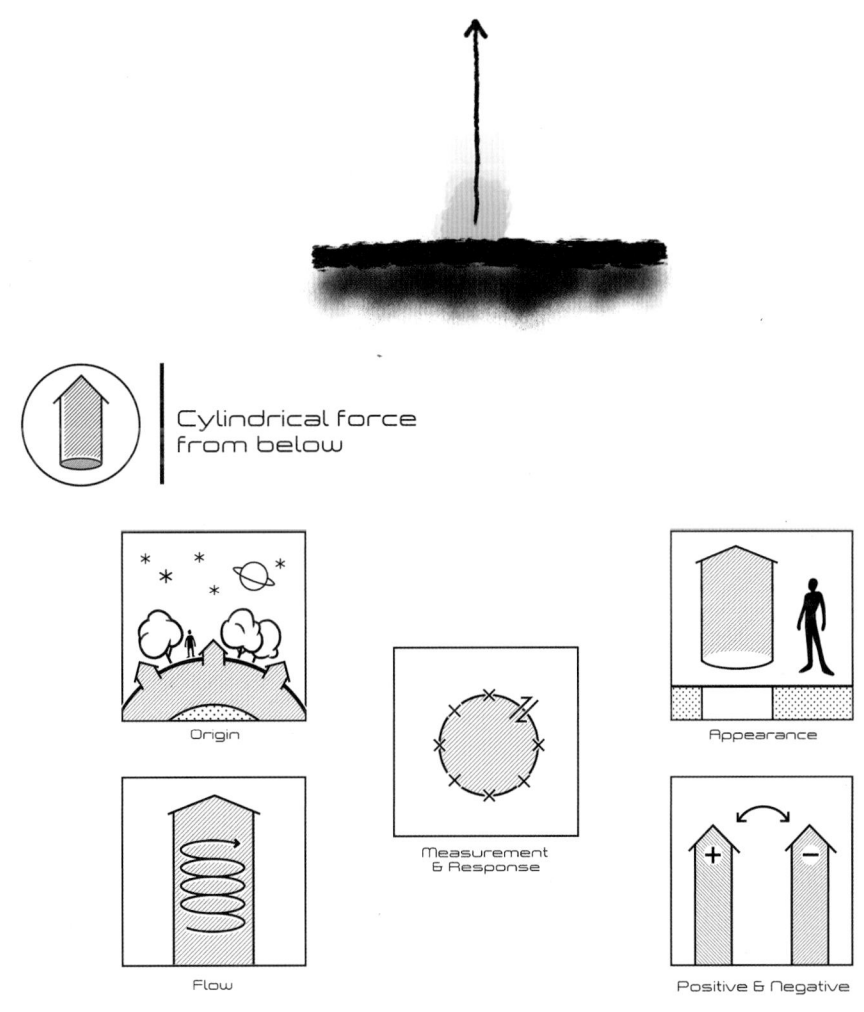

Figure 35. 상방향원주형지기의 생성과 흐름, 그리고 측정

위에서 설명한 천기와 반대 방향으로 흐르는 기운이다. 땅에서 하늘 방향으로 수직으로 올라가는

지기이다. 행성간의 교감이라는 관점에서 볼 때 지구 외부에서 오는 영향도 있지만 지구로부터의 영향 또한 있게 마련이다. 위의 천기와 같이 땅과 하늘의 교감 통로의 한 형태로 추측한다. 천기와 마찬가지로 이 지기 또한 고대의 신성한 건축물의 입지와 관계가 깊다. 특히 사찰의 지장전, 명부전 등 지장보살 및 염라대왕과 관련한 공간은 위의 하방향 천기가 아닌 상방향 지기를 사용한 사례를 많이 볼 수 있다. 이 지기 또한 생기와 살기로 대별된다.

3. 형기(A form-generative force)

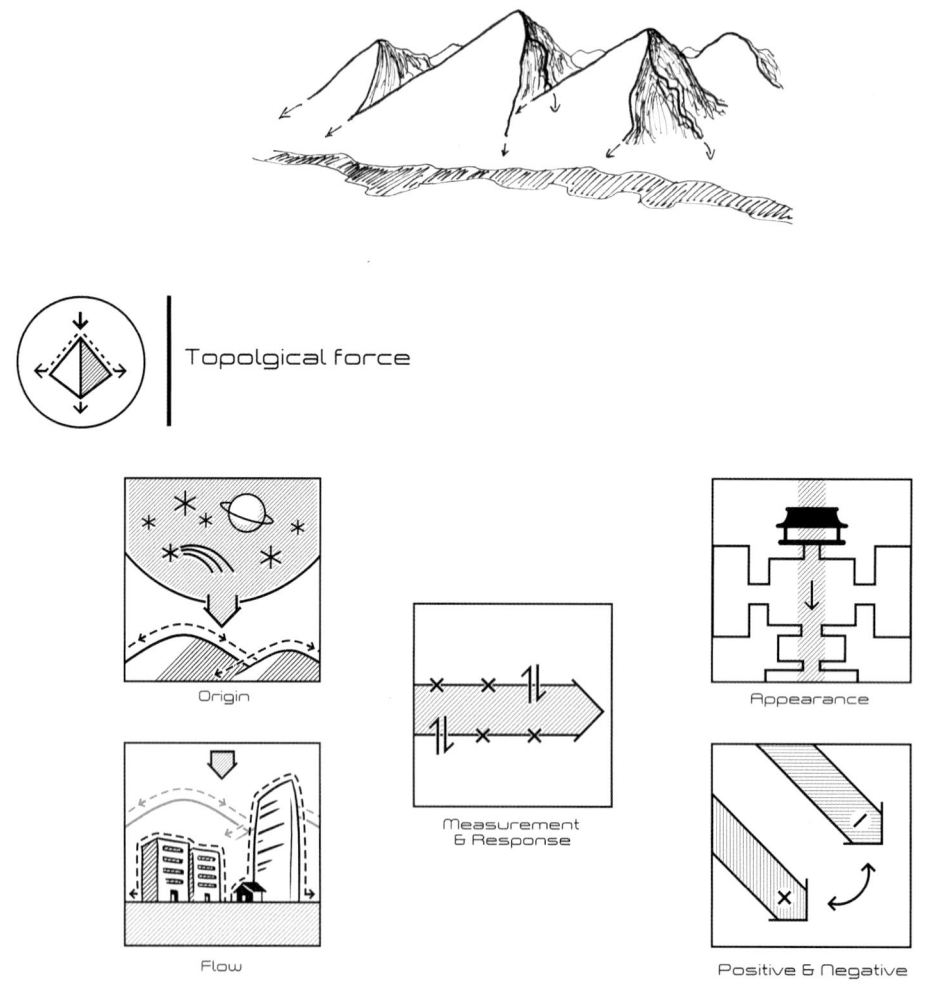

Figure 36. 형기의 생성과 흐름, 그리고 측정

형기는 물질의 '모양'이 가지는 기운이나 에너지를 총칭하는 개념이다. 땅은 무수히 다양한 모양들로 가득차 있다. 크게는 산, 강, 들, 바다, 계곡, 평야 등이 이루는 그 지역의 지형이 가지는 에너지 장으로 이해할 수 있다. 특정 지역의 땅 모양이 하늘과 주변의 기운과 감응하며 특정 기운을 생성하게 된다. 이런 기운 중 높은 산 봉우리에서 능선을 따라 용이 움직이는 것 같이 흘러 내려가는 지기(용맥,龍脈)가 있는데 이 중 인간에게 좋은 기운을 '생기'라고 한다. 형기 또한 생기와 살기로 대별된다.

4. 환형지기(A looping force)

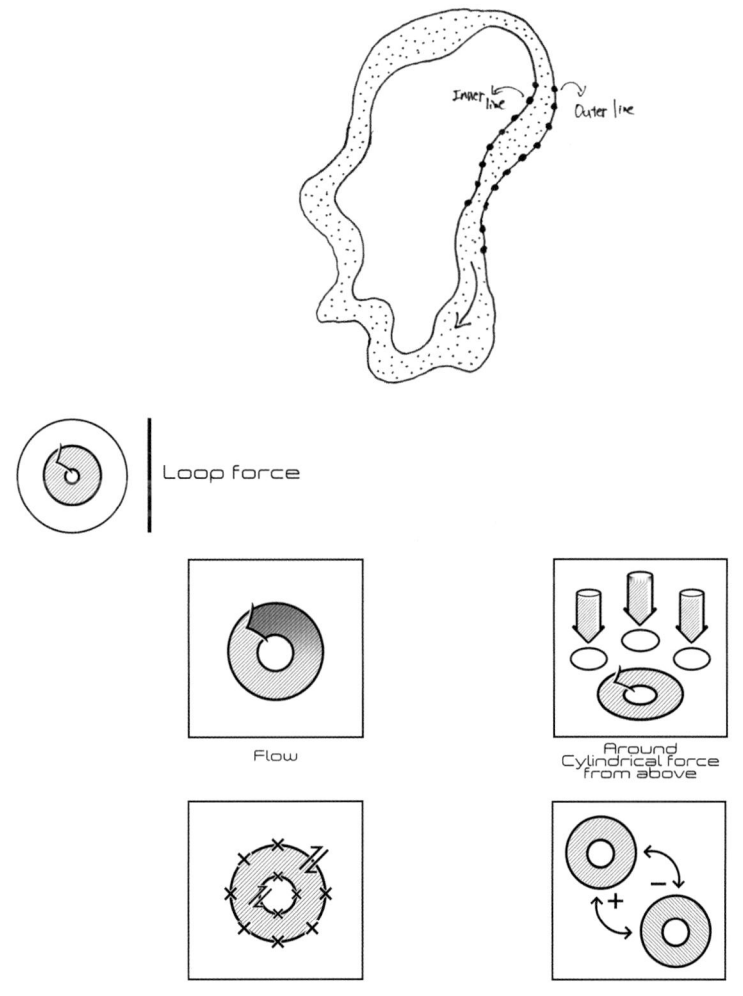

Figure 37. 환형지기의 생성과 흐름, 그리고 측정

환형지기는 닫힌 고리모양, 혹은 도우넛 모양의 형태를 가진 지기이다. 도우넛 모양이라고 해서 완전한 원형은 거의 없고 가운데가 비었을 뿐 모양은 아주 다양하게 나타난다. 지기의 폭 내부로는 한쪽 방향으로 기운이 계속 흐른다. 원형의 크기는 수cm에서부터 수십m 까지, 흐르는 기운의 폭도

1m가 넘는 것에서부터 작게는 수mm까지 다양하다. 이 기운은 위에서 언급한 하방향 천기와 상방향 지기가 측정되는 부근에서 같이 발견되는 경우가 많다. 이 지기 또한 생기가 있으면 근처에 반드시 살기가 존재한다.

5. 수륙/해륙접경지기 (A dragon-shaped force from the nearby river or sea)

감은사 사례에서 설명된 기운으로, 바다와 땅이 인접한 곳에서 발견되는 지기이다. 바다에서 생겨나 용처럼 꾸불거리며 흘러가다가 땅에서 멈추는 형태를 가진다. 옛 설화에서 언급되는 '용' 또는 '용마'의 개념이 이 기운을 실제 눈으로 본 사람의 아닐까 추측한다. 강이나 천이 땅과 인접한 곳에서도 생겨나며 인공적으로 물을 가두어 사용한 축조물(연못, 저수지, 수중 사원 등)에서도 나타난다. 즉 자연적 지형에 의해 생겨나는 기운이지만 건축을 통해서도 생겨날 수 있다는 것이다. 이 지기도 마찬가지로 생기와 살기로 대별된다.

Figure 38. 수륙/해륙접경지기

8.3 지기 측정 방법- 꾸준한 훈련과 기량을 다하여 몰입해야

모든 인간은 초감각적으로 지각할 수 있는 능력이 있으며, 이는 다우징이라는 특징적인 행위를 통해 쉽게 드러날 수 있다는 사실은 분명 인간 인식에 대한 지평을 넓히는 중요한 발견이다. 하지만 다우징의 역사를 쫓으면서 알 수 있었듯이, 초감각적으로 지각할 수 있다는 보유 역량과 초감각적 지각으로 '정확하게' 지각하는 행위는 엄연히 다르다. 우리는 학습을 통해 배운 이론과 이론의 실제적인 쓰임 간에 차이가 크다는 것을 일상에서 자주 경험한다. 누구나 연필만 있으면 글씨를 쓸 수 있지만 글씨를 잘 쓰기 위해서는 잘 쓰려는 생각, 바른 자세, 집중력 유지 등 여러 요소가 필요하고 어느 정도의 숙련 기간이 따라야 한다. 그것이 끝일까? 아니다. 숙련 기간이 충분하다고 하더라도 글씨를 쓰는 매 순간마다 숙련 과정에서 가다듬은 자신의 기량을 다하려고 몰입하지 않으면 안된다.

미국 워싱턴 대학의 버지니아 버닝거(Virginia Berninger) 교수에 따르면 글씨 쓰기라는 단순하게 보이는 행위 하나에도 심층적인, 명상적인 요소가 있다는 것을 주장한다. "누르기만 하면 완성되는 키보드나 터치패드와 달리, 손글씨는 끊임없이 우리 뇌를 집중시키고 정확한 철자 하나하나와 글자 크기, 단어의 조합에 집중하게 만든다. 단어를 적으며 철자 하나하나를 익히고, 다음 철자를 어디에서 시작해야 할지, 얼마를 띄어야 할지 등 끊임없이 계산하고 집중하고 생각하는 과정에서 우리의 생각도 발전한다.[205]"

이처럼 연필로 글씨를 쓰는 행위에도 전체를 보는 시야와 냉철한 집중, 잘 쓰려는 열망이 필요한데 초감각적으로 지각을 하는 행위는 어떠할까? 이는 모든 영역에서 동일하게 적용되는 인간 삶의 규칙과 같다. **어느 분야에 통달하기 위해서는 지속적인 관심과 주의집중, 그리고 꾸준한 연습을 통해 자신과의 싸움에서 이겨나가야한다.** 심지어 그 통달하려는 영역이 아무리 작은 것이라도 마찬가지이다. 어느 분야든 '최고'가 된다는 것은 그만큼 어렵고도 힘든 과정이며 이 길을 걸어가려는 굳은 용기 없이는 도달하기 어렵다.

가벼운 마음으로, 틀릴 수 있다는 겸손함과 꾸준한 자기 성찰을

그 동안 다우징 경험을 통해 본 바로는 사람들은 감각을 벗어나면 모든 것을 정확하게 지각할 수 있다는 사실에 환호를 하지만 이와 동시에 **'일체의 편견을 가지지 않을 때'**에만 정답을 얻을 수 있다는 당연한 사실을 맞닥뜨리는 순간 환호가 의심으로 바뀌고 종국에는 부정으로까지 이어지는 경우를 많이 보았다. 이는 마치 자전거 타기를 처음 연습하는 사람이 첫 시도에 넘어지면서 아예 포기를 하는 것과 마찬가지이다. 무수히 많은 사람들이 자유롭게 자전거를 타는 모습을 보고서도 말이다. 윌리엄 제임스는 "마치 장군이 병사들한테 한 사람이라도 부상당하면 안되니 싸우지 말라고 타이르는 것과 같다. 그런 식으로 해서는 적이건 자연이건 정복할 수가 없다.[206]"라며 인간은 아무리 조심해도 오류에 빠지기 마련이니 마음을 가볍게 먹는 것이 보다 건전한 태도임을 강조한다. 감각을 벗어난 상태에 스스로를 놓을 수 있으려면 꾸준한 자기 성찰을 통해 내가 아는 것이 전부가 아니라는 것을 인정함은 물론 내가 하는 다우징이 항상 틀릴 수 있다는 겸손한 마음으로 임해야 한다.

자신이 내는 답이 언제나 맞다는 생각 자체가 잘못된 생각이다. 어느 누구나 편견이 작동할 수

---

205) 본 내용은 버닝거 교수가 2016년 교내지와 인터뷰한 내용에서 발췌하였다.
206) 다니엘 데넷, 노승영 옮김, 직관펌프-생각을 열다., 1부 열두 개의 일반적 생각도구, 동아시아, 2015, p. 37.

있고 집중이 흐트러져 오답을 낼 수 있다. 하지만 그렇다고 해서 초감각적 지각이 존재한다는 사실은 변하지 않는다. 인류에게 남은 과제는 어떻게 하면 초감각적 지각을 정확하게 드러낼 것인가를 끊임없이 연구하고 이를 실제에 적용하며 그 가치가 더욱 빛날 수 있게 가다듬는 것이다. 역사가 반증하듯, 그 도구가 무엇이든, 초감각적 지각은 우리 안에 내재한 보편적이고 객관적인 진리를 얻게해주는, 그래서 앞으로 다가올 인류의 발전적인 미래를 담보할 수 있는 원천이다.

[다우징 잘 하는 법] 다음의 순서[207]를 꼭 이해하기를 바란다.

1. 내 안에 모든 것에 반응하며 답을 주는 존재 또는 시스템이 있다는 사실을 사실로 받아들일 수 있는지 자문해 본다. 이는 소설 갈매기의 꿈에서 연장자 갈매기인 '치앙'이 조나단에게 말한 자유로운 비행을 하기 위한 첫째 조건과 똑같다. 그는 "**어디로든 갈 수 있는 비행을 하기 위해서는…우선, 이미 그 경지에 도달했다고 스스로 생각하는 것이 그 첫 단계일세…[208]**."라고 말하며 생각의 한계를 벗어나야하는 중요성을 강조한다.

   하지만 이미 다우징을 체험한 사람에게는 더욱 간편하고 탁월한 자각의 도구가 있으니 그것은 바로 다우징 행위 자체이다. 바른 자세로 엘로드를 들고 걸어가기 시작하면 나타나는 반응을 그저 확인하고 또 확인하는 시간을 충분히 갖는 것이다. 이 과정은 내 안에 내재한 어떤 시스템이 있다는 것을 확인할 수 있는 아주 중요한 순간이다. 그것이 정답이든 아니든 중요한 것은 내 안에 발동되고 있는 어떤 지각 시스템이 존재한다는 것을 알아차리는 것이기 때문이다. 엘로드를 들고 차분히 걸어가면서 나타나는 반응을 확인하다보면 어느새 세상은 내가 머리로 아는 것보다 훨씬 더 많은 것들로 구성되어 있다는 사실을 겸허히 받아들일 수밖에 없다. 그럼과 동시에 내 머리로 알 수 없는 것을 또한 '알아차리고 있는' 나를 확인하며 결국 나의 머리로 아는 것들이 머리로는 알 수 없는 것들이 인식되는 것을 가로막고 있다는 것을 알게 된다. 이 과정을 수시로 반복하여 연습하다보면 결국 가장 중요한 사실, 즉 **내 안에는 모든 것에 반응하며 답을 주는 궁극의 지각 시스템이 살아 있음을 더욱더 잘 인식할 수 있게 된다.**

2. 질문하는 내용의 개념을 명확히 한다. 주제를 간단명료하게 정리하는 작업은 정확한 답을 이끌어 내기 위한 기초적 전제 조건이다. 모든 영역에서도 마찬가지듯이 명확한 질문이 명확한 답을 도출한다.

---

207) 본 순서는 설영상의 저서 [도안계 풍수지리]에 나온 '다우징 잘 하는 법'을 토대로 각색하였음을 밝힌다.
208) 리처드버크, 김미정 옮김, 갈매기의 꿈, 하서명작선, 1996(3쇄), p.88.

3. 내 안에 초감각적 지각 시스템이 작동하고 있다는 사실을 다시 한번 자각하며 이 자각 상태를 계속 유지하도록 노력한다.

4. 탐사도구를 든다. 도구가 엘로드이건, 펜듈럼이건, 아니면 몸 자체를 사용하던 중요한 것은 자신이 가장 잘 다루는 도구를 사용하는 것이다.

5. 2번에서 정리된 질문을 던진다. 그리고

6. 곧바로 다우징에 임한다. 주제 설정에 따라 걸어가야 할 수도 있고, 이동은 않지만 손을 사용할 수도 있다. 중요한 것은 질문을 던진 후 바로 다우징에 임하는 것이고 나타나는 첫 반응을 '답'으로 인식한다는 것이다.

7. 이 답이 정답인지 명상해 본다. 즉각적인 피드백을 얻을 수 있는 구조로 다우징 연습을 고안하면[209], 나타난 반응이 정답인지 아닌지 바로 확인이 가능하다는 이점을 갖는다. 몰입을 위한 전제 조건 중 하나인 '즉각적인 피드백 시스템'은 앞으로 의미있는 다우징 연습을 위해 지속적으로 고민하여 고안해야 할 요소이다.

8. 정답 여부를 떠나 내 안에 존재하는 초감각적 지각 능력에 감사의 마음을 갖는다. 결과보다 중요한 것은 과정에 어떤 자세로 임했느냐이다. 그리고 답이 틀렸더라도 정확하고 과감하게 틀렸느냐가 중요하다.

GPS가 없던 시절의 항해사들은 바다에서 자신의 위치를 확인하기 위해 일단 자신이 어디에 있는지를 추측한 다음 태양의 실제 고도를 측정하여 예측한 고도와 실제 고도를 비교했다. 사소한 계산을 몇번 더 하면 애초의 추측에 대해 어떤 방향으로 얼마나 수정을 해야 하는지 알 수 있었다. 물론 애초에 자신의 위치를 정확하게 측정해 내면 문제가 없겠지만 대개 그런 확률은 없다. **중요한 것은 오차가 난들 몇번 더 계산하면 되기에, 이 시스템을 믿고, 그것이 얼마나 오차가 나던 상관없이, 고치는 것이 의미가 있을 만큼 아주 정확하게 찍는 것이다**[210].

---

209) 즉각적인 피드백을 얻을 수 있는 다우징 연습의 예는 다양하다. 카드나 화투장을 이용하여 특정 그림을 맞추는 것에서 부터 번호 맞추기 등 연습하는 사람이 얼마든지 각색하여 응용 가능하다.
210) 다니엘 데닛, 같은 책, p. 43.

[수맥파 찾는 법]

다음은 위의 다우징 잘 하는 법을 숙지한 후 실제 평지에서 수맥파를 찾는 과정에 대한 설명이다. 편의를 위해 다우징 도구는 엘로드로 한정하여 서술한다.

1. 지하의 지층 구조에 담겨 조금이라도 움직이는 지하 물길을 수맥이라고 하고 이 수맥이 가진 파장을 수맥파[211]라고 한다. 이 개념을 머리에 떠올린다.

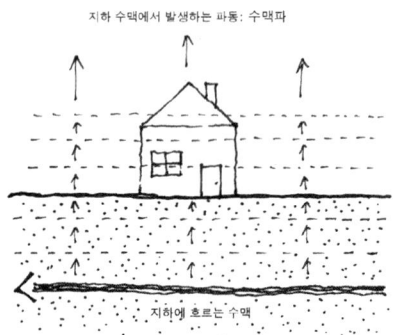

Figure 39. 수맥파 개념 설정

2. 바른 자세[212]를 취한 후 잡념없이 편안한 상태를 유지하며 걷는다.

Figure 40. 주제에 집중하며 다우징에 임하는 자세

---

211) 지하 물길인 수맥은 유용한 수자원이기도 하지만 수맥파는 인체에 유해한 영향을 준다고 알려져있다. 관련 연구와 사례는 다음의 책을 참고 바란다. 케테 바흘러, 이만호 옮김, 수맥이 뭐길래, 가람출판사, 1998. 수맥파와 이외에 공간에 영향을 미치는 다양한 지자기 등의 영향력에 대한 내용은 다음의 책을 참고 바란다. 마쓰나가 슈가쿠, 이철구 옮김, 건축의학-좋은 건축이 건강을 만든다., 기문당, 2009.

212) 엘로드를 사용하는 다우징 시 바른 자세는 다음과 같다. 1. 엘로드를 양 손에 하나씩 잡고 수평을 되도록 한다 2. 팔꿈치는 팔에 힘이 들어가지 않은 상태에서 옆구리에서 조금 뗀다 3. 1번과 2번의 자세를 유지하면서 최대한 편안한, 힘을 뺀 상태를 유지한다 4. 천천히, 그리고 보폭이 휘청거리지 않게끔 차분하게 앞으로 걷는다.

3. 위의 개념으로 정의된 수맥 위를 걸어갈 때[213] 엘로드가 저절로 움직인다. 모든 지기의 반응점은 지기의 경계선에서만 나타난다. 수맥을 찾는 경우 또한 수맥의 경계선에서 반응이 나타난다. 그리고 이 반응의 인지는 얼굴의 두 눈썹 사이인 '인당'이 수용체(Sensor)의 역할을 한다. 따라서 엘로드가 움직인 지점은 곧 다우저 얼굴의 인당이 수맥 경계선을 지날 때의 지점이며 인당에서 땅으로 수직으로 내려간 부분이 그 경계선 점이다.

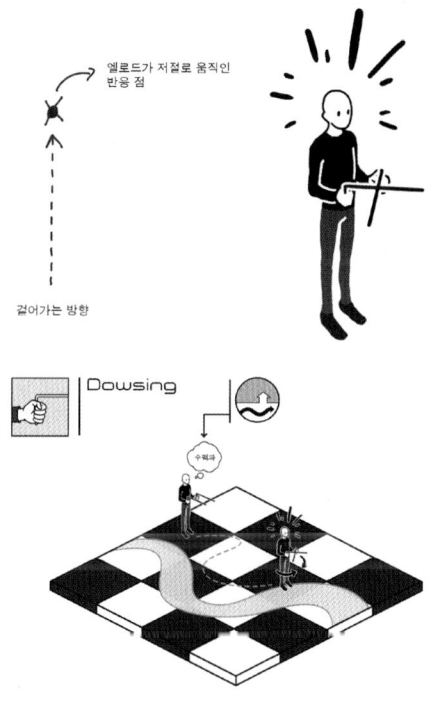

Figure 41 . 걸어가다 나타난 첫 반응 점

4. 첫 점을 찾은 후 옆으로 이동하여 직전에 찾은 점으로 구성된 수맥을 떠올리고 걷는다. 여기서 짚고 넘어가야 하는 부분은 바로 직전에 찾은 첫 점은 어떤 특정한 수맥의 경계선의 한 점이라는 것이다. 따라서 첫 점을 찾고 난 후 두번째 점을 찾아야 할 때는 막연하게 그냥 수맥을 떠올리는 것이 아니라 첫 점으로 구성된 수맥으로 한정지어 찾아야 같은 하나의 완전한 수맥 흐름을 찾아나갈 수 있다.

5. 엘로드가 저절로 움직이는 지점을 표시한다. 이런 방식으로 옆으로 이동하며 다음 점들을 찾는다.

---

213) 지하의 수맥 흐름을 떠올리며 걸어갈 때 지상에서 나타난 반응은 그 지하 수맥에서 발생된 파동(종파)이다. 따라서 개념 상 오해하지 말아야 하는 부분은 실제 지하에 흐르는 수맥과 거기서 발생된 파동과의 명확한 구분이다.

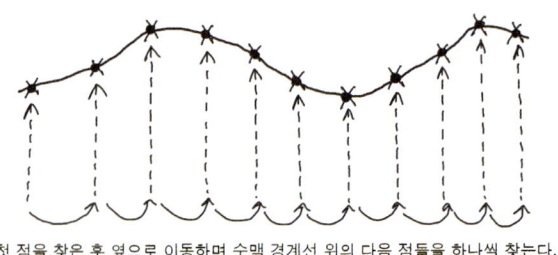

Figure 42. 첫 점을 찾은 후 옆으로 이동하며 다음 점들을 찾는 순서

6. 수맥은 물이 흐르는 폭이 있다. 따라서 한쪽의 경계선 점들을 찾았으면 반대편 경계선, 즉 폭에 해당하는 경계선을 찾아야 한다. 이를 위해 반대편으로 이동하여 같은 방식으로 점들을 찾아나간다. 이때도 중요한 것은 개념을 정확히 해야한다는 것이다. 지금 찾는 경계선은 전에 찾은 수맥 경계선의 폭에 해당하는 선이다. 또다른 수맥을 찾은 걸로 오해하면 안된다.

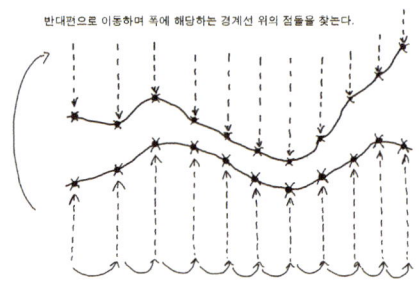

Figure 43. 반대편으로 이동하여 폭 경계선을 찾는 순서

7. 두개의 선으로 규정된 하나의 수맥의 흐름을 다 찾았으면 이제 흐르는 방향을 측정해야 한다. 엘로드를 들고 찾아진 수맥 위를 걸으면, 수맥이 흘러가는 방향과 같은 방향으로 걸으면 엘로드에 반응이 없고 반대 방향으로 걸어가면 엘로드가 움직인다.

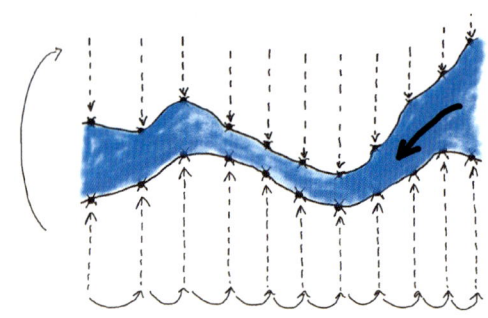

Figure 44. 수맥이 흐르는 방향까지 찾음으로 완전한 하나의 수맥 측정 완료 모습

이외 다른 지기 또한 위와 같은 방식으로 측정한다. 지기는 눈에 보이지 않을 뿐 고유한 형상으로 이루어진 에너지 흐름이다. 형상이라 함은 모양을 가졌다는 것으로서 이는 다른 외부와 그것을 구별해 주는 명확한 경계가 있다는 뜻이다. 지기 또한 마찬가지이다. 지기는 실제 존재하는 물질로서 고유한 경계선으로 규정되는 형상을 가진다. 다음장에서 논할 고대 건축에서 행한 지기 탐사는 이와 같은 방식으로 현장에서 측정한 결과이다. 지기는 종류에 따라 다른 모양과 크기, 흐름을 가지기에 냉철한 자세로 편견 없이 측정에 임하지 않으면 정확한 답을 얻을 수 없다. 공간의 실상을 있는 그대로 파악하기 위해서는 따라서

① 명확한 개념 설정
② 잡념을 없앤 명료한 집중 상태 유지
③ 내 안의 초감각적 지각이 자유롭게 드러날 수 있도록 편안하고 바른 다우징 자세로 임하는 것이 절대적으로 필요하다.

9. 다우징으로 본 고대 건축-지기와 상응(相應)

그것이 고대 유적지이든 본인이 사는 집이든 공간의 가치를 정확하게 파악하기 위해서는 이를 결정짓는 매개인 지기를 정확하게 측정할 수 있어야 한다. 지금까지 논의된 것은 다우징이라는 행위를 통해 드러나는 초감각적 지각을 활용하여 공간이 가진 본래의 모습을 알아차릴 수 있다는 것이고 이를 여러 이론과 직접적인 체험 사례를 통해 간략하게 소개하였다.

이 장에서는 실제 현장에서 지기 측정을 어떤 과정으로 하는지 먼저 상세하게 논의를 한 후 각각의 지기가 찾아진 고대 건축 현장으로 들어가 볼 것이다. 그리고 마지막으로 지기의 활용과 건축 공간 구축과의 관계를 알아볼 것이다. 이를 통해 고대 건축술의 원리와 방식을 조금이나마 이해하고 앞으로의 공간, 미래의 건축에 대해 어떤 비전을 제시할 수 있을 지 알아보기로 한다.

고대 건축 현장을 찾아서

이번에는 앞에서 소개한 5가지 지기가 드러난 고대 건축 및 공간 사례를 알아볼 것이다. 그 건축 현장을 찾아가 공간에 내재한 지기를 측정하고 공간 구축, 즉 건축의 좌향, 크기, 모양에 어떤 영향을 끼쳤는지 살펴보려 한다.

앞서 논의한 지기 종류와 그 쓰임을 간략히 살펴보도록 한다.

9.1 하방향 원주형 천기(A cylindrical force from above)

하늘로부터 땅 방향을 향해 수직으로 내려오는 원기둥형의 지기이다. 세계적으로 신성하다고 전해지는 대부분의 공간에서는 이 지기가 측정된다. 이는 필자가 여러 고대 문명권에 잔재하는 많은 유적지를 직접 방문하여 현장 측정을 함으로써 실증한 사실이다. 동서양을 막론하고 이 지기가 건축에 정확하게 사용되고 있음이 우연일까?

대표적인 예를 살펴보자.

1) 이집트 기자 피라미드, 하방향 원형 천기 생기를 중심축으로

Figure 45. 기자 피라미드 전경(출처: Wikimedia, CC0 1.0 Universal)

이집트 카이로 인근 기자 지역에는 거대한 피라미드 3기가 있다. 쿠푸(Khufu) 왕, 카프레(Khafre) 왕, 멘카우레(Menkaure) 왕의 무덤으로 알려져 있는 이들은 이집트에 현존하는 100여개 중 원형이 가장 잘 보존된 피라미드이다. 이들에 대한 역사적인 기록과 건축학적 분석은 수많은 책과 인터넷 정보 등을 통해 접했으리라 생각하고 여기서는 필자가 직접 현장을 방문하여 초감각적 지각으로 측정한 내용만을 기술한다.

필자가 피라미드 답사를 통해 가장 알고 싶었던 부분은 그들의 자리, 즉 입지에 대한 부분이었다. 피라미드 입지에 관해서는 아직까지 공식적인 정답은 없다. 다만 여러가지 정황 상 그 당시 천문에 대한 지혜를 통해 자리잡았을 것이라는 모호한 추측만 있을 뿐이다. 앞 서 논의한 다우징의 고대 역사에 나타난 토트와 세스헤트가 드넓은 대지에서 하늘에 자문을 구하며 피라미드가 세워질 장소를 찾는 모습이 그러한 추측의 증거이다. 전 세계에 남아있는 고대 건축물들의 입지 선정에 대한 정보는 거의 추측으로 밖에 알지 못한다.

하지만 건축에 있어 입지 선정은 아주 큰 비중을 차지하는 주요 요소이다. 모든 생명체가 고유의 제자리를 가짐으로 우주의 질서를 유지한다고 볼 때 자리를 어디에 잡느냐의 문제는 건축에 있어 거의 전부라고 보아도 과언이 아니다. 이와 같은 지식의 한계 속에서 우리가 할 수 있는 일은 바로 그 지식의 한계를 뚫고 나와 더 넓고 심층적인 관점으로 관찰하는 것이다. 바로 초감각적 지각이 필요한 이유이다.

기자 지역에 도착한 후 3기의 피라미드와 스핑크스가 보이는 자리에 서서 그들의 위치에 대해 질문을 하기위해 다음과 같이 생각을 정리해 보았다.

Figure 46. 기자 피라미드군 전경

피라미드 건축의 숨은 아이디어-역공학적 해석

그 당시 피라미드 건축의 의도와 기능을 다 알 수는 없다. 하지만 한 가지 분명한 사실이 내 앞에 있다. 지금 내가 보고 있는 피라미드가 그 특정 위치에 건축되었다는 것이다.

그렇다면 그들의 위치에 대해서 이렇게 질문을 던져보자.

Q1) 쿠푸왕 피라미드의 입지를 선정하는데 결정적인 핵심 지기를 찾는다.
　　① 피라미드의 중심축을 정하는데 영향을 주는 지기가 있는가? '그렇다.'
　　② 있다면 어디에 있나?

Figure 47. 핵심지기의 경계 지점 측정

그리고 손과 엘로드를 사용하여 원거리 측정을 시도하였다. 결과는 놀라웠다. 손가락이 쿠푸왕 피라미드의 중심 지점을 지날 때 엘로드가 반응한 것이다. 중심으로 통하는 지기를 찾았다. 따라서 이 지기가 피라미드의 중심 자리를 정하는 기준이 되었다는 걸 확인할 수 있다.

Q2) 찾아진 지기의 흐름, 성질, 크기 등을 차례대로 측정한다.
   ① 지금 측정된 지기는 어디서 어디로 흐를까?
   '손이 움직이는 방향이 지기의 흐름과 같으면 반응한다' 라는 생각을 설정 한 후 측정에 임하였다. 그리고 몇번의 시도 과정에서 손이 위에서 아래로 움직일 때 엘로드가 반응하였다. 그렇다면 이것은 위에서 아래로 흐르고 있는 지기라는 것이다. 위에서 아래로 흐르기에 이는 '하방향 원주형 천기' 로 볼 수 있다.

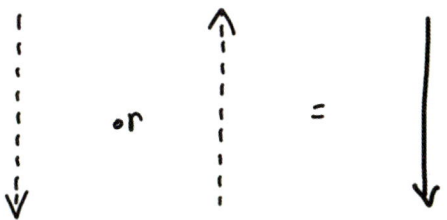

Figure 48. 지기가 흐르는 방향 측정

② '하방향 원주형 천기'는 생기일까 살기일까?
'생기'로 측정되었다.

'예/아니오', 혹은 둘 중 하나를 택하는 다우징의 경우 명확한 설정을 하면 간단히 측정할 수 있다. 필자의 경우 두 항을 하나는 좌, 하나는 우에 상상으로 배치시킨 후 엘로드의 반응이 어느쪽으로 기우는가를 살펴보는 방식으로 답을 도출한다. 이 다우징의 경우 살기는 왼쪽, 생기는 오른쪽에 배치 시킨 후 질문을 던져 엘로드가 어느쪽으로 돌아가는지를 측정하였다.

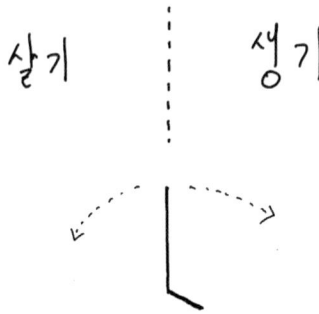

Figure 49. 양자 택일의 경우의 측정

③ '하방향 원주형 천기 생기'의 크기[지름]은 얼마인가?
피라미드의 경우, 접근이 불가하여 실제 건축물 상에서 측정할 수는 없다. 하지만 정확한 개념만 있으면 다우징을 통한 원격이나 원거리 측정으로 충분히 가능하다. 필자가 서 있는 곳에서 기준점을 잡고 천기의 지름을 측정하니, 약 2미터 정도로 나온다.

지름이 2미터 정도인 원주형 기운이 하늘로부터 땅으로 내려오고 그 지점을 중심으로 피라미드가 건축된 것이다.

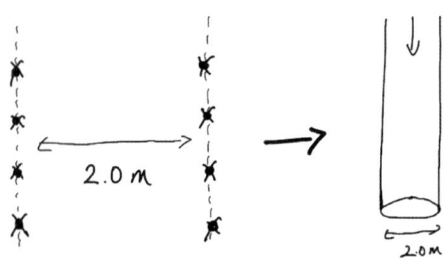

Figure 50. 하방향원주형천기의 폭 측정

④ '하방향 원주형 천기 생기' 의 질은 어떨까?

하늘로부터 내려오는 에너지로서, '하늘의 거룩함', '성스러움', '자연다움' 을 기준으로 측정한다. 지기의 질적인 면을 측정한다는 것이 처음엔 이해가 어려울 수 있다. 음식을 예로 들어 설명해보자. 환경오염이 없는 땅에서 농약 없이 기른 질 좋은 원자재들을 그만의 영양분과 맛이 어우러지게끔 요리하여 만든 음식과 편의점에서 사는 가공식품과는 그 질에 있어 차이가 있다는 것을 우리는 상식적으로 알고 있다. 만약 우리가 건강해지려면 두 음식 중 어떤 것을 선택해야 할까? 당연히 무농약 원자재로 만든 음식일 것이다. 지기 또한 각각의 생명체로서 고유하게 지니는 성질이 다 다를 수밖에 없다. 인간의 입장에서 어떤 지기를 선택할지는 바로 각 지기가 지닌 성질에 따라서이다. 만약 우리가 돈을 많이 벌고 싶다고 할 때의 공간 선택과 영적인 깨달음, 즉 우리가 우리의 본래 정체성을 깨달아 매 순간 행복하고 자유로운 삶을 살고 싶을 때 선택해야 하는 공간은 다를 수밖에 없다. 이 맥락에서 점수의 기준을 설정해보자. 자연의 무결점 상태, 궁극의 성스러운 상태를 100점으로 놓는다. 이 의미는 100점에 가까울수록 자연의 스스로 그러함, 우주의 섭리, 궁극의 진리, 하나님의 말씀을 더 잘 이해하는 상태라고 볼 수 있다. 이로인해 자신의 본래 정체가 곧 우주의 부분이자 전체인 것을 이해하는 상태이다. **어떤 공간에서 측정된 지기가 100점에 가깝다는 뜻은 그 지기가 지닌 자연의 무결점 속성이 그만큼 높아 그 지기가 있는 지점에 노출된 인간 또한 같은 점수의 성질에 동화될 수 있음을 의미**한다. 다년간 진행한 답사를 통해 얻은 사실은 거의 모든 성스러운 공간, 특히 종교적인 공간인 신전, 사원, 절, 교회, 지성소, 고인돌, 궁궐 등은 다 100점에 가까운 지기를 활용하여 건축을 했다는 점이다. 이 맥락을 이해하고 지금 피라미드 중심 축에 내려오는 하방향원주형천기생기의 점수를 알아본다. 필자는 점수 측정 시 아래와 같은 점수판을 머릿속에 이미지화 하여 점수를 측정한다. 답은 83.8점으로 나왔다.

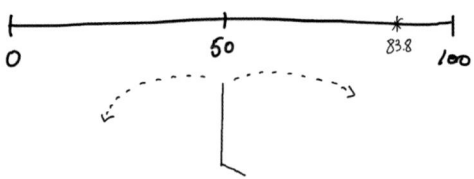

Figure 51. 자연성 점수 측정

Q3) 쿠푸왕 피라미드 외 다른 2기의 피라미드에 대해 측정한다.
○ 질문은 쿠푸왕 피라미드에 행한 내용과 순서를 따른다.
답은 쿠푸왕 피라미드와 마찬가지로 하방향원주형천기생기에 따라 자리가 정해졌음을 확인했다. 다만 질적 점수가 쿠푸왕 피라미드보다 약간 낮은 83.5점 (카프레왕), 83.3점(멘카우레왕)으로 측정되었다.

Q4) 스핑크스에 대해 측정한다.

○ 거대한 조각상의 위치 또한 지기와 결부되어 있을까? 그리고 위와 같이 찾아진 지기의 성질, 크기를 측정한다.

측정 결과 스핑크스 머리 정 중앙으로 하방향원주형천기생기가 내려오고 있었다. 지름은 약 1.5미터 정도이고 질은 82.6점이다.

최종적인 그림은 아래와 같다.

Figure 52. 기자 피라미드군과 스핑크스의 핵심지기 분포

실제 현장에서 행한 측정의 순서를 자세하게 서술해 보았다. 어떤 유적지를 답사하든 측정의 순서와 과정은 차이가 없다. 찾고자 하는 것이 무엇인지 명확하게 정의하는 것을 시작으로 잡념이 끼어들지 않도록 주의를 집중해서 담담히 다우징을 하는 것이 중요하다. 전 과정에서 가장 중요한 것은 **언제나 '정답'은 이미 있다는 확신을 놓치지 않는 것**이다. 그리고 어딘가에 있는 그 '정답'은 무한한 우주 내에 있을 수밖에 없기에 바로 그 우주 자체인 우리 안에 있을 수밖에 없다. 바로 이 확신을 놓치지 않는 것이 핵심이다. 이 확신만 가진다면 다음 과정은 기존의 관습적인 인지 시스템의 스위치를 꺼버려 내 안에 내재하는 '정답'이 맘껏 드러나도록 내어맡기는 작업이다. 많은 현장 답사를 통해 필자가 겪은 어려움은 바로 이 두가지 태세를 잃지 않고 집중을 유지하는 것이었다. 다우징을 할 때 확신이 떨어지거나 틀릴 수 있다는 불안감에 하기싫어 질 때는 곧바로 엘로드를 들고 아무 생각없이 걸어가며 나타나는 반응을 확인하며 내 안에 존재하는 이 시스템에 대해 다시

생각하고 확인하는 작업을 반복하는 이유이다. 무엇이든 기초가 튼튼하면 목표점에 도달할 수 있다. 이미 정답은 있고, 그 정답이 내 안에 있고, 따라서 나는 원하기만 하면 그 정답을 드러낼 수 있다는 이 명료하고 특징적인 앎의 방식은 따라서 우리가 피할 수 없는, 그래서 즐겨야 하는 선물이다.

2) 중국 서안의 대안탑(大雁塔), 천기생기의 크기가 상륜부의 규모와 정합

Figure 53. 중국 서안 대안탑 전경

원래 명칭은 대자은사(大慈恩寺) 경내에 있기에 자은사탑(慈恩寺塔)이라고 한다. 652년 당(唐)나라 고종(高宗) 때 건립된 4각형의 누각식 탑이었지만 그 당시 흙을 주요 자재로 사용했던 탓에 탑은 곧 일부 무너졌고 701년에서 704년 사이에 측천무후의 명에 의해 허물고 다시 건립되었다. 이 탑의 건축 의도는 인도를 다녀온 현장(玄奘)스님이 인도에서 가져온 불경을 보관하기 위해서이다. 대개 불탑의 경우 석가모니의 사리나 성스러운 물건을 봉안하기 위해 세워진다. 따라서 세우는 자리 또한 성스러움을 기준으로 선정한다. 초감각적 지각으로 볼 때 대안탑은 어떨까? 다우징을 통한 초감각적 지각의 순서는 위의 피라미드 관찰과 같다.

Figure 54. 대안탑 핵심지기 분포

대안탑 정 중앙축에 하방향 원주형 천기생기가 측정되었다. 가장 꼭대기의 상륜부 장식 (복발)의 폭과 정확히 일치하는 크기이다. 약 1.7미터 정도이다. 이를 미루어 볼 때 지기의 크기가 건축물의 구조적 형상이나 규모를 결정하는 직접 인자였다는 추론이 가능하다. 이 지기의 질적인 점수를 보니 82.6점이다.

위에서 본 피라미드에 내려오는 지기와 비교해 볼 때 점수가 약 1점 정도 낮지만 이 차이를 어떻게 해석할 지는 아직 불분명하다. 그렇다고 대안탑이 피라미드보다 덜 성스럽다고 단정짓는 건 아니다. 고대의 자리잡기는 목적에 가장 적합한 장소를 찾는 것으로서 대안탑의 경우 불경을 봉안하고자 하는 목적에 가장 적합한 곳이 82.6점의 질을 가진 하방향 원주형 천기 생기였을 것이다.

또하나 대안탑이라는 명칭에 녹아있는 유래가 흥미롭다. 부분이다. '대안(大雁)'은 큰 기러기를 의미한다. 불교적 해석에 의하면 기러기는 창공을 높이 날기에 그물에 걸리지 않는다고 하여 어리석음에서 벗어난 선각자로 묘사된다고 한다. 전설에 의하면 기러기의 무리에서 지상으로 떨어져 죽은 기러기 한 마리를 보살의 화신으로 여겨 탑을 지어 매장했던 것에서 시작되었다고 한다. 대안탑 자리의 핵심 지기는 하방향 원주형 천기생기로서 하늘에서 땅으로 떨어지는 기운과 같이 기러기가 떨어지는 설화와 일맥상통하는 부분이 없지 않다고 생각한다. 옛 유적지의 유래를 찾다 보면 의외로 이러한 기운의 흐름과 통하는 내용의 구전이나 신화를 종종 접할 수 있는데 많은 경우 일반 사람들에겐 그냥 하나의 이야깃거리겠지만 초감각적으로 기운의 실체를 측정하는 사람들에겐 매우 구체적인 힌트가 되기도 한다. 대개 내용이 동물이나 상상 속의 생명체, 빛 등으로 기운의 흐름을 표현한 사례가 많은데 대안탑의 경우 '기러기'라는 매개를 통해 전해진 것은 아닌지 추측해 본다.

9.2 상방향원주형지기(A cylindrical force from below)

땅에서 하늘을 향해 수직으로 올라가는 지기이다. 행성 간의 교감이라는 관점에서 볼 때 지구 외부, 즉 하늘에서 내려오는 기운이 있다면 당연히 지구 또한 행성 간 교감의 한 주체로서 땅으로부터 올라가는 기운도 있는 게 당연하다.

모세의 샘들, 열댓개 모두가 상방향 원주형 지기생기가 중심축에

Figure 55. 작은 모세의 샘 핵심 지기 분포. 정 가운데 축으로 상방향 지기 생기가 올라오고 있다.

Figure 56. 큰 모세의 샘 핵심 지기 분포

이집트 유적 답사 중 샴엘 쉐이크로 이동하는 도중에 만난 '모세의 샘'은 사막 한가운데 자리잡고 있었다. 크고 작은 두 개의 샘 가운데로 모두 상방향 원주형 지기생기가 올라오고 있었다. 작은 샘으로는 직경 1.1미터 정도되는 77.5점에 해당하는 지기가 올라오고, 큰 샘에는 직경 1.7미터의 78점에 해당하는 좀 더 큰 지기가 정확히 가운데로 올라오고 있었다. 우물의 폭과 깊이의 적합도를 측정하니 모두 핵심 기운에 상응하게 만들어진 것을 알 수 있었다. 성경 고고학 등의 자료를 통해 열댓개 정도 되는 모세의 샘을 지도 상으로 보았는데, 원격 측정 결과 모두 상방향 원주형 지기생기가 중심축으로 올라오는 공통점이 밝혀졌다.

Figure 57. 이집트 정교회 내부 우물과 지기 분포

상방형 원주형 지기생기와 우물과의 직접적인 연관성은 이집트 시내에서 찾을 수 있었다. 아기 예수와 마리아와 요셉이 약 7년동안 헤롯 왕을 피해 피난생활을 했다는 올드 카이로의 그리스 정교회 안에 우물이 있다. 그리스 정교회인 St. Mary Church는 무덤 터 가운데 자리한 아담한 예배당인데, 경내의 지하 공간이 아기 예수와 마리아가 생활하던 장소라 한다. 바로 이 지하 공간의 입구에 있는 조그마한 우물에도 역시 상방향 원주형 지기생기가 정확하게 올라오고 있었으며 우물의 크기 또한 지기와 상응했다.

9.3 형기(A form-generative force)와 하방향 원주형 천기와의 합일

형기는 주변의 지형, 특히 높은 산의 능선을 따라 흘러내려오는 지기인데 우리나라의 조선시대 궁궐이나 왕릉 등에서 측정할 수 있었다.

1) 선운사 대웅전, 형기생기와 하방향 원주형 천기생기와 정묘하게 합하는 배치

운주사 대웅전 자리, 선릉, 선운사 대웅전 자리 모두 형기 생기의 축을 중심으로 하여 건축된 것을 알 수 있다.

선운사 대웅전의 경우는 중심축을 흐르는 형기생기가 있고 특히 불상을 모신 지점으론 하방향 원주형 천기 생기가 정확히 내려오니 지기와 정묘하게 합일하는 건축 입지에 그저 탄복할 따름이다.

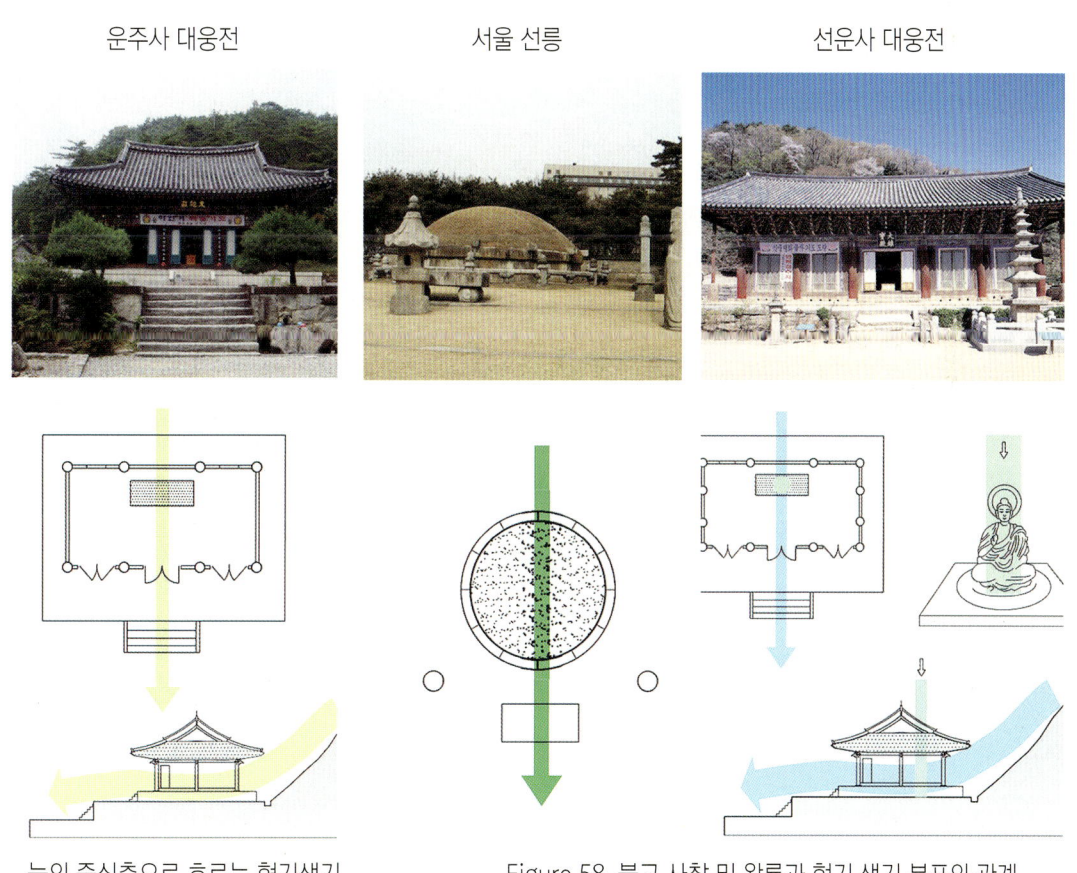

능의 중심축으로 흐르는 형기생기

Figure 58. 불교 사찰 및 왕릉과 형기 생기 분포의 관계

2) 형기생기가 관통하는 왕도(王都) 한양과 중심에 자리한 경복궁

1395년 태조 4년에 지어진 서울의 경복궁 또한 같은 지기를 사용하여 전체 궁궐의 구도를 결정한 것을 알 수 있다. 멀리 뒤 북안산에서 부터 내려오는 형기생기가 경복궁의 중심인 '근정전[214]'의 중심 축으로 지나며 광화문으로 흘러 나가는 것을 측정할 수 있다. 이를 미루어 볼 때 형기생기의 경우 도시를 조성함에 있어 중요한 역할을 했으리라 짐작할 수 있다. 궁을 구성하는 핵심 전각들의 중심 배치가 형기생기의 흐름에 일치한다는 것은 궁 뿐만이 아니라 궁 주변, 마을, 크게는 도시 전체 계획이 같은 흐름을 따를 수밖에 없기 때문이다.

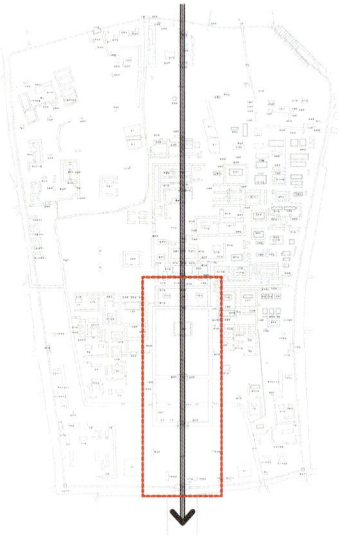

Figure 59. 경복궁 설계와 형기생기와의 관계

---

214) 1395년(태조 4)에 경복궁이 창건되면서 지어진 건물이며 역대 국왕의 즉위식이나 대례 등이 거행되었고 조선 왕실을 상징하는 건물이다. 1395년에 지은 것은 임진왜란 때 불타고, 현재의 것은 조선 말기인 1867년(고종 4) 11월에 흥선대원군이 136년만에 중건(重建)한 것이다. 다포양식(多包樣式)의 건물로, 현존하는 국내 최대의 목조건물이다. 출처: [네이버 지식백과] 경복궁 근정전 [Gyeongbokgung Geunjeongjeon, 景福宮 勤政殿] (두산백과)

9.4 생장에 영향을 주는 환형지기(A looping force)

닫힌 고리모양, 도우넛 모양의 환형지기는 의외의 터에서 측정할 수 있었다.

식물 생장을 돕는 환형지기생기

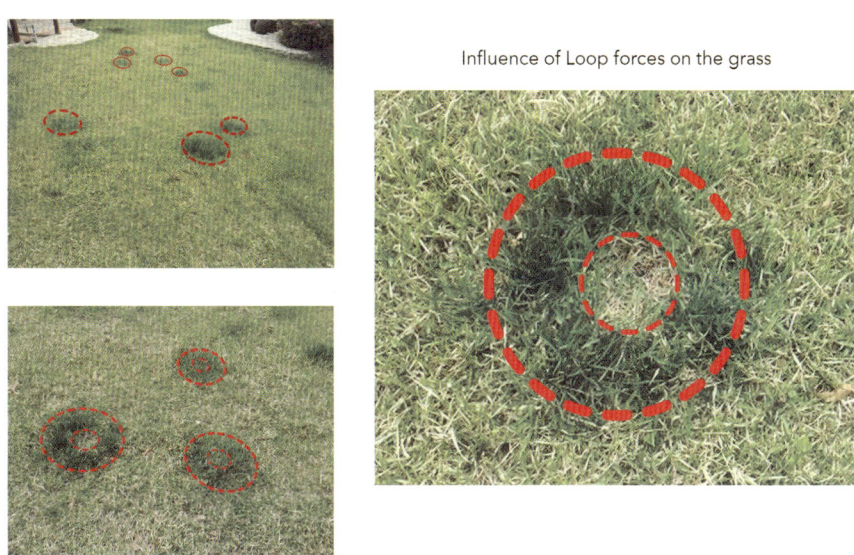

Figure 60. 환형지기생기와 잔디 성장과의 관계

이느 여름날 넓은 잔디밭에서 주변보다 짙은 색깔의 둥근 모양의 잔디가 여러 곳에 군집을 이루고 있었다. 측정 결과, 이들이 바로 환형지기생기를 드러낸 것이었다. 환형지기생기가 식물의 성장에 생기를 불어넣는지 그 부분의 잔디들은 유독 짙고 건강한 푸른색을 띤다. 지기가 생장에 영향을 주는 것이 분명해진다.

Figure 61. 환형지기살기와 잔디의 성장

또 다른 사례 또한 같은 잔디밭에서 볼 수 있었다. 바로 생기와 대별되는 환형지기살기의 흐름이 잔디의 성장 상태를 통해 드러난 것이다. 살기의 띠 부분만 말라버린 황색을 띠는 잔디 패턴이 여러개를 이루고 있다. 생기와는 다르게 살기의 경우 식물의 성장을 방해한다고 하겠다.

9.5 수륙/해륙접경지기 (A dragon-shaped force from the nearby river or sea)

바다나 강에서 생겨나 용처럼 구불거리며 흘러 인접한 땅으로 거슬러 멈추는 지기이다.

1) 수륙접경 지기와 정확히 상응하는 김성수 생가의 규모

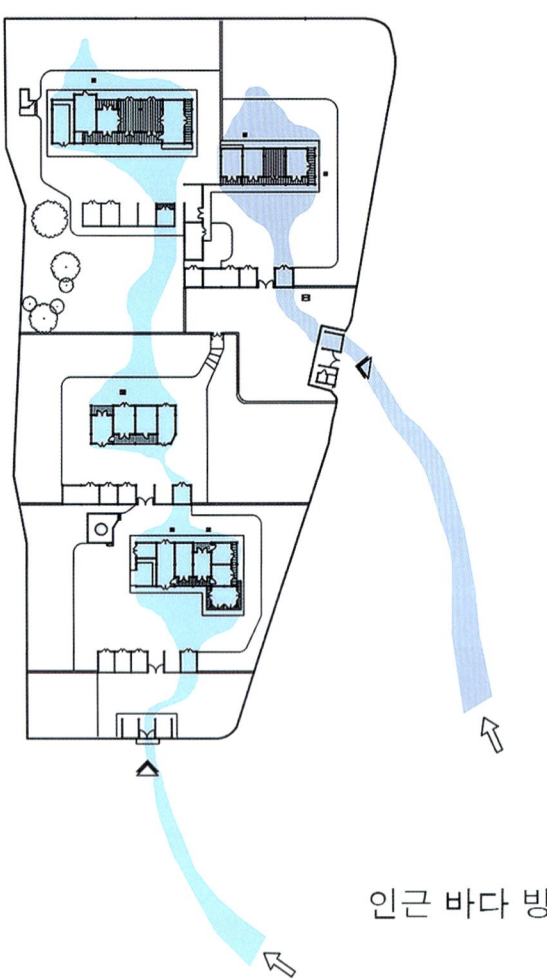

전북 김성수 생가에는 큰 해륙접경지기생기가 흘러 지나간다. 인근 바다에서 올라오는 2개의 생기가 각각 다른 입구로 흘러 들어와 가옥을 포근하게 에워싸는 형국이 측정된다. 가옥의 전체 크기가 정확히 지기의 폭과 일치하는 걸로 보아, 당시 건축가도 지기의 존재를 분명히 알고 있었고, 그 크기 또한 제대로 측정했으리라 믿어진다. 대개 역사적으로 명망있고 흥한 가문의 경우 형기 생기를 사용하여 주거를 조성한 사례를 자주 볼 수 있는데 이 곳 김성수 생가는 보기드물게 바다에 인접해 있는 지형적 특징을 완벽하게 살리며 지기 활용의 정수를 보여주는 공간이다.

Figure 62. 김성수 생가와 해륙접경지기생기 분포(도면출처: 도안계 풍수지리)

2) 하방향 원주형 천기생기와 수륙접경 지기생기가 겹쳐지는 타지마할의 중심축

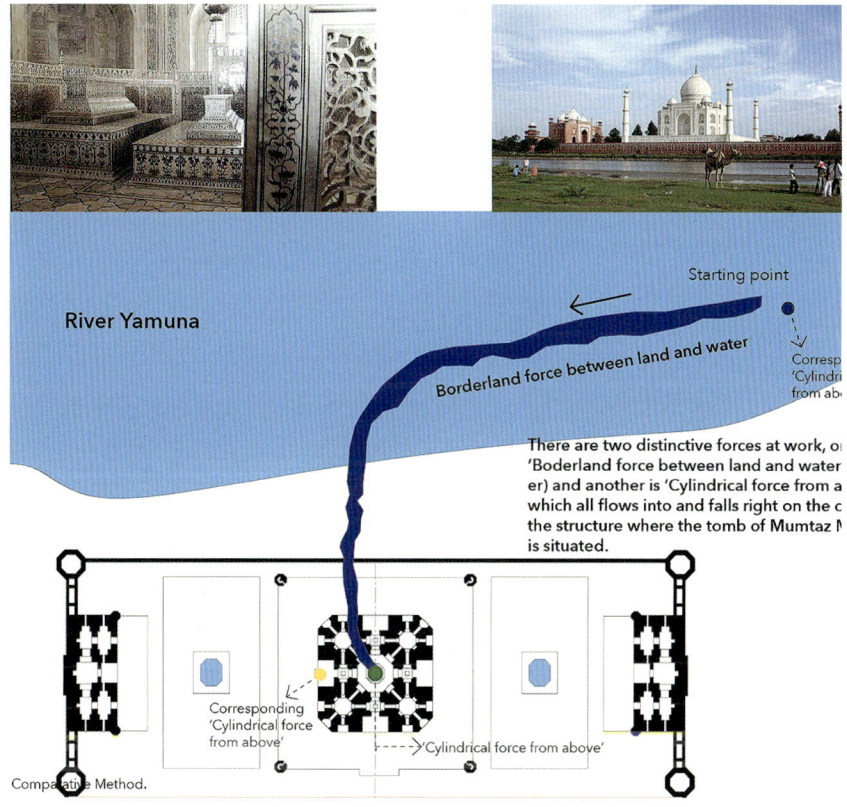

Figure 63. 타지마할과 수륙접경지기생기 분포

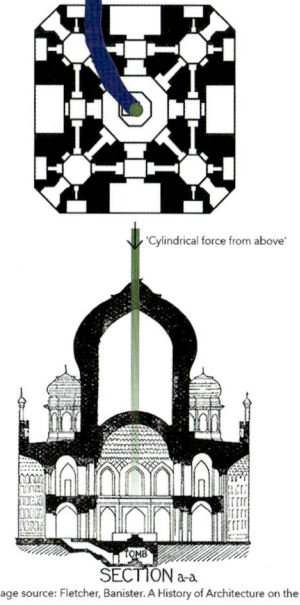

또 다른 사례는 멀리 인도 타지마할에서 찾아졌다. 인도 아그라(Agra)의 남쪽, 자무나 강가에 자리잡은 궁전 형식의 묘지인 타지마할은 그 중심축에 정확하게 내려오는 하방향 원주형 천기생기뿐 아니라 자무나 강에서 생겨나 흘러 들어오는 수륙접경 지기생기가 겹쳐졌다. 이 지기는 근처 강 어귀에서 시작하여 물길을 따라 오다가 갑자기 타지마할로 방향을 틀어 들어와 뭄타즈 마할 왕비의 묘가 있는 곳에서 정확히 멈춘다.

풍수지리와 건축 _181

3) 아일랜드의 뉴 그랜지, 수륙접경 지기생기에 꼭 맞춰 지은 신성한 지성소

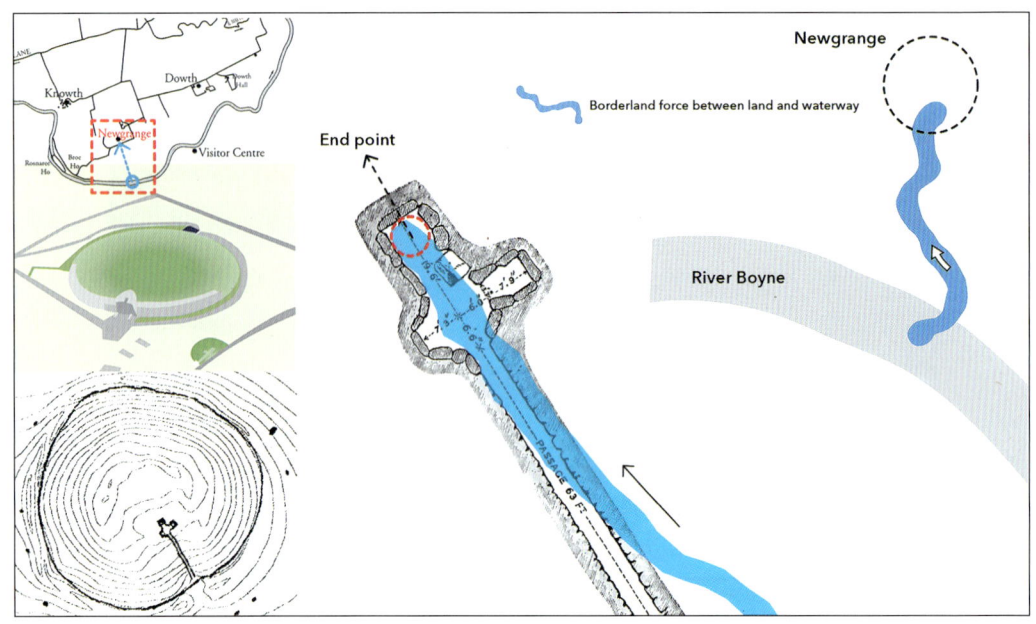

Figure 64. 뉴 그랜지와 수륙접경지기생기 분포

멀리 유럽에서도 찾을 수 있다. 아일랜드의 수도 더블린의 서북방에 있는 돌로 쌓은 거석묘인 뉴그랜지(New grange)가 그 주인공이다. 기원전 2000년에 만든 것으로 알려진 이 거석 유적에는 인접한 보인강(River Boyne)에서 생겨난 수륙접경지기생기가 방향을 틀며 흘러들어와 거석묘 내부의 가장 신성한 지성소 지점에서 멈추는 것을 측정할 수 있다.

고대 건축을 답사하며 측정된 지기의 사용 흔적을 간략하게 살펴보았다. 측정 결과에 비추어 볼 때, 그 당시의 건축은 지기와 철저히 정합한다는 사실을 분명하게 드러난다. 핵심 지기의 분포와 건물의 중심축이 정확하게 일치하며, 건물로 흘러들어오는 지기가 가장 중요한 지점에서 정확히 멈추는 점을 보면, 지기를 자명하게 볼 수 있는 사람이 건축했던 것이 확실하다. 그들은 지금의 우리보다 훨씬 더 넓고 더 깊게 자연 현상을 볼 수 있었으며, 그렇기에 지금 감각을 벗어나야만 알아차릴 수 있는 다양한 지기들을 자유로이 선택하며 그들의 목적에 맞는 공간 구축을 했을 것이다.

4부
원형 건축

벽돌에게 말을 건다. "벽돌아 넌 뭐가 되고 싶니?"
벽돌이 대답한다. "전 아치(arch)가 되고 싶어요."
"음..근데 아치는 좀 비싸. 대신 내가 콘크리트로 보를 만들어 그 위에 널 얹어줄께. 어때?" 벽돌이 대답한다.
"전 그래도 아치가 되고싶어요."

루이스 칸(Louis Kahn, 1901-1974)

10. 건축의 미래_다시 원형으로 돌아가기

10.1 원형을 찾아서-지기 분석을 이용한 역공학적 해석

1) 보로부두루 불탑의 역설계적 관찰 및 분석

앞에서 지기가 건물의 입지를 결정하는 여러 사례를 보았다. 지금부터는 이에 이어서 건물의 크기와 모양과의 관계까지 알아보기로 한다. 이를 위해 인도네시아 자바 섬 중부에 있는 세계적 불교 유적인 보로부두르 불탑(Borobudur)을 사례로 삼는다.

Figure 65. 보로부두루 불탑 전경(출처: Gunawan Kartapranata, CC BY-SA 3.0, https://commons.wikimedia.org/wiki/File:Borobudur-Nothwest-view.jpg)

보로부두르 불탑은 9세기초 대승 불교를 믿은 샤일렌드라 왕조 때 들판 한가운데 둥근 언덕을 만들고 그 위에 건설한 사원이다. 샤이렌드라 왕조가 멸망한 10세기 초부터 거의 천년 간 정글 속에 묻혀 잊혀졌다가 1841년 자바의 한 귀족과 영국인인 래플스 경(Sir Stamford Raffles)에 의해 발견되어 오늘날에 이르고 있다. 정사각형인 가장 아랫 기단은 길이가 118m 이고 불탑의 전체 높이는 35m이다.

[과정 1] 불탑을 정점으로 한 계단형 건축의 전반적 공간 해석

보로부두르 불탑의 건축 구조는 다음과 같이 네 부분으로 나누어 볼 수 있다.
① 우선 가장 아랫 기단부에 해당하는 2단으로 구성된 정사각형 층이 있으며

② 그 위로 5단의 정사각형 층으로 구성된 부분
③ 그리고 그 위로 3단의 원형층으로 구성된 부분
④ 마지막으로 가장 꼭대기의 대형 스투파가 봉안된 단이다.

각 부분이 지닌 건축상의 의미는 아직 추측으로 남아있는데, 다만 정방형은 땅을 의미하고 원형은 하늘을 의미한다는 견해는 유력하다. 이에 따르면 불탑은 땅과 하늘이 결합하는 지점, 땅과 하늘이 하나가 되는 지점으로 해석된다.

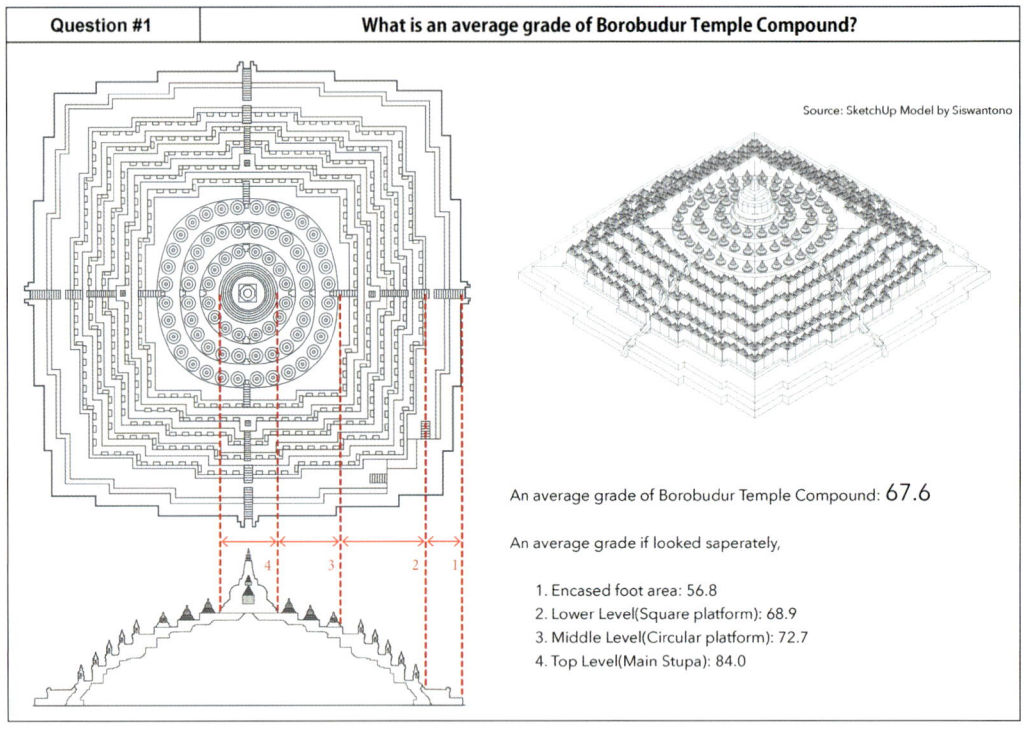

Figure 66. 보로부두루 불탑 분석1

그 중심에 스투파, 즉 석가의 유골을 넣은 탑이 서 있는데 보로부두르의 스투파는 그 안이 비어있다고 한다. '스투파'라는 개념은 원래 베다 문학에서 '정상, 꼭대기'를 뜻하는 말로서 최고의 깨달음을 상징한다. 불상이 출현하기 이전에 신도들이 이 스투파 앞에서 기도와 예배를 드린 이유이기도 하다. 보로부두루도 마찬가지로 신도들이 한층 한층을 탑돌이 하듯 천천히 걸어 올라가며 부처의 삶과 가르침을 떠올리고 이를 통해 보다 더 높은 경지의 깨달음을 도달하기를 바라는 수행을 체험하는 영적인 공간이다.

먼저 네 부분으로 나누어 각 공간의 질을 평가해 보자.

자연의 무결점 상태, 궁극의 성스러운 상태를 100점으로 놓고 보았을 때 각각의 공간이 가지는 평균적인 상태가 몇 점 정도인지 파악하는 것이다.

가장 아래 부분부터 차례대로 공간의 평균 점수를 측정한 결과는 표와 같다.

	공간 분할	질적 상태 점수
4	가장 위 스투파가 봉안된 기단부	84.0
3	그 위 3단으로 구성된 원형 기단부	72.7
2	그 위 5단으로 구성된 정사각형 기단부	68.9
1	가장 아래 2단으로 구성된 기단부	56.8
	보로부두루 전체 공간의 평균	67.6

측정 결과에 의하면 아래에서 위로 올라갈수록 성스러움의 점수가 높아지는 것을 볼 수 있다. 가장 정점에 서 있는 스투파 기단의 경우 84점까지 올라가는 것을 보면 결국 스투파 기단을 중심으로 계단형 건축 설계가 가장 적합했다는 것을 쉽게 알게 된다.

그럼으로써 보로부두루 불탑은 성스럽고 영적인, 성소 중의 성소(Holy of Holies, Sanctum Sanctorum)[215]로 지어질 수 있었다.

[과정 2] 불탑의 중심부로 떨어지는 하방향 원주형 천기생기의 이해와 성질

84점의 기단부는 상당히 높은 상태로서, 필자의 조사에 의하면 세계적으로 흔치 않은 수준으로 평가된다. 당연히 이에 기여한 지기의 영향이 있을 것이다.

이에 상응하는 지기는 어디에 있을까?

이 질문을 다른 말로 풀면 이렇다. '**보로부두루 불탑이 꼭 이 자리에 세워질 수밖에 없었던 결정적 요인된 핵심 지기가 어디 있을까?**'

---

215) (성전의) 지성소(至聖所). 히브리서 9장 3~5절에서 언급하고 있는 지성소에 관한 기술은 탈출기 26장 33절의 해석이다. 성전의 지성소는 예루살렘 성전에 있었으며, 사방 4.4미터의 네모꼴 방인데 완전히 어둡고 비어 있었고 오직 하느님만이 현존하시는 곳이다. 이곳에는 아무도 접근할 수 없고 1년에 한 번 대제관만이 들어갈 수 있었다(히브 9, 3; 레위 16장).[네이버 지식백과] Sanctum Sanctorum [Holy of Holies] (가톨릭에 관한 모든 것, 2007. 11. 25., 백민관)

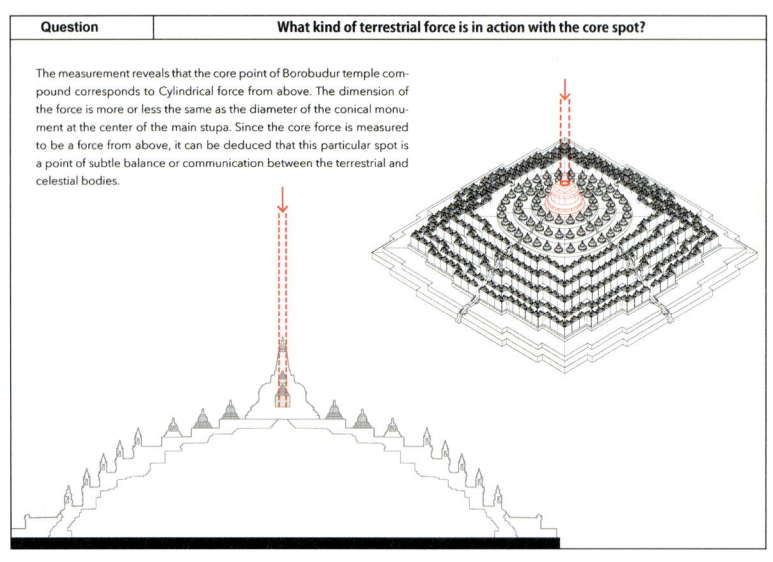

Figure 67. 보로부두루 불탑 분석2

측정 결과 스투파의 중심으로 '하방향 원주형 천기생기'가 내려왔다. 불탑 단면도를 바탕으로 살펴본 바 본 지기의 지름은 스투파 안의 비어있는 공간과 비슷한 크기이다.

[과정 3] 하방향 원주형 천기생기의 크기와 성질 분석

지기의 전체 폭[지름]은 약 2.3미터이고 성스러움의 점수는 84.1점이다. 위에서 측정한 스투파의 기단부에 존재하는 지기들의 평균점수가 84.0보다 가장 중심 기운의 질이 조금 더 높은 것을 알 수 있다.

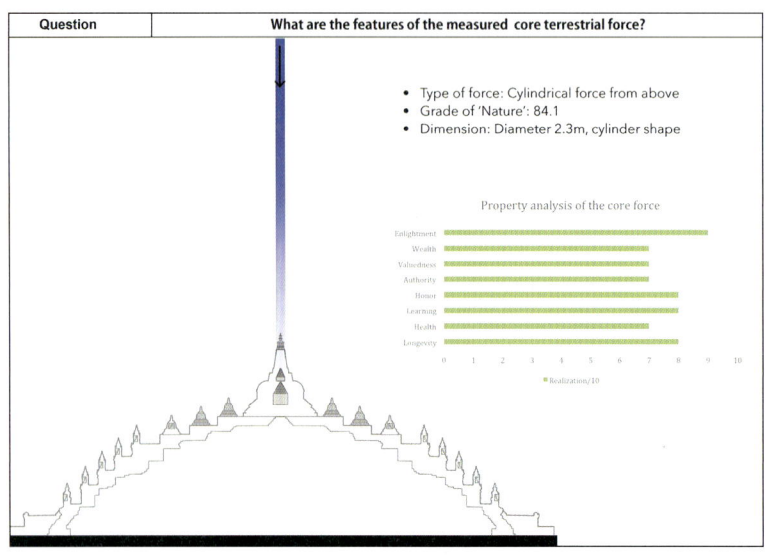

Figure 68. 보로부두루 불탑 분석3

모든 지기는 하나의 성질이 아닌 다양한 성질들로 구성되어 있다. 풍수지리 경전에 의하면 땅을 가려 써야 하는 이유는 그 땅에 존재하는 지기가 가진 영향력이 인간 삶의 다양한 부분에까지 미치기 때문이다. 중요한 대상으로는 부, 귀, 권력, 명예, 공부(배움), 자식, 건강, 화목, 동식물의 성장과 출산, 각종 사고, 도산, 분실, 화재 등이다. 따라서 어떤 지기를 분석할 때에 그 지기가 삶의 어떤 부분에 영향력이 큰 가를 살펴 그 사람에게 어울리는 자리를 선정해 주는 것이 올바르다.

지금 보로부두루의 중앙축에서 측정된 가장 핵심 지기의 경우 성스러움의 점수는 84.1이다. 이는 '전체성', '궁극적인 질' 로서 '전체'를 담는 그릇으로서의 점수이다. 따라서 이 그릇에 담긴 내용물을 세부적으로 살펴보면 이 지기안에 담긴 인간 삶에 미치는 영향력의 종류와 정도를 알 수 있다. 완전한 상태를 10으로 놓고, 각 대상 점수를 측정해 보면 아래와 같다.

■ 깨달음: 9, 부: 7, 귀: 7, 권력: 7, 명예: 8, 배움: 8, 건강: 7, 장수: 8

깨닫기에 이로운 영향을 주는 정도가 가장 높게 나왔다. 결국 성스러움의 점수가 높았던 이유는 이 지기가 가지는 깨달음 성질과 연관성이 높기 때문이다. 명예롭고 올바르게 배울 수 있도록 도와주는 힘 또한 좋게 나왔다. 결국 공간은 이러한 고유한 성질을 가진 각종 지기들이 존재하는 지점이며 그 공간을 점유하는 생명체와 공명하며 그 성질을 동질화시키는 작용을 한다. 막연하게 좋은 공간이 아닌 지금 나에게 필요한 영향을 얻을 수 있는 특정의 공간을 찾는 것이 중요한 이유이다.

[과정 4] 불탑의 최적 규모 설계

하늘에서 내려오는 지기는 불탑의 입지를 선정하는데 있어 가장 핵심적인 결정 인자였다. 그렇다면 이 지기가 좀더 구체적인 건축 설계와 연관이 있을까?

측정에 임하기 전 반드시 정리해야 할 개념이 있다. 건축 의도와 건축 양식에 대한 것이다. 지기와 구축된 공간의 연관성을 정확하게 역설계하기 위해서이다. 예를 들어 현재 보로부두루 자리를 분석함에 있어 중심에 내려오는 핵심 지기와 가장 어울리는 공간설계를 막연하게 떠올린다면 제멋대로의 값이 나올 확률이 크다. 왜냐하면 그 '공간'이 '주거' 인지, '학교' 인지, '병원' 인지 분명치 않기 때문이다. 따라서 지기와 건축의 상관성을 정확하게 읽어내기 위해서는 현재 지어진 건축물의 건축 의도와 적용된 건축 양식을 수용하여 측정하는 것이 필요하다. 아래와 같이 축조 의도와 건축 양식을 정리한다.

- 건축 의도: 보로부두루는 '불탑'으로서 석가모니의 사리가 봉안되는 성스러운 묘지로서 기능한다. 또한 불자들에게는 예배와 공경의 장소로서 기능하기도 한다.

- 건축 양식: 보로부두루는 샤일렌드라 왕조 시대에 건립되었으며 인도의 굽타 왕조 때 성행한 양식을 기반으로 밀교 의례에 쓰이는 만다라 형식이 적용된 것으로 보인다.

정리된 개념을 바탕으로 이제 지기 분석을 통한 공간 설계를 되찾아 보자.

역설계를 통한 불탑의 넓이와 높이 측정

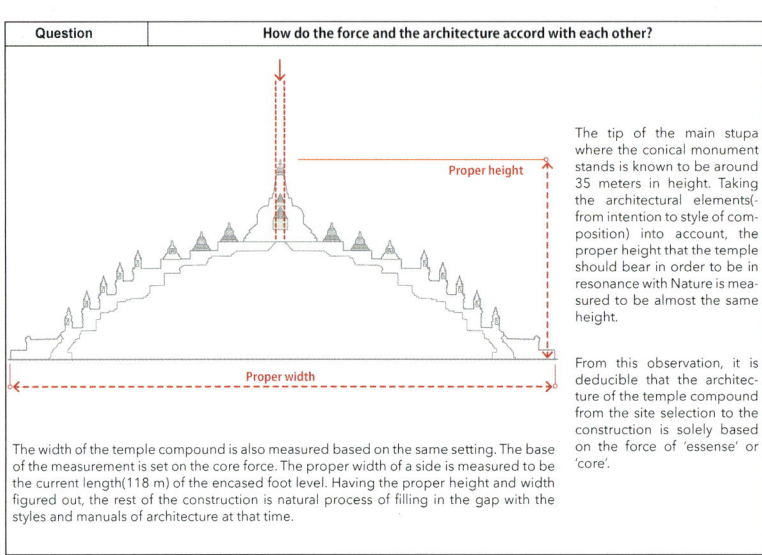

Figure 69. 보로부두루 불탑 분석4

건축 의도와 양식에 의거하여, 불탑 중심에서 찾은 핵심 지기(하방향 원주형 천기생기: 84.1)에 가장 어울리는 불탑의 높이와 넓이는 얼마인가?

땅 높이에서부터 올라가며 가장 알맞은 높이를 측정해보니 현재 중심에 봉안된 스투파 가장 꼭대기 지점에서 엘로드가 반응한다. 놀랍게도 지기와 건축의 높이가 직접적으로 관계 맺고 있다는 것을 알 수 있다.

그렇다면 넓이는 어떠할까? 똑같은 기준 설정과 방식으로 측정해보니 불탑의 전체 폭인 118미터가 가장 알맞은, 가장 적합한 길이로 측정되었다.

결국 자리잡기에 가장 핵심 영향을 끼친 지기가 건축의 전체 크기를 정하는 기준이 된 것이다. 모든 성스러운 것은 제 자리뿐만 아니라 지기와 가장 잘 어울리는 제 크기를 가져야 하는 것이다. 모든 물질들이 가장 조화롭게 어우러지는 자연스러운 공명장이 있기 마련이니, 이는 어찌보면 당연한 그림이다. 따라서 제대로 된 건축은 세워질 땅에 존재하는 지기들이 조합하여 만드는 장과 가장 잘 어울릴 수 있도록 지어져야 하고 이럴 때 조화롭게 서로 이로움을 나누게 된다. 그러한 삶의 터전이 우리에게 바람직한 것이다.

2) 지기와 건축 양식의 상관관계 실험-건축물과 지기는 공명해야 한다.

[실험 설계 1] 동일한 지기 하에서 형상 차이로 나타나는 최적 규모 도출

건축 양식과 건축물의 크기의 상관 관계를 분석해 보는 것도 초감각적 지각을 활용한 건축 설계를 깨우치는 데 있어 중요한 시도가 아닐까 생각하여 행한 실험 결과이다.

보로부두루 불탑 자리에 다른 건축 양식을 택할 경우, 건축의 크기에 차이가 생길까?. 5가지의 기본 입체형(고유의 중심점을 가진)에 대해 건축물의 최적 크기는 측정해보자.
: 피라미드형, 원기둥형, 원뿔형, 구형, 정육면체형

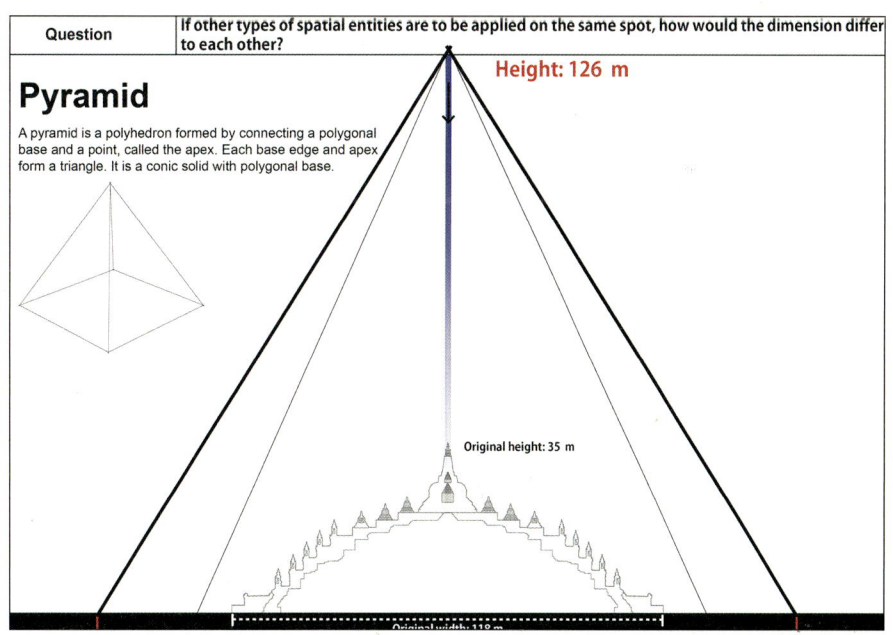

Figure 70. 피라미드형 적용

흥미롭게도 지기와 각각의 입체형은 저마다의 높이와 폭으로 조화를 맞추는 것을 알 수 있다. 예를 들면 피라미드의 경우 보로부두르 불탑의 핵심 지기에 피라미드형의 건축을 한다고 했을 때 그림과 같은 높이와 폭으로 지어야지 가장 조화롭고 공명이 좋다는 뜻이다. 피라미드가 적용될 경우 그 크기가 무척 커지는 것을 볼 수 있다.

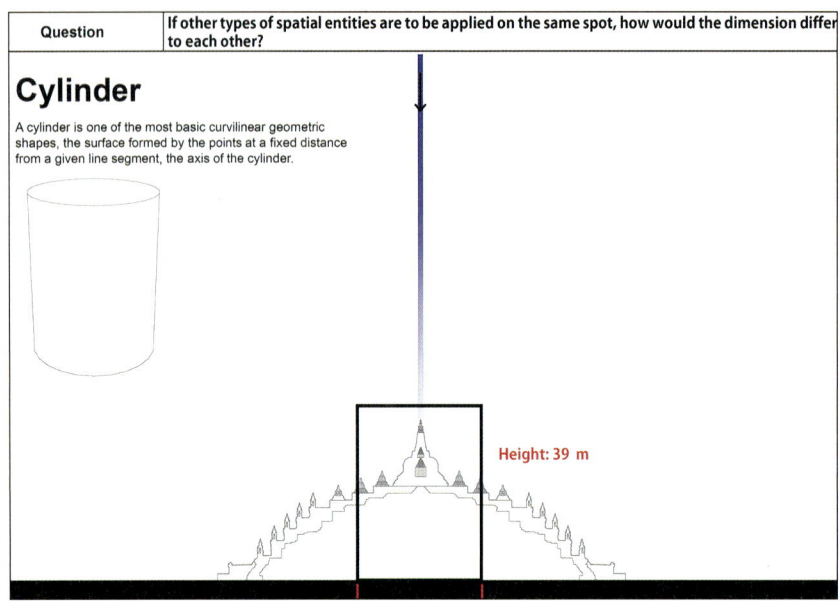

Figure 71. 원기둥형 적용

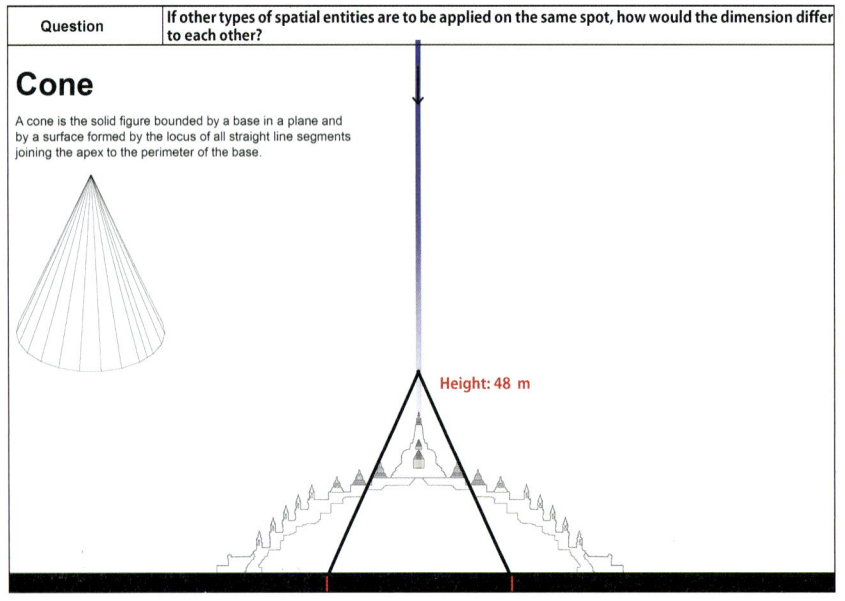

Figure 72. 원뿔형 적용

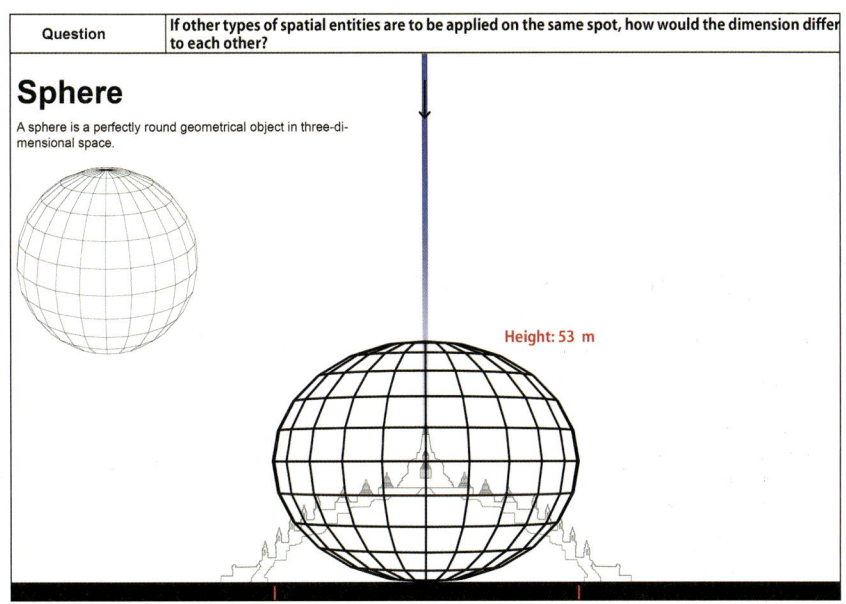

Figure 73. 구형 적용

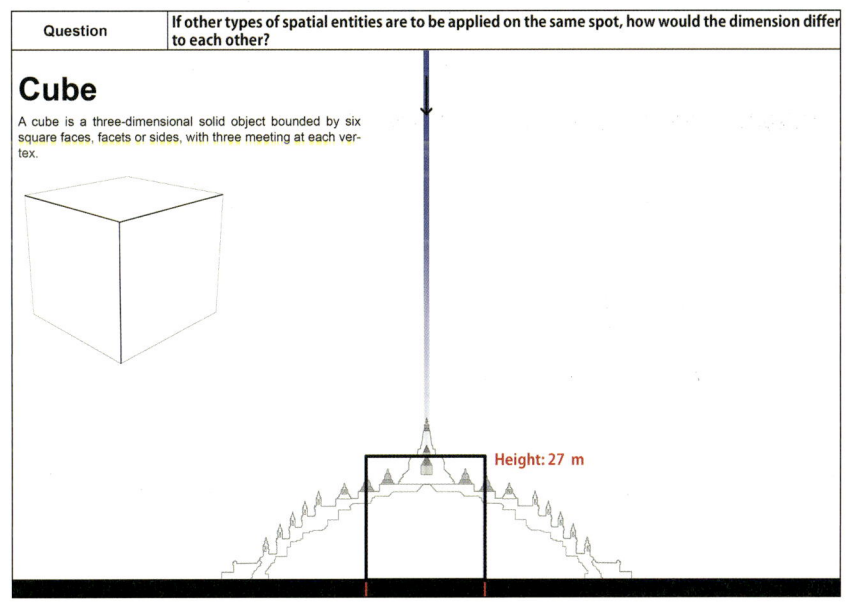

Figure 74. 정육면체형 적용

정육면체의 경우 그림과 같은 크기와 폭으로 지어야지 가장 조화롭다는 뜻이다. 피라미드와는 달리 그 크기가 현재 보로부두루보다 더 작은 것을 볼 수 있다. 이는 같은 지기라도 더해지는 양식에 따라 다른 크기로 적용되어야 가장 최적의 공명장을 만들 수 있다는 자연의 한 모습이다.

[실험 설계 2] 동일 지기 하에서 유명한 건축물의 최적 규모 도출 및 비교

위와 같은 실험을 현존하는 건축물을 대입해서 행한 것이다. 아래의 5가지의 고대 성소를 선택했다.

① 이스라엘 바위사원(Dome of the Rock)

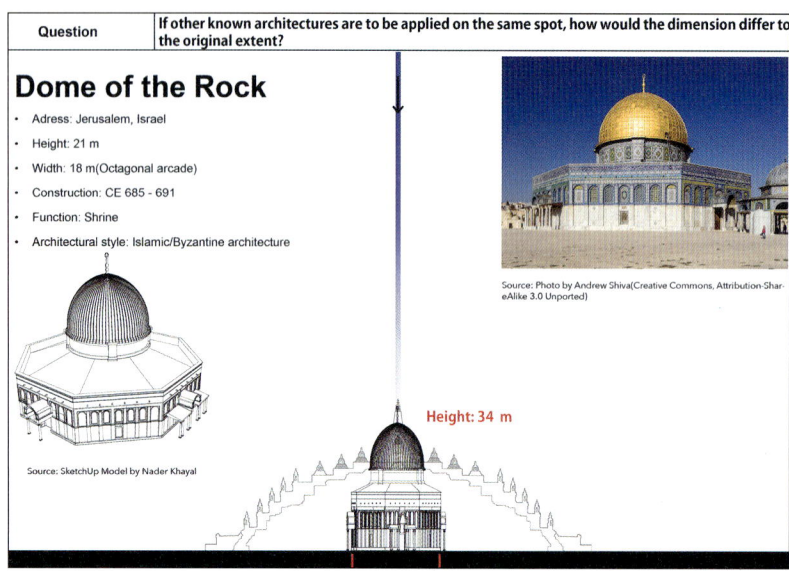

Figure 75. 바위 사원 적용 시

② 멕시코 치첸이차(Chichén Itzá)

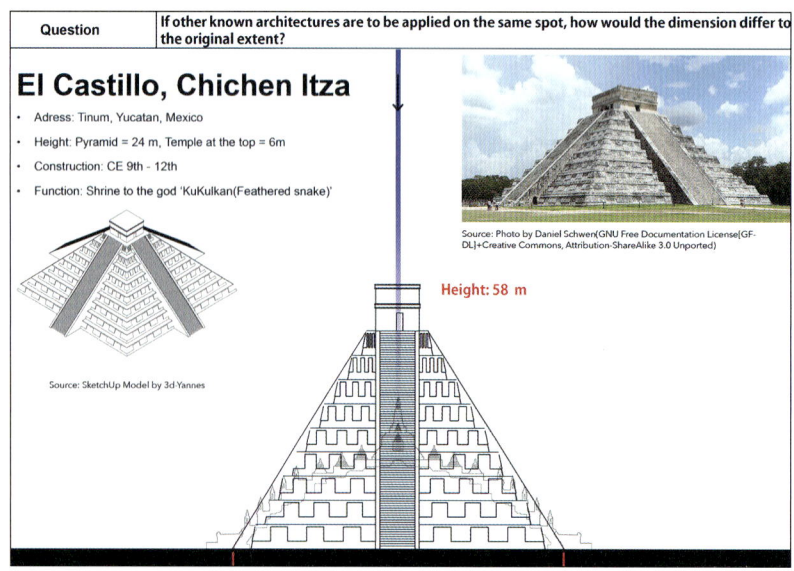

Figure 76. 치첸이차 피라미드 적용 시

③ 터키 술탄 아흐메드 모스크(Sultan Ahmed Mosque)

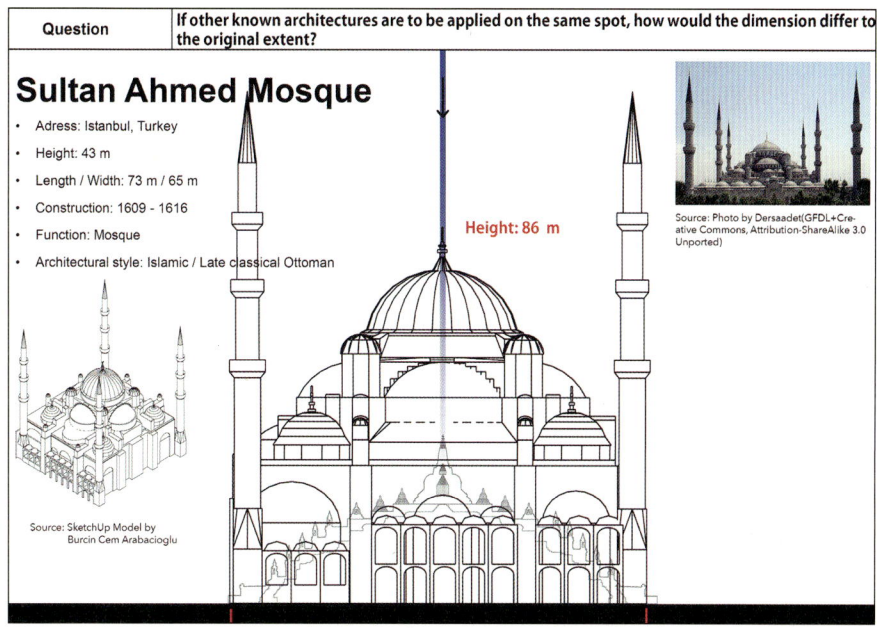

Figure 77. 술탄 아흐메드 모스크 적용 시

④ 아테네 파르테논 신전(Parthenon)

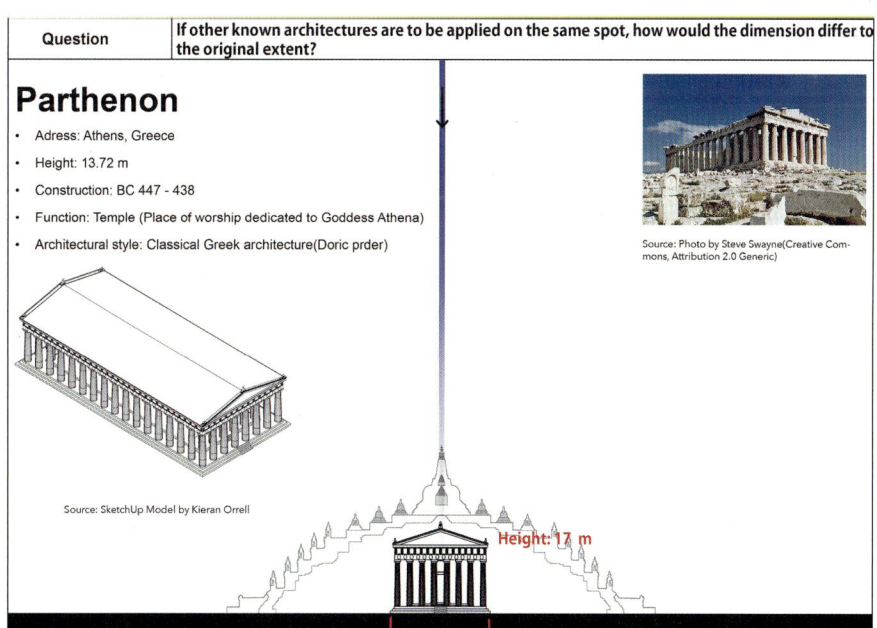

Figure 78. 아테네 파르테논 신전 적용 시

⑤ 일본 호류지 목탑(Horyu-ji Wood Pagoda)

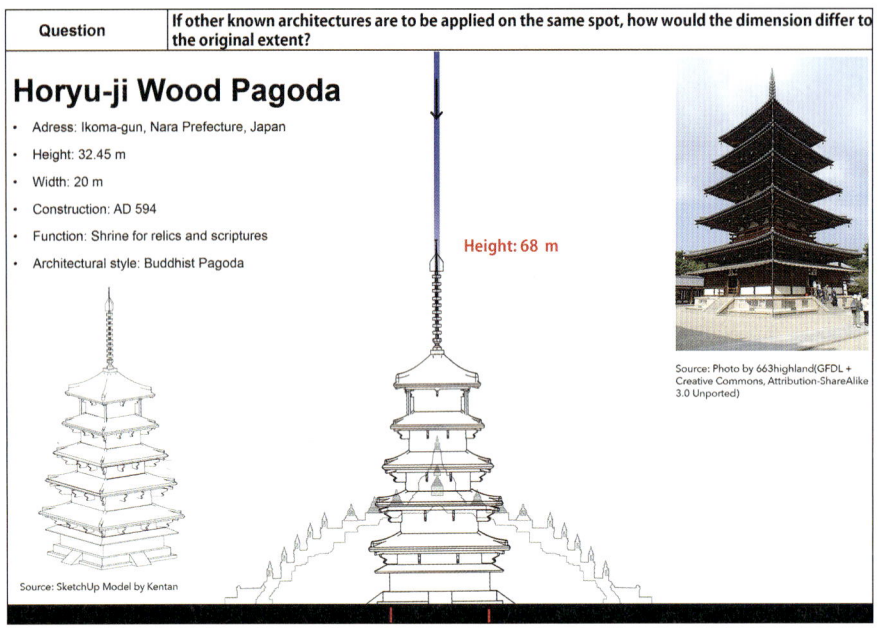

Figure 79. 일본 호류지 목탑 적용 시

⑥ 불상(좌불의 경우)

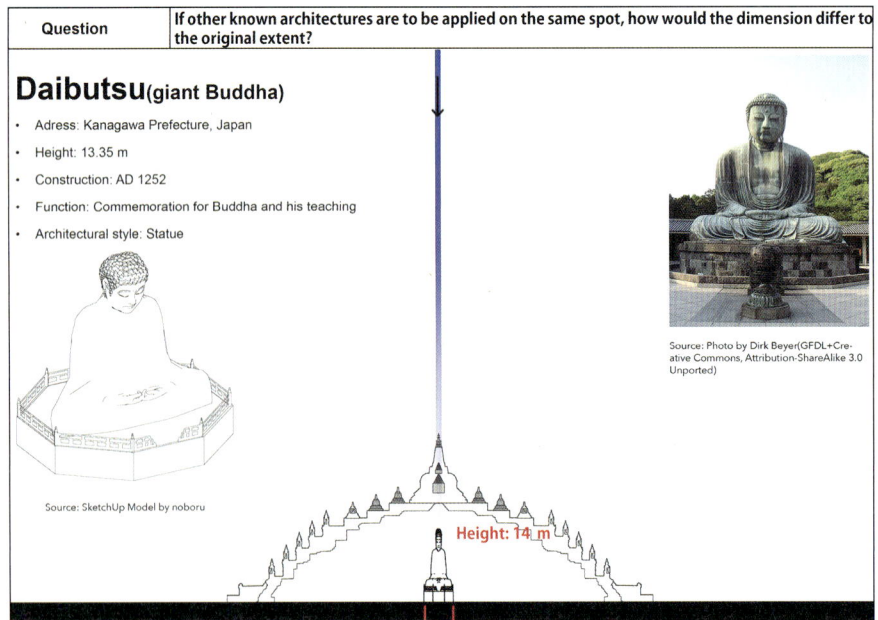

Figure 80. 좌불상 적용 시

결과가 무척 흥미롭다. 건축 규모가 각각의 양식에 따라 달라지는데, 이는 지기와 공명하기 위해 최적화시킨 규모인 것이다. 다시 말해, 지기가 건축물의 규모를 설계하는 것이다.

건축 양식은 일정한 시대나 지역의 건축물에 공통된 조형적 특징으로서 그 나라에서 주로 사용할 수 있는 재료나 연마된 기술 또는 풍토, 민족성 등을 반영하여 만들어지는 하나의 틀이다. 이처럼 정해진 틀을 적용했을 때 나타나는 지기와의 관계는 예측이 불가능할 정도로 다양하게 드러난다. 하지만 우리는 여기서 더 나아갈 수 있다. 만약 정해진 틀이 아닌 그 지기에 가장 어울리는 모양을 있는 그대로 드러낸다면 그 공간은 어떤 모습일까?

10.2 자리잡기와 최적 공간 형상을 찾아서-원형 설계 프로세스[의도-집중-허용]

초감각적 지각을 활용한 건축 설계를 논의하기에 앞서 초감각적 지각 능력이 나타날 수 있는 핵심 요소를 다시한번 생각해보자.

① 다우징 행위의 역사, 정의, 그리고 실제적인 체험을 통해 알 수 있었던 사실은 모든 인간에게는 초감각적 지각 능력이 있다는 증거이다. 초감각적 지각은 감각을 벗어나 현상이나 사물을 인지하는 통로로서 모든 현상을 있는 그대로의 모습, 즉 객관적인 모습을 포착할 수 있는 중요한 지각법이다.

② 초감각적 지각 능력과 이를 통해 모든 현상을 그대로의 모습대로 관찰할 수 있다는 보편타당한 성질은 누구에게나 주어졌다. 곧 인간은 누구나 그 존재성에서 영적이라는 사실을 말해준다. 영적인 성질은 누구나 그 존재성에서 같고 다름이 없다는 뜻이며 이는 모든 종교제도에서 설파하는 궁극의 가르침과 통한다.

③ 다양한 다우징 사례와 체험을 통해 알 수 있는 사실은 초감각적 지각은 생각하는 모든 것에 대한 답을 드러내는 인지 체계라는 것이다. 어떤 주제이든 명확하고 명료하게 설정만 하면 그에 상응하는 반응이 몸과 정신으로 구성된 '나'를 통해 홀연히 드러나는 구조이다.

④ 따라서 초감각적 지각을 잘 펼치기 위해서는 명확한 주제 설정 그리고 냉철한 주의 집중을 통해 저절로 드러나는 반응을 세심하게 살피는 자세가 중요하다.

건축 설계 프로세스 또한 앞 내용의 충실한 이해를 바탕으로 이어진다.

[P1] 명확한 의도

먼저 구축하고자 하는 건축물의 시공간적 목적과 기능을 명확히 한다.

[P2] 냉철한 주의 집중

의도를 명확히 이해하고 본 의도 외의 다른 것을 생각하지 않는다.

[P3] 내어맡김

집중된 상태에서 내 안에 내재한 직관 체계에 대한 확신을 명확히 한다. 초감각적 지각은 결국 이미 답이 내 안에 있다는 신뢰로부터 시작하는 자신과의 싸움이다. 그래서 내 안에 이미 답이 있다는 자각을 수시로 자문자답하며, 감각을 벗어난 지각이 가능한 사실을 끊임없이 강화해야한다.

다우징 체험 자체가 담보하는 사실은 내 안에는 반응을 주는 어떤 시스템이 있다는 것이다. 이 사실을 마주하고 바로 그 시스템에 나를 맡기는 행위가 곧 나의 감각을 벗어나 지각을 하는 과정이다.

[P4] 나타난 반응 확인

'의도-주의집중-내어맡김' 의 과정을 통해 드러난 답을 토대로 공간의 핵심 자리 및 건축 형상의 경계(규모 및 윤곽)을 측정한다.

공간의 모양(크기, 높이 포함)이 결정되면 세부 요소인 입구, 창문, 침대, 부엌, 현관 등의 공간의 경계선을 확인하며 배치를 조정한다.

간략하게 서술한 초감각적 지각에 기반한 건축 설계 과정이다. 물론 이는 현실적인 설계 과정에 포함되는 요소 기술인 구조, 재료, 공사 방법, 비용, 법규 등을 제외한 공간 형태의 설계에만 국한시킨 사례이다. 이는 본 책에서 할애할 수 있는 공간의 문제도 있지만 결국 건축에 있어 가장 중요한 문제는 자리잡기와 그 자리와 최적으로 어울리는 공간 형태를 구축하는 것이라 생각하기 때문이다.

****

필자가 실제 시도한
건축 설계안을 소개할 것이다.

이는 지금까지 논의한 모든 요소를 다 통합시켜
가장 최적의 공간을 도출하는 방식을 담고 있다.

의도하는 공간을 짓기 위해
다우징을 통한 초감각적 지각으로 땅의 지기 분포를 분석하고
이를 토대로 지기에 어울리는 자리를 선별하여
지기와 최적으로 공명할 수 있는 공간의 모양을 드러내는 과정이었다.

초감각적 지각이라는 인간의 기본적인 지각 능력을 통해
가장 최적의 공간을 만드는 건축설계 방식을 시도한
첫 사례가 아닐까….

11. 원형 건축 사례

11.1 원형으로 돌아가자! 거창한 선언이 아니라, 당장 체험할 일상…

모든 언어가 그렇듯 건축을 뜻하는 'Architecture'의 어원을 살핌으로서 본래의 의미와 지향성을 이해하도록 하자.

먼저 'Archi'의 어원은 'Arche', 즉 '근원' 또는 '태고'라는 뜻을 담고 있다. 'Arche'는 우주 만물의 기본, 기초, 내지는 그 작동 원리를 뜻하는 단어로서 작게는 각 개개인의 존재적 바탕을 의미하며 크게는 세상 만물이 스스로 그러하게 움직이고 있는 자연의 근원적 법칙을 뜻하기도 한다. 다시 말해 'Arche'는 **이 세상에 존재하는 모든 것에 내재하는 하나의 바탕이자 그 세상을 살아 움직이게 만드는 작동 원리이다.** 다른말로 우주의 섭리, 자연, 도 등의 개념으로 이해할 수 있다.

'Tecture'는 'Techne'에서 파생된 단어로서 우리가 보통 이해하는 '기술(technology)'이라고 직역한다면 본래의 깊은 의미를 알지 못하게 된다. 그리스 시대의 Technology는 '자세(mode)'나 '상태'를 뜻하는 개념으로서, '자연을 온전히 이해하는 상태' 혹은 **'자연을 있는 그대로 드러내려는 관찰 태도(Disclosive looking)'** 라 할 수 있다.

'Techne'에서 파생한 또 다른 단어인 'Tecton'은 '장인'을 가리키는데 그는 단순히 준수한 물건을 잘 만드는 사람을 칭하는 게 아니라, **'존재에 대한 성찰과 철저한 이해를 통해 자연의 원리와 근원적 진리를 꾸밈없이, 있는 그대로 드러낼 수 있는 사람'** 을 의미하는 것이다. 자연을, 현상을 있는 그대로 관찰할 수 있고 있는 그대로 드러낼 수 있는 사람이 곧 장인인 것이다. 종교적 관점에서 이는 '성인(聖人)'의 자질과 일맥상통한다.

이와 같은 맥락에서 볼 때, 건축이라는 단어인 'Architecture'는 어떤 의미를 담고 있을까? 본래의 어원적 흔적으로 정의하면 'Architecture'는 'Arch', 즉 존재의 근원, 우주의 섭리가 'tecture', 즉 **있는 그대로 드러나는 것**으로 이해할 수 있다. 그리고 건축가 'Architect'는 **'존재의 근원적 이해를 바탕으로 자연을 있는 그대로 바라보며 그 원리 안에서 필요한 부분들을 드러낼 수 있는 능력을 가진 사람'** 으로 정의될 수 있다.

건축, 주관적 판단을 벗어나 원래의 모습을 인식하며 참된 가치를 드러내는 행위

공간 구축을 통해 드러내든, 조각상으로 드러내든, 요리로서 드러내든 그 드러냄의 영역은 무궁무진하다. 중요한 것은 어떻게 드러내느냐이다. 스스로의 존재성에 입각하여 주관적 판단을 벗어나 원래의 모습을 인식하며 참된 가치를 드러내는 것, 이것이 건축이고 건축가가 해야하는 일이다.

다우징으로부터 시작한 인간의 비범한 인식 능력을 통해 역사적 사례와 실제적인 체험을 바탕으로 우리 인간은 어떤 존재이고 무엇을 할 수 있는지에 대해 심도있게 알아보았다.

감각을 벗어나 인식할 수 있는 인간의 잠재 능력은 조금만 시간을 들여 연습하면 누구에게나 유익하고 실체적인 삶의 도구이며, 고대 선인들은 이 능력을 건축에 활용했다는 놀라운 증거와 구체적 흔적을 우리는 확인할 수 있었다. 고대인들은 진정한 건축가(architect) 였다. 그들은 자연이 담는 있는 그대로의 모습을 정확하게 관찰할 수 있었으며 관찰을 기반으로 자신들에게 필요한 요소를 끄집어내어 사용한 지혜를 다양하게 보여주었다. 결국 현대인들이 보지 못해서 '불가사의' 일 뿐, 원래 '불가사의' 는 없는 것이다. 모든 것은 다, 완전히 드러나 있는 실상 그 자체임에도 이를 보지 못하는 인식의 한계가 몰가치한 미사여구를 만든 것 뿐이다.

따라서 필자가 생각하는 건축(architecture)의 미래는 건축이라는 개념이 원래 담고 있는 원형으로 돌아가는 것이다. 이는 자연을 있는 그대로 보려는 노력을 하는 것, 즉 현재 우리의 인식 역량을 극도로 제한하는 피상적 감각적 지각을 멈추고 이를 벗어난 초감각적 지각을 드러내어 원래의 모습을 보고자 최선을 다하는 것이다.

앞 서서 우리는 공간이 원래는 보이지 않는 기운들로 꽉 차 있다는 것을 확인할 수 있었다. 모든 공간은 그만의 고유한 물질파들로 구성된 살아 숨쉬는 장이다. 놀랍게도 옛 선인들은 이를 완전히 이해하고 터를 선별했고 그 위에 알맞은 모양과 크기로 공간을 구축했지만 우리 현대인들은 무모하게도 이를 완전히 무시하고 시대와 대중이 요구하는 감각적 욕망을 추구하는 길을 선택했다. 필자가 보여주려고 노력한 것은 옛 선인들의 건축 방식, 즉 감각을 벗어나 자연의 있는 그대로의 모습으로 자연과 공명하는 이상적인 건축이 당장에도 실현 가능하다는 사실을 일깨워주려고 한 것이다.

이는 이론에만 그치는 것이 아닌 필자가 직접 체험한, 그리고 인간이면 누구나 체험 가능한 실체적 이상이며 이제 우리에게 남은 것은 단지 '선택' 의 문제이다. 이 과정은 물론 기존의 장벽을 허무는,

아주 편치않은 작업이다. 하지만 모든 새로운 발견이 그러하듯 새로운 건축, 원형의 건축 또한 기존의 질서가 붕괴될 때 비로소 나타날 수 있다. 필자가 불가능한 것을 주장한다고 생각하는가? 지금까지 논의된 내용을 잘 살펴보았다면 자연과 합일된 눈으로, 신과 하나된 눈으로, 완전한 깨달음의 눈으로 스스로를, 건축을 바라본다는 것을 거창한 선언이라 생각지 않을 것이다. 지금 이 순간 바로 체험 가능한 무엇이니까.

바로 우리 스스로에게 해답이 있었고 그 해답은 언제나 드러날 준비를 하고 있었지만 우리가 모르고 지나쳤을 뿐이다. 놀랍게도 단순한 도구와 행위를 통해 인간의 잠재된 능력이 손쉽게, 즉각적으로 나타날 수 있다는 것을 확인할 수 있고 이는 우리가 보지 못하던 자연의 모습, 공간의 모습, 그리고 우리 스스로의 모습을 솔직하게 드러내주는 만능 도구로서 앞으로 인류의 미래를 담보할 중요한 자산이다.

본 장에서는 필자가 실제 작업한 초감각적 지각의 설계 사례를 소개한다. 이는 지금까지 논의한 내용들이 이론에만 그치는 것이 아닌 실제로 적용 가능하고 응용 가능한 지각 방식임을 증명하기 위해서이다. 독자들 또한 이 과정에 같이 참여함으로써 초감각적 지각의 실체를 똑똑히 확인하고 모든 삶에 응용 가능한 도구로서 인식하게 되길 바란다.

11.2 원형 건축 설계 사례 - Ideal Design based on Real method

Figure 81. '청소년들을 위한 치유의 공간' 사이트 전경(출처: Google Earth Pro)

필자가 시도한 초감각적 지각 설계 프로젝트[216]의 이름은 'Ideal design based on Real method'이다. 이를 한역하면 **'실제적 방식에 의거한 이상적인 설계'**이다. 여기서 말하는 실제적 방식은 초감각적 지각을 뜻하며 이를 통해 드러나는 공간이 곧 이상적이라는 필자의 주장이 담긴 제목이다. 초감각적 지각을 '실제적인 방식'으로 표현한 이유는 당연히 초감각적 지각이 보여준 실제적이고도 사실적인 매커니즘에 기인한다. 어떤 신비스러운 몰아경의 상태가 아닌 냉철한 정신 집중 상태에서 내어맡겼을 때 저절로 드러나는 직관체계를 활용한 원형의 건축 설계 방식이다.

1) 치유 공간의 목적과 기능을 진지하고 치밀하게 설정….

이 프로젝트를 진행하는 과정에서 필자는 많은 우여곡절을 겪었다. 가장 빈번하게 필자를 괴롭혔던 문제는 명확하지 않은 의도, 개념 설정이었다. 이 과정이 명료하지 않으면 다우징을 통해 나타난 반응 또한 명료하지 않기 때문이다. 필자는 1년여의 프로젝트 기간 중 총 8개월 이상의 시간을 공간 구축의 목적과 기능을 정리하는 데에 쏟았다. 이 과정에서 필자가 모르고 있었던 스스로의 무지를 자각할 수 있었고 또한 알고 있다고 생각했지만 결국 정확히 모르고 있다는 사실에 봉착했다. 그때마다 다시 원점으로 돌아가 다시 개념부터 정리하기를 수 없이 반복했다.

하이젠베르크의 명언처럼, 자연은 우리가 생각한 만큼, 정리된 만큼 교감한다. 자연이 무언가를 던져주기를 기대하지 말고 내가 스스로를 정리해 나갈 때 자연은 그에 합당한 그림과 결과를 홀연히 보여주는 역할을 할 뿐이다.

필자의 프로젝트는 정신적 문제를 안고 있는 청소년들을 치유하기 위한 공간 구축을 목적으로 했다. 그리고 많은 시간을 들여 치유란 과연 무엇이고 정신적인 치유는 어떻게 가능하며, 이를 가능케 하기 위해선 공간의 기능이 무엇이어야 하는지에 대한 고찰을 하였다.

필자가 도달한 결론은 치유를 위해 청소년들은,

- 예술적 행위-그림 그리기, 글 쓰기, 조각, 음악 연주, 춤, 운동, 정원 가꾸기-와
- 그리고 다양한 명상을 할 수 있어야 한다는 것,
- 그리고 걷기를 할 수 있어야 한다는 것이었다.

---

216) 이 프로젝트는 필자가 2009년 Delf University of Technology 대학원 졸업 작품으로 진행하였다.

이 세 가지 행위를 통해 기존에 청소년 자신이 서있던 곳을 과감히 벗어나 미지의 영역에 뛰어드는 용기를 낼 수 있으며, 자신을 돌아보고, 이 모든 과정을 차분히 정리하고 통합하는 시간을 충분히 갖게끔 하는 것이 전체적인 구상이자 설계 목표였다.

공간의 목적과 기능을 설정 한 후 세부적인 필요 사항들을 점검하였다. 현실적인 공간으로 기능하기 위해선 치유의 공간 외에도 기타 서비스 공간에 대한 설정이 필요했으며 수용 가능 인원, 사용 시간 등에 대해서도 심도있는 선택이 필요했다.

나와의 치열한 싸움

조심스럽게 한 단계 한 단계씩 빈틈 없이 설정을 하려는 이유는 이 모든 세세한 생각들과 설정값들이 초감각적 지각을 통해 앞으로 드러낼 공간의 한 점 한 점을 구성하기 때문이었다. 내가 지금 생각하는 모든 것, 즉 나의 긍정적인 생각, 의심, 신뢰, 부정, 애매함 등 모든 것이 내가 만드는 공간의 바탕을 이룬다는 생각에 지금 내가 하는 생각이 올바른지, 한없는 책임의식을 느끼며 그 근거부터 철저하게 따질 수밖에 없었다.

그리고 필자를 더 괴롭혔던 점은 바로 기존의 건축 설계 방식을 떠나 완전 새로운 방식을 적용하는 과정에서 나타난 스스로에 대한 의심과 불안, 두려움이었다. 그동안 배웠던 설계 방법론을 벗어난다는 것은 상당히 불편했고 다시 원래 방식으로 돌아가고자 하는 마음이 언제나 한켠에 자리잡고 있었다. 그만큼 필자에게는 모험의 시간이었고 이를 완성하기 위해 개인적으로 인생 최대의 용기를 내지 않으면 안되었던 중요한 순간이었다.

8개월 이상의 생각 정리와 공간 구성에 대한 명확한 이해를 구축한 후 엘로드를 사용하여 도면 위에서 원격 다우징을 시작하였다. 전체 공간 프로그램이 들어설 터는 선정을 한 뒤였다. 치유에 어울리는 자리를 찾은 것이 아닌 기존에 주어진 터를 사용하기로 했고 여기에 설정한 공간을 최적으로 구축해보려는 심산이었다. 초감각적 지각을 통해 각 치유 프로그램을 위한 전용 공간을 배치시키기 위해 먼저 터에 존재하는 지기들의 분포를 측정하였다.

Figure 82. 위에서 본 사이트 모습(출처: Google Earth Pro)

선정된 터는 네덜란드 로텔담 근교의 'Heijplaat'이라는 곳이다. 흥미롭게도 이 장소는 옛날 로텔담 항구로 들어오는 무역선의 선원들 중 아픈 사람들이 있는지 확인하는 검역소 겸 격리를 할 수 격리소(Quarantine)로서 기능하였다. 그 당시 격리 기간은 40일이었다고 한다. 그 당시 이 곳에는 격리와 치료를 위한 공간인 병원과 더불어 교회 그리고 화장터까지 만들어 놓았다. 이 장소를 선택한 이유는 이 곳이 실제 선원들의 치료가 행해졌던 공간이기도 하지만 이와 더불어 로텔담 도시와는 떨어진 위치에 있다는 점이었다. 사람들이 집중되어 살아가는 공간을 벗어나 새로운 곳에 들어가 치유를 한다는 개념은 현재 자신을 벗어나 진리를 획득한다는 초감각적 지각의 구조와 서로 상응한다고 보았다.

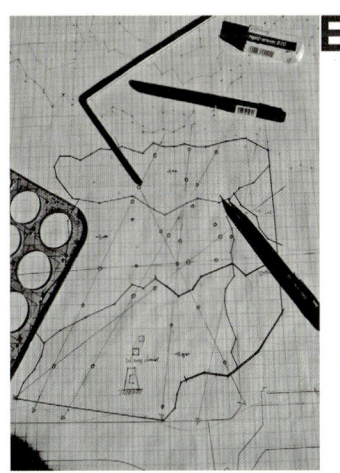

Figure 83. 다우징을 통해 사이트의 지기 분포도 측정

정리한 개념과 각각의 공간 기능에 알맞은 지기 분포를 그려내는 작업은 예상보다 훨씬 많은 시간과 집중이 필요한 작업이었다.

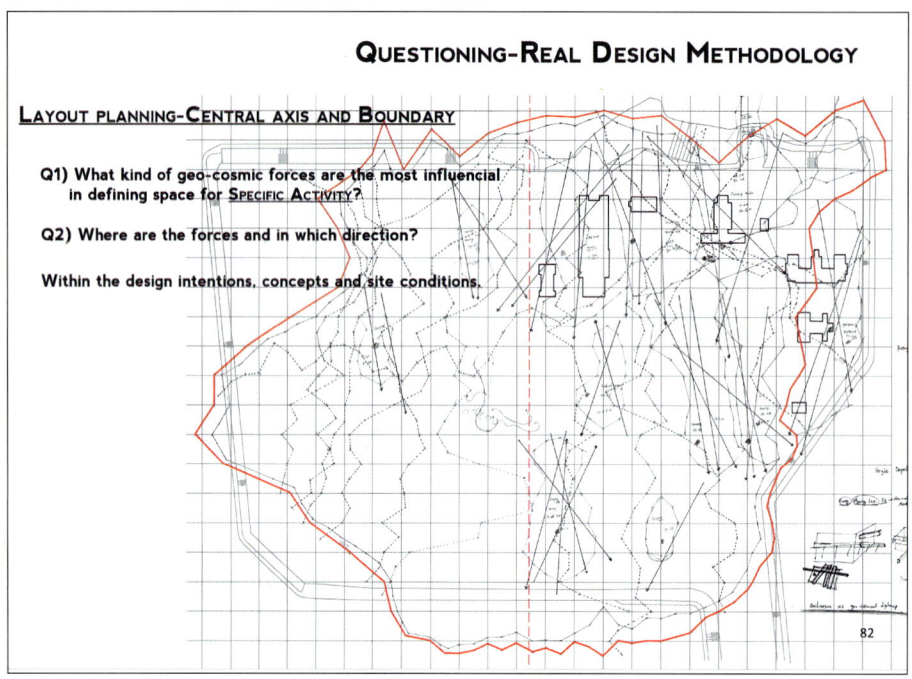

Figure 84. 1차 지기분포도 1

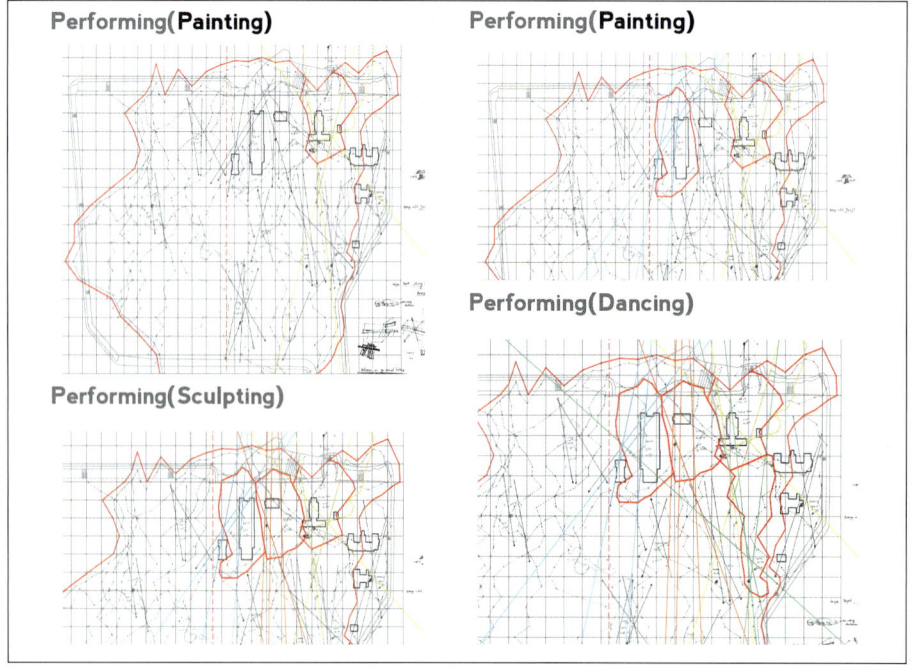

Figure 85. 1차 지기 분포도 2

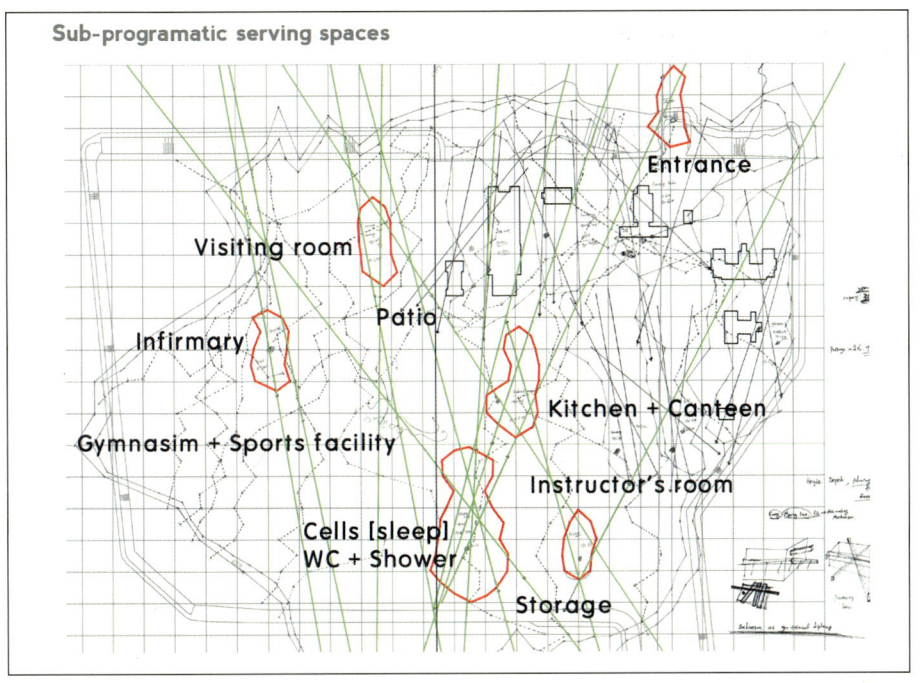

Figure 86. 1차 지기 분포도 3

2) 최적의 입지 선정과 공간 형상 드러내기

많은 시간을 들여 치유 양식에 어울리는 자리와 공간의 경계선을 측정하였고 평면 작업을 마친 후 입체적인 모양을 얻기위해 단면 다우징을 진행하였다. 이 과정은 아래의 단계별 그림에서 대략적인 흐름을 볼 수 있다.

한 점 한 점이 모여 선을 이루었고 선들이 모여 면을 만들고 면들이 모여 필자의 다우징 실력에 상응하는 이상적인 공간을 드러냈다. 드러난 공간의 모습은 마치 곤충이 짓다 만 집 같아 보였다. 마치 벌이나 개미가 짓는 집같이 그 모습은 필자가 여태까지 본 공간의 모습이 아닌 전혀 다른 모습이었다. 이를 새롭다고 해야할까? 이 과정에서 든 생각은 결국 필자가 정리한 개념과 공간의 목적 등을 '생각' 한 만큼 이에 상응하는 답은 이미 존재하고 있었다는 사실이다. 보이지 않았을 뿐 저 넓은 공간 어딘가에 분명히 나타나 있었다. 필자는 다우징을 통해 한 점 한 점 그 공간을 눈에 보이는 영역으로 드러내는 작업을 했을 뿐이다. 필자가 창의적이었을까? 아니면 생각만 하면 답이 드러나는 이 우주의 오묘한 작동방식을 창의적이라 하는 것인가? 이 체험 과정은 앞 서 언급한 '장인' 이 왜 '준창의적' 인지 그 뜻을 명확히 헤아릴 수 있었던 과정이었다.

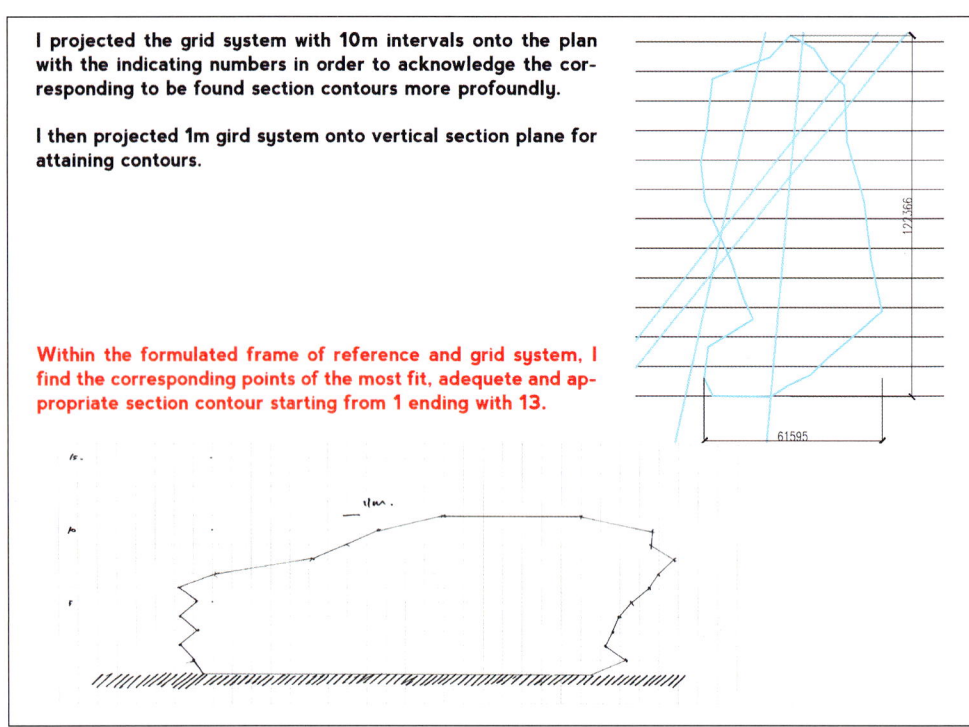

Figure 87. 입체 경계선 도출을 위한 다우징 1

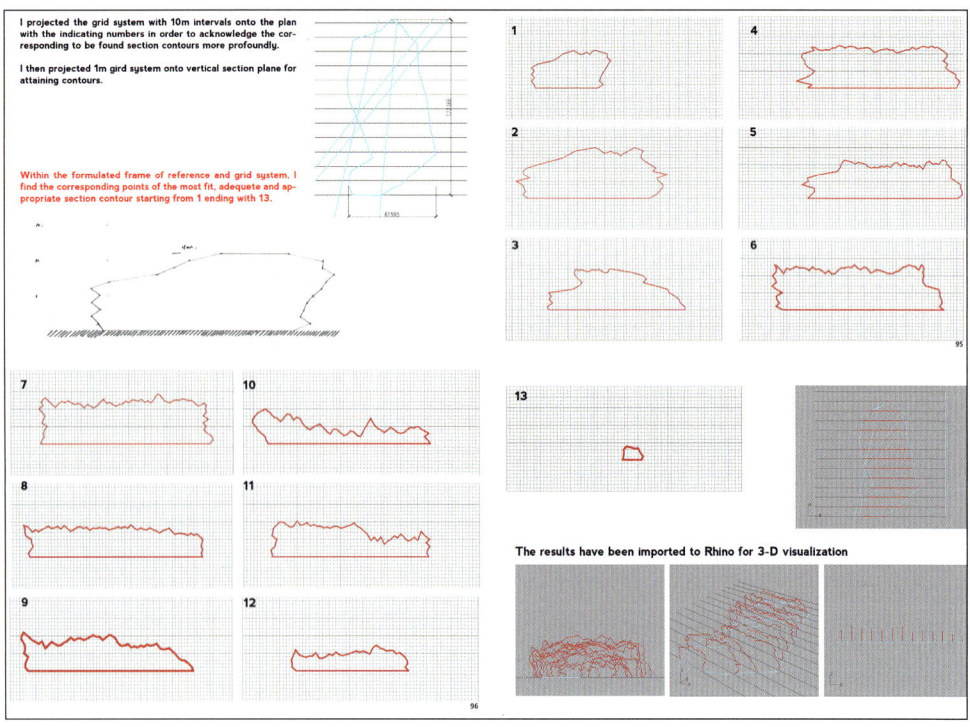

Figure 88. 입체 경계선 도출을 위한 다우징2

Figure 89. 입체 경계선 도출을 위한 다우징3

강 건넌 후, 배를 불 태우다….

그 후 필자는 여러 번의 시행착오를 거치며 반복적인 다우징을 통해 의도한 목적이 좀 더 정확하게 드러나게끔 노력했다. 생각 정리도 물론 중요했지만 또 하나의 관건은 다우징 행위에 있어 주의집중이 정말로 어려웠다는 점이다.

불안과 두려움은 다우징을 하는 과정 내내 필자를 괴롭혔고 이로 인해 숨어든 여러 잡념들이 필자가 지각하려는 반응이 부정확하게 드러나도록 방해했다. 정리된 생각은 정돈된 주의집중을 통해서 명료한 반응으로 나타나는 것이라서, 전 과정에서 어느 하나라도 삐긋하게 되면 결국에는 전체가 어그러지는 형국을 연출하게 된다.

매 순간이 절벽 위에 서있는 느낌으로 다가왔다. 고대인들이 남긴 흔적에서 건축술의 원형을 발견했다고 기뻐하던 때와는 달리 그 고대인들이 실제 행했던 건축술을 직접 체험하는 과정은 막다른 골목에서 어디로 가야할 지 모르는 어린아이의 방황과 다름 없었다. 하지만 여기서 멈추기에는 이미 강을 건넌 뒤였다. 되돌아 갈 수 없으면 가던 길을 계속 가야한다. 그리고 계속 내안의 초감각적 지각만을 믿고 다우징을 계속해 나아갔다.

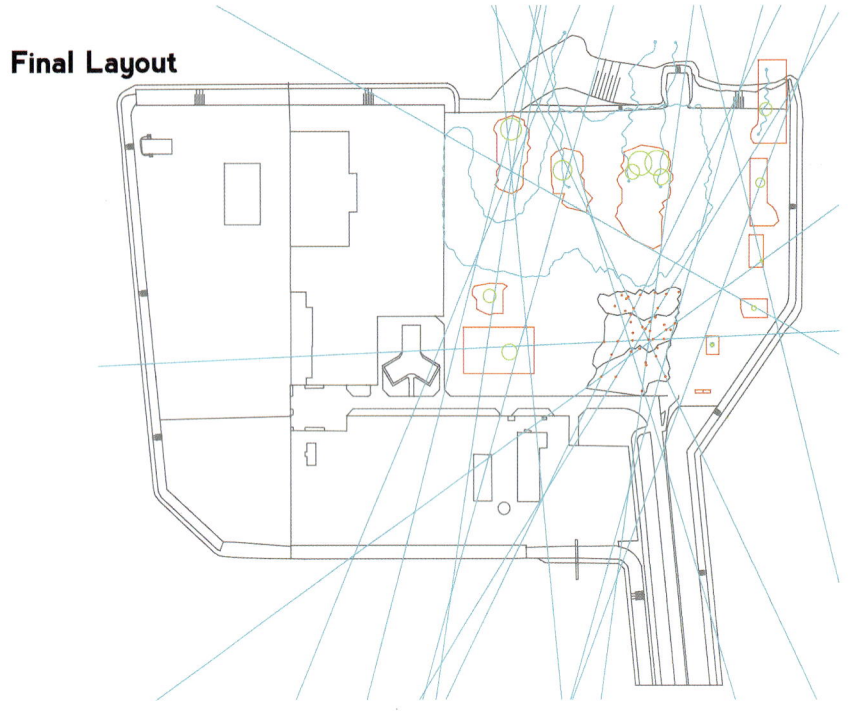

Figure 90. 2차 지기 분포도

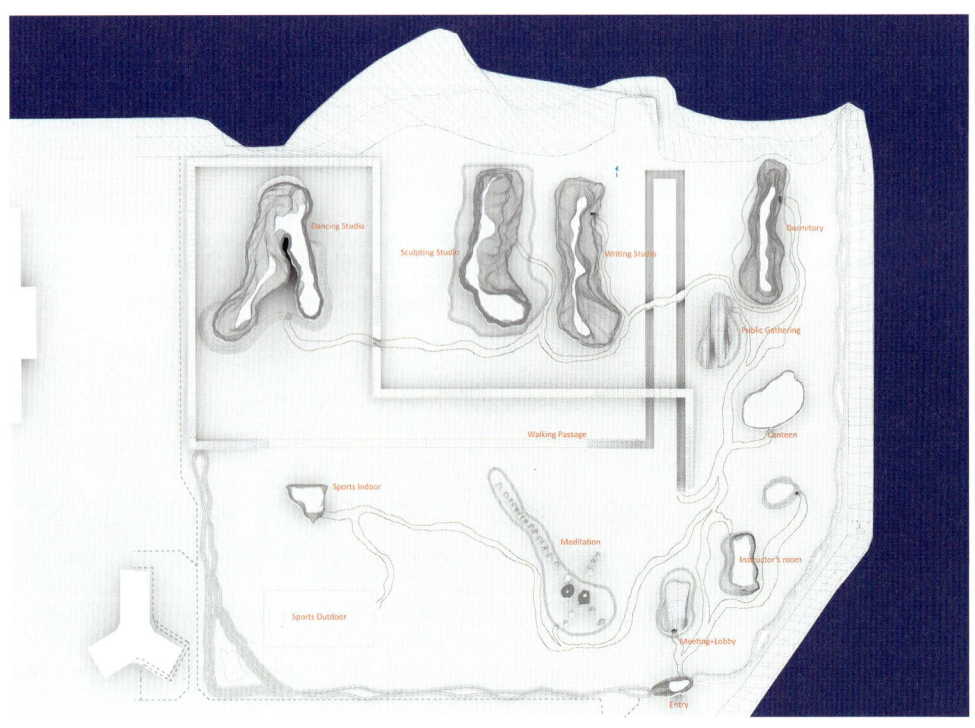

Figure 91. 2차 지기 분포도에 의거한 전체 설계

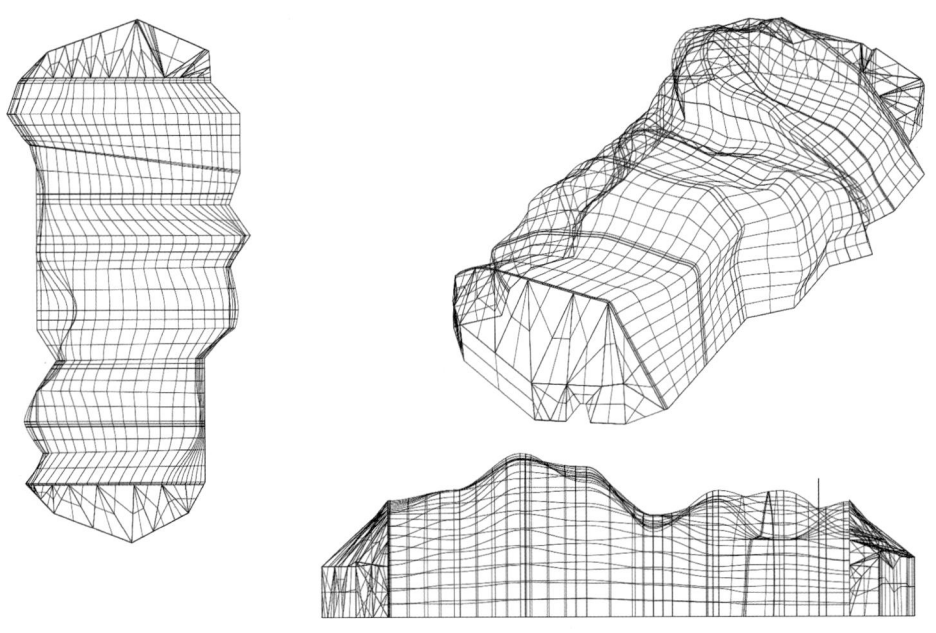

Figure 92. 2차 지기 분포도에 의거한 공간 입체면 도출

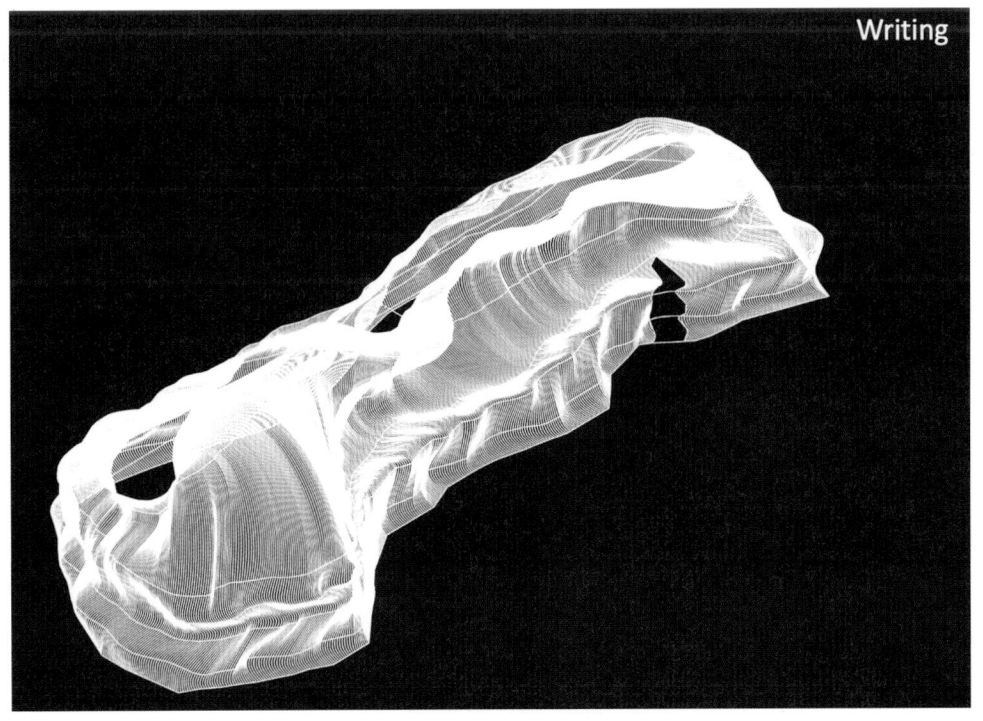

Figure 93. 각 공간 입체도 - 글쓰기 치유 공간

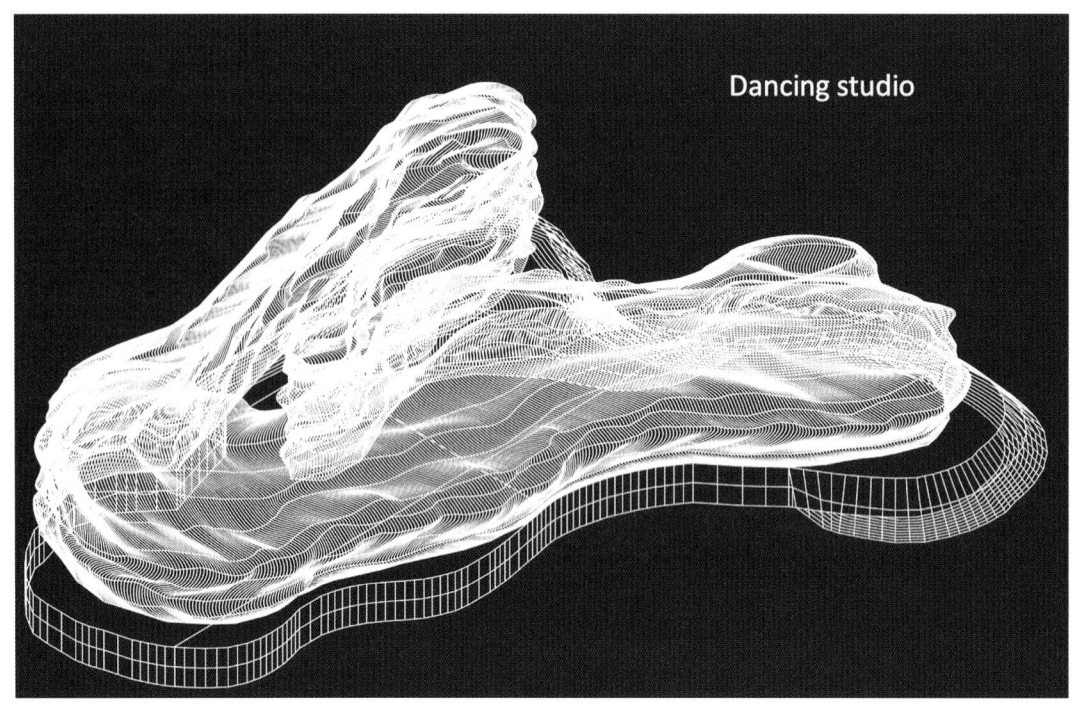

Figure 94. 각 공간 입체도 - 춤 치유 공간

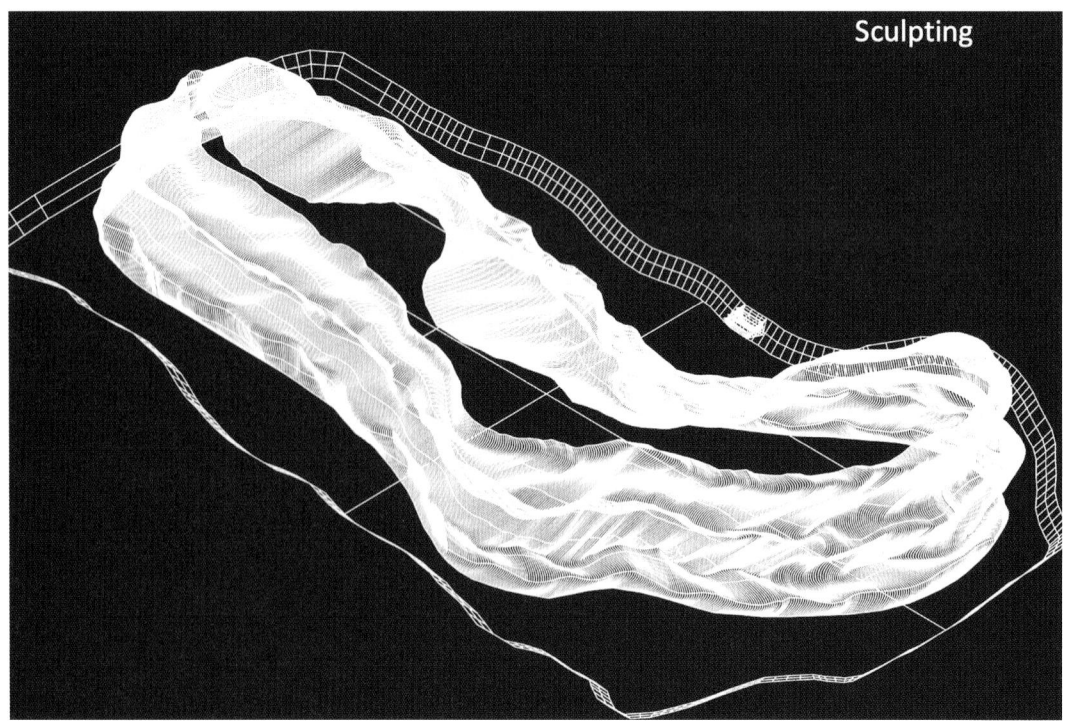

Figure 95. 각 공간 입체도 - 조각 치유 공간

Figure 96. 글쓰기 공간 단면도1

Figure 97. 글쓰기 공간 내부 조감도

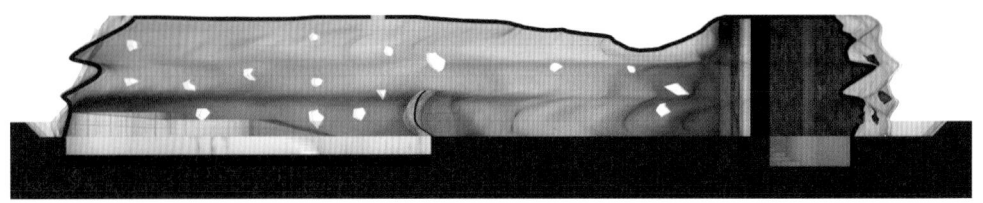

Figure 98. 글쓰기 공간 단면도2

마침내 프로젝트가 끝났다. 필자의 첫 원형 설계는 심사위원들로부터 실험적인 건축의 한 부분이 될 수 있으리라는 신선한 반응과 긍정적 평가를 받았고, 10년 후를 기대한다는 그들의 믿음을 큰 선물로 주었다. 하지만 이 프로젝트가 필자에게 남긴 흔적은 정말 깊었다. 기존의 방식과 달리 초감각적 지각 시스템으로 다가가는 설계를 모험적으로 적용하는 전 과정에서 가장 강렬하게 다가온 체험은 다름 아닌 지각 자체를 직접 체험한 것, 즉 수 만번의 다우징을 했던 그 시간이었다.

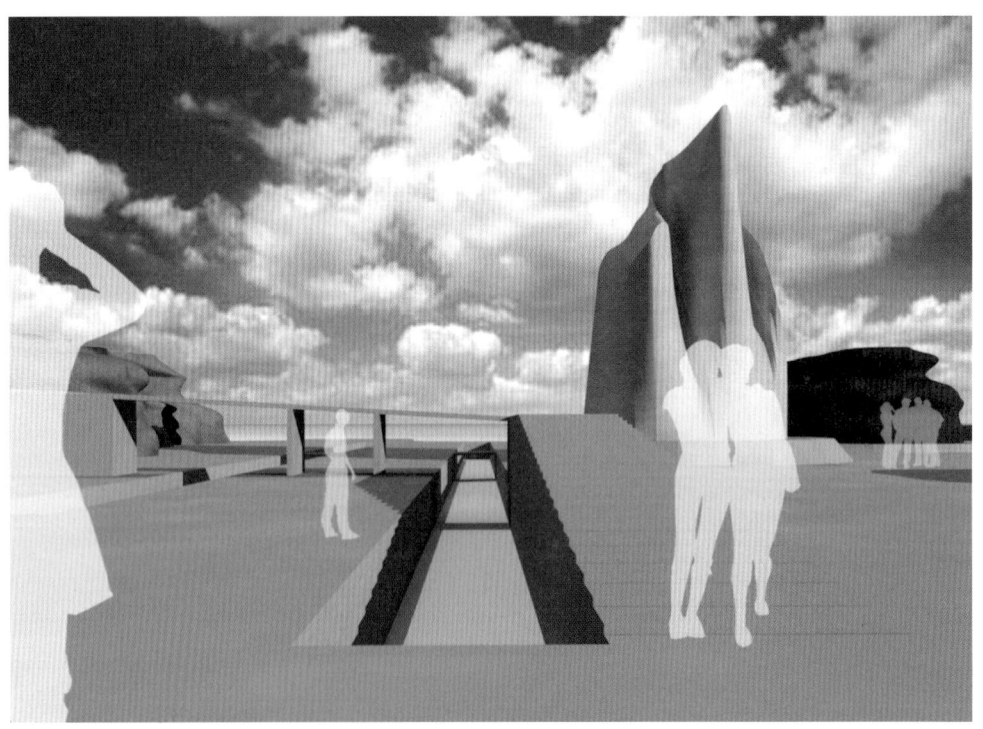

Figure 99. 외부 조감도1

이 시간은 필자로 하여금 인식의 한계를 뼈저리게 자각하게 해 주었음은 물론 '자연은 인자하지 않다[217]' 는 노자의 말씀을 더욱 잘 이해할 수 있었던 장이었다. 모든 것이 내가 생각한 만큼, 내가

---

217) 도덕경 5장의 내용. 천지는 어질지 않으니 만물을 짚강아지처럼 여기고(天地不仁, 以萬物而爲芻狗).

노력한 만큼, 내가 진실로 원한 만큼 그에 합당하게 주어지는 것이다는 우주의 섭리를 이해하는 과정은 때론 아주 불편하고, 포기하고 싶고, 예전의 자리로 돌아가고 싶은 충동을 올라오게 했다.

그럼에도 내 생각에 즉각적으로 반응하는 초감각적인 지각의 살아있음을 부정하기엔 부족했다. '감정'은 '사실'을 이기지 못한다.

이 프로젝트를 통한 필자의 체험은 앞으로의 건축에 대한 명확한 청사진을 그리게 하는 기회를 주었다. 이 지각 방식은 지금 현대인들이 그토록 감탄하는 불가사의 건축을 재현할 수 있는 탁월한 도구이다. 지금 당장이라도 필자는 스톤헨지와 같은 신성하고 영적인 공간을 자리잡기에서부터 공간 구축까지 손쉽게 할 수 있으며 그 외 모든 종류의 공간 또한 그만의 명확한 개념과 기능 설정을 통해 최적의 자리배치와 모양으로 도출할 수 있는 능력이 있다.

Figure 100. 외부 조감도2

지극히 당연한, 그러나…

이것을 능력이라고 해야할까? 우주가 작동하는 원리가 자연스럽게 드러나도록 힘을 빼고 스스로를 그저 내어 맡기는 행위가 능력이라면 능력이다. 왜냐하면 손쉽게 보이는 이 과정은 마치

수면 위 고고한 모습을 유지하기 위해 수면 아래에서 바쁘게 젓는 백조의 발과 같이, 매 순간 치열하고 냉철한 생각과 자기확신을 놓치면 안되기 때문이다. 이 프로젝트를 통해 필자는 원형 건축을 이론이 아닌 체험으로 이해할 수 있었고 그래서 더 확신할 수 있게되었다.

우리는 삶에서 당연하게 하는 것들이 많다. 걸음을 걸을 때, 컵에 물을 담아 먹을 때, 간지러운 곳을 긁을 때, 우리는 아무런 생각도 할 필요 없이 당연하게 이를 행한다. 인간의 모든 것이 바로 이 당연함 속에 있지 않을까? 생각만 하면 알아서 펼쳐지는 우주, 의도만 정확하게 하면 저절로 이루어지는 자연, 건축은 바로 이런 지극히 당연함 속에서 피고지는 성스러운 꽃 한송이가 아닐까?

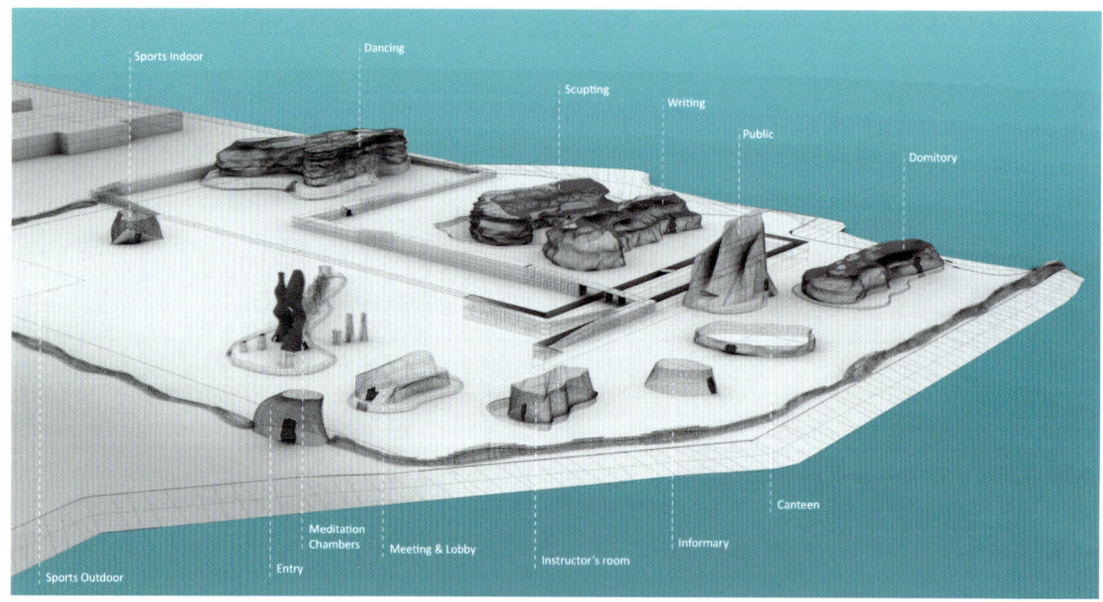

Figure 101. 전체 조감도

나가며

건축의 원형을 향하여!

이 세상에 존재하는 모든 것은 모두 같은 '하나'에서 시작되었다. 이는 이 세상 모든 것이 다 같은 성질로 이루어졌다는 사실을 자각하게 해준다. 우리는 '공명'이라고 하는 신비스러운 물리적 현상의 영향 아래 살고 있다. 똑같이 조율한 현악기 두개를 나란히 놓고 한 악기의 첫 번째 현을 튕겨보라. 그러면 다른 악기의 첫 번째 현이 같이 소리를 낼 것이다[218].

우주와 똑같은 성질을 공유하는 내가 어떤 생각을 했다. 그랬더니 우주가 나의 생각에 공명하며 진동한다. 우주 만물은 모두 서로 완벽하게 조율된 악기와 같다. 어느 한 악기에서 한 음이 소리내면 모든 만물이 같은 음을 내며 공명장을 이룬다. 나는 이 구조가 우주가 작동하는 방식, 자연이 스스로 그러하게 존재하는 방식의 핵심이라고 생각한다. 단순히 이론만 가지고 하는 얘기가 아닌 실제적인 체험을 통해 도달한 결론이다. 편안한 자세로 엘로드를 손에 쥐고 수맥을 떠올리고 걸어갈 때 어느 지점에서 홀연히 나타나는 반응이 이와 같지 않을까?

우리 주변의 불가사의한 고대 건축을 바라보며 과연 인간이 할 수 있는 것은 무엇인지 질문했고, 또한 우리 주변에서 같이 살아가는 비범한 능력을 지닌 사람들의 사례를 보며 과연 인간 안에 내재한 잠재능력은 어디까지인지 의심을 시작했다. 다우징이라는 흥미로운 행위를 통해 모든 인간이 지닌 초감각적 지각의 실체를 알 수 있었고 놀랍게도 이 지각의 역사는 인류의 태동부터 시작하여 현대에까지 이어지고 있는 인간의 고유한 능력임을 확인했다.

감각을 벗어나려는 인간의 노력은 고대부터 시작하여 중세를 거쳐 현대에 이르기까지 다양한 방식과 시대적 이해를 담으며 발전했고 특히 현대에 이르러 종교계의 신비수행과 명상, 몰입 등의 기술로 잠재된 인간 능력을 깨우는데 중요한 바탕을 이루었다. 결국 인간은 감각을 벗어날 수 있고 이 상태에서 지각을 하면 주관성이 벗겨진 관점으로 객관적인 실체를 지각할 수 있다는 것이다. 이것이 곧 잠재된 능력을 완전히 사용하는 방식이고 이를 통해 인간은 자신의 고유한 정체성에 대해 다시금 고찰할 수 있는 기회를 얻을 수 있다.

---

218) 글렌 커츠, 이경아 옮김, 다시, 연습이다., 세상에서 가장 감미로운 소리, 뮤진트리, 2017, p153.

현상의 있는 그대로의 모습을 볼 수 있는 이 초감각적 지각은 삶의 다양한 분야에 적용되어 실체를 밝혀 인간이 더 나은 삶을 살 수 있도록 큰 도움을 줄 수 있다. 건축이 그 중 하나의 영역이다. 현 시점에서 건축의 문제는 공간이 얼마나 목적과 기능에 부합하게 자리잡고 모양과 크기 또한 같은 기준으로 설정되었는지에 대한 의문이다. '나는 나를 행복하게 만들어 주는 공간에서 살고 있을까?'에 대해 자신있게 '네'라고 대답할 수 있는 사람이 있을까?

놀랍게도 초감각적 지각으로 바라본 공간은 우리가 미적인 기준으로 바라볼 때와는 전혀 다른, 마치 살아 숨쉬는 생명체와 같이 다가온다. 하늘 아래 모든 장소는 그만의 고유한 에너지 장의 영향 아래 놓여있다는 사실이 밝혀진 것이다. 이와 같은 사실을 알고 나면 전으로 다시 돌아가 예전의 방식으로 공간을 바라보는 것이 불가능하다는 것을 알 수 있다. 실상이 이러한데 그 실상을 못 본체 하는 것은 스스로에게, 그리고 인류에게 해서는 안된 행동을 하는 것이다. 그렇다면 공간을, 건축을 어떻게 바라보아야 할까?

우리는 공간의 원래 모습, 실제적인 모습, 있는 그대로의 모습을 볼 수 있어야 한다. 이는 공간 뿐만이 아니다. 우리 삶 속의 모든 현상과 사물을 같은 방식으로 바라볼 수 있어야 제대로된 삶, 즉 우주의 질서에 맞춰 흘러가는 삶을 만들 수 있다. 이는 객관적 실체를 쫓는 삶으로서 언제나 궁극적인 진리, 신성하고 성스러운 자연과 같이 진동하며 춤추는 삶이다. 있는 그대로의 공간은 있는 그대로의 삶을 바탕지을 수 있고 이는 고대 흔적에서 발견할 수 있었던 원형적 건축이 했었던 역할, 하지만 현대에는 잃어버린 역할이다. 인간은 태생적으로, 존재적으로 자리 없이는 아무것도 할 수 없는 의존적인 생명체이다. 이런 명확한 구도 속에서 인간으로서 공간에 대한 인식의 지평을 넓히지 않으면 삶 또한 그만큼의 한계 안에서 살다 지는 나약함에 빠진다.

우리에게 남은 과제는 하나이다. 공간의 본래 모습을 보자. 간단한 도구를 통해 우리 안에 살아 숨쉬는 지각 능력이 있다는 것을 알 수 있다. 그리고 연습을 통해 이 지각능력을 자신만의 일상적인 능력으로 이끌어 내야한다. 이 능력으로 지금 내가 서 있는 장소를 보자. 옛 선인들이 말한 Axis Mundi, 하늘과 땅이 만나는 세계의 축이 서 있는 지점이다. 놀랍지 않은가? 건축은 바빌론의 신 마르둑이 말했듯 '하늘에 상응하는 것을 땅 위에 장인의 솜씨로 짓는' 행위이다. 이로서 인간의 집은 신의 집이 되고 성스러운 중심이 된다. 이 모든 것이 현상을 있는 그대로 보려는 노력, 감각을 벗어나 진실을 보려는 자세를 통해 실현될 수 있다.

자유로이 날아 오르자!

우리 주변에서 찾을 수 있는 불가사의한 현상과 인간이 보여주는 비범한 능력을 시작으로 '다우징' 이라는 고유한 지각 행위에 대해 알아보았다. 다우징이라는 특징적인 지각 행위의 역사와 이에 대한 심층적인 이해를 통해 알게된 사실은 다우징 행위는 도구, 통로 역할일 뿐 더 중요한 사실은 따로 있다는 것이다.

다우징을 통해 알게된 가장 중요한 사실은 인간 모두는 지금의 '나'를 벗어나 '초감각적'으로 지각할 수 있는 능력을 지니고 있다는 것이다. 다우징의 역사가 증명하듯 이는 고대 인류가 실제 가용했던 지각 방식이며 현재에 이르기까지 그 실용적 가치를 잃지 않고 전래되고 있다. 초감각적으로 지각을 한다는 것은 기존의 감각적인 지각방식을 벗어나, 즉 탈자아화를 통해 알고자 하는 주제, 현상의 있는 그대로의 모습을 왜곡 없이 인식하다는 뜻으로서 그 흔적은 다양한 영역에서 발견되고 있다.

하늘의 뜻을 지상에 실현하는 목적이 중심인 고대의 샤머니즘은 초감각적 지각을 바탕으로 영위된 체계이다. 과학계의 새로운 발견은 많은 경우 기존 주류 학계의 벽이 허물어졌을 때 직관적으로 드러나는 새로운 모습을 논리적으로 정리한 것들이며, 궁극의 실재와의 합일 체험을 주된 목적으로 가진 종교제도에서는 '신비주의'라는 개념으로 이해되며 다양한 명상법들을 통해 그 체험에 도달하고자 노력하고 있다. 초감각적 지각 체계의 핵심은 명확한 주세 설정과 그에 대한 주의집중을 통해 기존의 감각적 인식 체계를 벗어날 때 홀연히 드러나는 지각이며 이는 다양한 삶에서 반복적으로 보고되는 인간 고유의 보편적인 지각 방식이다.

고대 그리스 시대의 '장인'의 역할 또한 이 맥락에서 다시 볼 수 있다. 그들에게 장인은 결국 완전히 '창의적(fully Creative)'이 아닌 '준창의적(Semi-Creative)'인 역할을 하는 사람이다. 언뜻 보면 이해가 되지 않는다. 하지만 초감각적 지각의 체험과 체계에 대한 이해를 조금만 쌓으면 달리 보이기 시작한다. 장인이 왜 완전한 창작자가 아니고 그 하위 개념인 준창작자인 근거를 스스로 깨닫는 순간이 온다. 그 이유는 그의 역할은 '이미 있는(in advance)' 답을 드러내는 것일 뿐이기 때문이다. 답을 새롭게 만드는 것이 아닌 이미 주어진 답을 드러내는 역할이기 때문이다.

준창의적인 역할을 통해 완전한 창의가 드러나기 위해서는 그 사이를 매꾸는 무언가가 있어야 한다. 이것이 바로 초감각적 지각이다. 초감각적 지각이 엘로드를 통해 드러나든, 다른 도구를 통해 드러나든 상관없다. 중요한 사실은 어떤 도구를 사용하던 스스로를 감각을 벗어난 상태, 즉 기존의 '나'를 벗어나 현상을 현상대로, 있는 그대로의 모습을 볼 수 있는 상태를 만들어야 한다는 것이다.

초감각적 지각은 그 특성으로 미루어 볼 때 영적인(Spiritual) 지각과 동일하게 볼 수 있다. 그 이유는 감각을 벗어나는 것은 곧 주관적 관점에서 벗어난다는 것이고 그때 지각되는 것은 객관적인 사실이기 때문이다. '영적이다'는 것은 '궁극적이다'와 같은 뜻이다. 이는 객관적이고, 보편적이고, 일반적이고, 타당하고, 참인 성질을 뜻하기에 객관을 지각할 수 있는 초감각적 지각 방식은 영적인 지각 방식과 같다. 달리 말하면 종교제도에서 도달하고자 하는 목적, 즉 하나님의 말씀, 우주의 진리, 신성하고 성스러운 세계의 실재를 정확하게 깨닫고자 노력하는 것은 초감각적 지각을 하려는 노력과 같다고 볼 수 있다.

이 지점에서 다우징 행위의 실용적 가치가 높아진다. 종교를 공부하는 경우 근원에 대한 성찰, 영성에 대한 이해를 관념적이 아닌 현실 생활 속에 응용할 수 있고 실천을 통해 일상 자체가 영성화 되려면 언제나 영적인 인식 체계 안에 거해야 한다. 다시말해 언제 어디서나 초감각적 지각을 할 수 있어야 한다는 뜻이다. 하지만 이는 기존 패러다임 안에서는 거의 불가능하게 보인다. 우리가 익히 알고 있지만 '신일합일'의 체험은 평생을 다 바쳐 수행의 삶을 사는 구도자들도 한번 할까말까한 체험이고 이를 상시 경험하는 고도로 수련이 된 사람들도 극히 일부에 지나지 않는다고 본다. 대개 감각을 벗어난 상태, 즉 엑스터시 상태를 만들기 위해 고대부터 향정신성 약물을 사용한 것은 많은 문화권에 나타나 있고 현재에도 이와 관련하여 다양한 연구가 진행되고 있을 정도이다[219]. 이미 종교 제도권에서는 의도적으로 의식을 변형시켜가며 신인합일에 이르기 위해 명상, 기도, 만트라, 주문, 금식 그리고 호흡 조절과 같은 다양한 방식을 발전시켜왔다. 이와 같은 의식변형/통제 기법들의 목적은 강한 정신 집중을 만들어 자신의 비우게끔 유도하는 것이지만 향정신성 약물의 경우 중독의 위험이 언제나 있으며 제도적 기법들 또한 개인마다 목적과 집중도가 다르고 수행의 결과가 즉각적으로 인지되지 않은 경우가 대다수이기에 감각을 벗어나 지각할 수 있는 직접적인 기법 체계로는 아쉬운 부분이 많다.

---

219) Psychedelic drug(환각성 약물(幻覺性藥物)에 대한 연구는 미국에서 활발히 진행되고 있다. 대표적인 기관으로는 존 스홉킨스병원의 'The Center for Psychedelic and Consciousness Research'가 있다. 자기계발 분야에서도 많이 논의되고 있는데 대표적으로 작가이자 기업가인 팀페리스(Tim Ferris)가 연구에 많은 지원을 하고 있다. 그의 블로그를 통하면 더욱 많은 정보를 얻을 수 있다. https://tim.blog

이 패러다임을 바꿀수 있을까? 그러기 위해서 무엇이 필요할까? 필자의 생각으로는 다우징에 그 해답이 있다고 본다. 그 이유는 본 책에서 다룬 모든 내용이 가리키는 하나의 사실에 기인한다. 그것은 바로 다우징이라는 특징적인 지각 행위를 통해 객관적인 앎, 궁극적인 진리가 드러날 수 있다는 사실이다. 다우징은 도구를 통해 근육 반응을 가시적으로, 즉각적으로 확인할 수 있는 행위이다. 주제를 설정하고 그 외 잡념을 멈추었을 때 인체를 통해 드러나는 반응을 단순하게 관찰하는 지각 시스템이다. 이는 기존의 '나'가 작동되지 않았기에 감각적 혹은 고감각적 지각의 영역을 떠나 원래 인간이라는 생명체 자체에 씌여진 참된 앎이 드러나는 행위이다. 다우징의 반응 하나하나는 곧 인간은 모든 것을 늘 알고 있다는 사실을 확인하는 체험으로서 이는 곧 하늘의 뜻, 우주의 섭리, 하나님의 말씀, 진여실상(眞如實相)[220], 모든 것 안에 내재한 궁극의 진리를 단순하고, 명료하고, 즉각적으로 인지할 수 있는 방법이다. 따라서 다우징을 통한다면 남녀노소 누구나 신인합일 체험, 즉 스스로가 지닌 영성을 확인하는 순간을 무수히 많이 만들 수 있다고 생각한다.

다우징의 응용은 종교학에만 국한되는 것이 아닌 모든 것에 적용될 수 있다. 필자가 감히 주장하는 바, 다우징을 통해 쉽고 정확하게 알아차릴 수 있는 초감각적 지각은 강력한 1인칭 체험을 통해 잠재된 인간 본연의 지각 능력을 일깨워 삶의 모든 영역에 응용하여 사용할 수 있도록 배우고 스스로를 단련시키는 교육인 '응용영성학(Applied Spirituality)[221]'의 핵심 바탕이 될 수 있다. '응용영성학(Applied Spirituality)'은 초감각적 지각 체계를 바탕으로 현상의 실재를 볼 수 있게끔 가르치는 것을 목적으로 하는 학문이다. 이를 통해 모든 사람들이 저만의 고유한 삶의 영역에서 최고의 능력을 발휘할 수 있도록 하는 것을 목적으로 한다. 초감각적 지각이 보편 타당한 객관적 진리를 인식 할 수 있는 지각법이기에 가능하다. 어떤 영역에 적용될 수 있을까? 현재 생각 가능한 다양한 영역은 물론 앞으로의 인류 전체의 발전에 이바지 할 수 있는 유용한 체계로 성장 가능하다고 생각한다.

필자의 경우 전공 분야인 건축 영역에 적용을 하였고 그 사례를 소개하였다. 고대 공간 분석에 적용된 초감각적 지각은 우리가 보지 못했던 다양한 실상을 알려주었다. 신화, 전래로만 인식되어온 보이지 않는 '지기'의 흐름이 실재 한다는 것을 알 수 있었고 놀랍게도 이는 건축물의 위치와 모양, 크기 선정에 핵심적인 기준이었다는 사실을 측정할 수 있었다. 이 분석 결과가 시사하는 바는 작지 않다고 생각한다. 건축 원형의 모습이 이렇다면 앞으로 우리가 지어나아가야할 건축은 어때야

---

220) 진여의 있는 그대로의 참모습. '진여'의 뜻 또한 '모든 현상의 있는 그대로의 참모습'이다. 진여실상은 따라서 동체이 명적 표현이다.
221) 응용영성학(Applied Spirituality)은 필자가 생각한 개념 조합이다.

하는가에 대한 성찰이 시작될 수밖에 없다. 경이와 감탄의 대상의 본래 모습이 그 터의 가치를 결정하는 지기와의 조화에 의해 만들어진 결과라면 현대의 건축 또한 같은 시도를 통해 같은 경이와 감탄의 건축물을 만드는 시도를 해볼 수 있지 않을까?

다우징의 응용적 가치를 묘사하는 글로서 마무리 하고자 한다. 리처드 버크가 지은 소설 '갈매기의 꿈'은 자유롭게 하늘을 나는 꿈을 실현하고자 끝없이 노력하는 갈매기 '조나단 리빙스턴'의 구도 과정을 보여주는 책이다. 조나단은 자신뿐만이 아니라 모든 갈매기가 자기처럼 자유롭게 하늘을 훨훨 날아다닐 수 있음에도 하지 않는 모습에 안타까워 하면서 이런 말을 한다.

"어떤 새에게 그 스스로가 자유로운 존재라는 것, 그리고 아주 조금만 시간을 들여 비행 연습을 하면 자신이 자유로운 존재라는 것을 스스로 입증할 수 있게 확신을 심어주는 것이 이 세상의 하고많은 일 중에서 왜 이렇게 힘든 것일까? 도대체 무엇 때문에 이토록 어려운 거지[222]?"

조나단은 스스로를 관찰하며 한계의 벽에 직접적으로 부딪힘으로서 자신 안에 내재한 잠재적 능력을 일깨우게 된다. 중요한 점은 조나단뿐만이 아니라 이 세상 모든 존재가 다 똑같은 잠재능력을 지니고 있다는 것이다. 조나단의 경우 자신의 신체적 기능을 활용한 '비행'이라는 도구를 통해 참 자유를 획득했다. 우리 인간에게는 어떤 도구가 필요할까? 다우징이다. 다우징을 통해 드러나는 초감각적 지각 과정을 통해 우리 스스로가 엄청난 능력을 이미 지니고 있는 자유로운 존재라는 사실, 그리고 조금만 시간을 들여 천천히, 차분히 연습을 하면 자신이 이 사실을 스스로 입증할 수 있다는 것을 확신할 수 있을 것이다. 참 자유는 이미 내 안에 있다. 진리는 이미 내 안에 있다. 따라서 나는 자유로운 진리 그 자체이다. 우리가 해야할 일은 단순히 이 사실을 상기하는 것일 뿐이다. 다우징은 바로 그 상기의 작업을 가장 쉽고 효과적으로 할 수 있게끔 도와주는 훌륭한 알아차림의 도구이다.

---

[222] 리처드버크, 같은 책, p.138.

참고문헌

- 권정생, 우리들의 하느님, 녹색평론사, 2008
- 그레이엄 행콕, 이종인 옮김, 신의 사람들_사라진 문명의 전달자들, 까치글방, 2016
- 글렌커츠, 이경아 옮김, 다시 연습이다, 뮤진트리, 2017
- 길희성, 마이스터 엑카르트의 영성 사상, 분도출판사, 2012
- 김현용, 스포츠인문학, 안티쿠스, 2016
- 나카자와 신이치, 김옥희 옮김, 신화, 인류 최고의 철학, 동아시아, 2002
- 다니엘 데넷, 노승영 옮김, 직관펌프-생각을 열다., 동아시아, 2015
- 더글라스 알렌, 유요한 옮김, 엘리아데의 신화와 종교, 이학사, 2008
- 루돌프옷토, 길희성 옮김, 성스러움의 의미, 분도출판사, 2013
- 뤽 뷔르긴, 류동수 옮김, 태고의 유전자-농약없이 풍작을 이루는 기술과 이를 둘러싼 음모, 도솔, 2008
- 르코르뷔지에, 이관석 옮김, 건축을 향하여, 동녘, 2002
- 리처드 버크, 김미정 옮김, 갈매기의 꿈, 하서명작선, 1996
- 리처드 브래들리, 고일홍 옮김, 선사시대 사회들의 과거 인식, 서울대학교출판문화원, 2017
- 리처드 세넷, 김홍식 옮김, 장인_현대문명이 잃어버린 생각하는 손, 21세기북스, 2010
- 마쓰나가 슈가쿠, 이철구 옮김, 건축의학, 기문당, 2009
- 메르치스 엘리아데, 이재실 옮김, 이미지와 상징, 까치 글방, 1998
- 반덕진, 히포크라테스의 발견, 휴머니스트, 2005
- 백종현, 이성의 역사, 아카넷, 2018
- 성경전서 개역개정 4판, 대한성서공회, 1998
- 설영상, 도안계 풍수지리, 북스힐, 2009
- 설영상, 사상체질 건강법, 태웅출판사, 2001
- 설영상, 깨달음이 주는 선물, 라의눈, 2018
- 성해영, 수운 최제우의 종교 체험과 신비주의, 서울대학교출판문화원, 2017
- 아빌라의 테레사, 황혜정 옮김, 내면의 성(Interior Castle), 요단, 2011
- 아서 코난도일, 백영미 옮김, 셜록홈즈 전집 4, 황금가지, 2002
- 안경전, 환단고기 역주본, 상생출판, 2012
- 알랭 드 보통, 정영목 옮김, 행복의 건축, 이레, 2007
- 오이겐 헤리겔, 정창호 옮김, 마음을 쏘다, 활_일상을 넘어 비범함에 이르는 길, 걷는 책, 2017

- 움베르토 에코, 토마스 세벅 역음, 김주환, 한은경 옮김, 셜록홈즈, 기호학자를 만나다, 이마, 2016
- 웬디 도니거, 최화선 옮김, 암시된 거미, 이학사, 2020
- 윤석산, 동학교조 수운 최제우, 모시는사람들, 2013
- 윤홍기, 땅의 마음(The Mind of Land), 사이언스북스, 2011
- 이진경, 근대적 시공간의 탄생(개정증보판), (주)그린비출판사, 2010
- 정재서, 한국 도교의 기원과 역사, 이화여자대학교출판부, 2008
- 조나단 스미스, 방원일 옮김, 자리잡기_의례 내의 이론을 찾아서, 이학사, 2009
- 존 홀트, 공경희 옮김, 아이들은 왜 실패하는가?, 아침이슬, 2007
- 줄스 에반스, 서영조 옮김, 철학을 권하다, 더퀘스트, 2012
- 최원석, 사람의 지리_우리 풍수의 인문학, 한길사, 2018
- 최의창, 가지 않은 길_인문적 스포츠교육론 서설(개정증보판), 레인보우북스, 2015
- 카렌 암스트롱, 배철현 옮김, 성서이팩트, 세종서적, 2007
- 카렌 암스트롱, 정영목 옮김, 스스로 깨어난 자 붓다, (주)도서출판 푸른숲, 2015
- 카렌 암스트롱, 정준형 옮김, 신을 위한 변론, 웅진지식하우스, 2010
- 콜린 엘러드, 문희경 옮김, 공간이 사람을 움직인다-마음을 지배하는 공간의 비밀, 더퀘스트, 2016
- 클리프턴 월터스, 성찬성 옮김, 무지의 구름(The Cloud of Unknowing), 바오로딸, 1997
- 페터 볼레벤, 강영옥 옮김, 자연의 비밀 네트워크, 더숲, 2018
- 플라톤, 이상인 옮김, 메논 – 원제 Menon, 정암고전총서 플라톤 전집, 이제이북스, 2009
- 토머스 쿤, 김명자, 홍성욱 옮김, 과학혁명의 구조, 까치글방, 2016
- 휴버트 드레이퍼스, 숀켈리, 김동규 옮김, 모든 것은 빛난다, 사월의 책, 2013
- Arthur Jackson Ellis, The Divining Rod: A History of Water Witching, Blacksmith Fork River, 1917
- Bird C, The divining hand. London, Macdonald and James, 1979
- Brian Stock, Augustine the reader, Harvard University Press, 1996
- Christian Norberg-Schulz, Genius Loci: Towards a Phenomenology of Architecture, Rizzoli, 1979
- Daniel Goleman, Richard J. Davidson, Altered Traits, Avery, 2017
- David Bentley Hart, The Experience of God_Being, Consciousness, Bliss, Yale University Press, 2013
- E. Husserl, Ideas: General Introduction to Pure Phenomenology, Allen & Unwin, 1931
- E.R.E Reymond, The mythological origin of the Egyptian Temple, Manchester University Press, 1969
- F. C. Happold, Mysticism_A Study and Anthology, Penguin books, 1990

- Francis Pryor, Stonehenge_The story of a sacred landscape, Head of Zeus, 2016
- Freddy Silva, The Divine Blueprint, Invisible Temple, 2016
- Helen Palmer(Editor), Inner Knowing, New Consciousness Reader, 1998
- Henri Lefebvre, The Production of Space, Wiley-Blackwell, 1991
- Hong-Key Yoon(Editor), Pungsu-A study of geomancy in Korea, Introduction, SUNY, 2017
- Jeffrey J. Kripal, The Flip, Bellevue Literary Press, 2019
- Jules Evans, The art of Losing control, Canongate books, 2017
- Julian Jaynes, The Origin of Consciousness in the break down of the Bicameral mind, Mariner Books, 2000
- Julio Bermudez(Editor), Transcending Architecture_Contemporary views on Sacred space, CUA Press, 2015
- Marko Pogacnik, Sacred Geography, Lindisfarne books, 2007
- Micea Eliade, Shamanism, Princeton University Press, 2004
- Micheal Schmicker, Best evidence(2nd edition), Writer's Club Press, 2002
- M. Laski, Ecstasy in secular and religious experiences, Tarcher, 1990
- Patricia Ryan Madson, Improv wisdom_Don't prepare, Just show up, Bell Tower, 2005
- Pierre Hadot, Philosophy as a way of life, Blackwell publishing, 1995
- Richard Rojcewicz, The gods and technology_A reading of Heidegger, SUNY, 2006
- Rupert Sheldrake, Science and Spiritual Practices, Coronet, 2017
- W. Timothy Gallwey, The Inner Game of Tennis, Random House, 2008
- Werner Heisenberg, Physics and Philosophy: The Revolution in Modern Science, Penguin Classics, 2000

부록1: Ekstasis: Displacement of perception and its connection to spatial understanding (Architecture, Culture and Spirituality Forum, 10th, 2018)

부록2: (사)한국정신과학학회, 정신과학문화원, 기탐지평가사 제도, 토지품질(명당)인증제도 소개

부록1

Ekstasis: Displacement of perception and its connection to spatial understanding

※ 본 논문은 필자가 2018년 University of Miami(School of Architecture)에서 개최된 Architecture, Culture and Spirituality Forum에서 발표한 내용이다. ACSF는 영성, 신성에 기반하여 건축의 프론티어를 확장시키려는 학자들의 모임으로서 미국 내 주요대학의 교수진과 연구자들이 속해있다. 특히 그 중 The Catholic University of America의 Julio Bermudez교수는 '비범한 건축 공간 경험'이라는 개념을 매개로 영적인 공간의 특징과 이를 설계에 반영시키고자 하는 노력을 수년간 진행중이다.

Ekstasis:

Displacement of perception and its connection to spatial understanding

Summary statement

In this paper, I would like to put an emphasis on a conceptual and practical understanding of 'Ekstasis' in human perception and its bond to spatial understanding. Ekstasis is an act of dis-placing one's own individuality to apprehend a reality as it is. This idea of displacement leads to the term called "Extrasensory perception", which is the perception out of sensory organs. The research on the kinesiological response from bodily muscles opens the door to its evidential clarity. Applying this mode to the ancient conceptions of the science of building, one comes to know the subtle picture that has been hidden under the ordinary consciousness. It is the extra-ordinary way of seeing that makes it possible to appreciate the ancient architecture in a proper sense. And this, in turn, can contribute a substantive potential to the architectural community for better comprehension and management of space as a whole.

Topic

1. What do we see? What can we see?
2. Ek-stasis (Ek[out of]+Stasis[to stand])
3. Extrasensory Perception as a way of seeing deeper reality
4. Ancient placement rediscovered
5. New perspective to New architecture

1. What do we see? What can we see?

Alain de Botton's claim 'we are, for better or for worse, different people in different places[1]' poses a critical concern on the nature of human dwelling. There is a strong belief,

---

1) Alain de Botton, The architecture of happiness (New York: Pantheon books, 2006), p. 13.

in many parts of the world, that the location one occupies influences one's life for better or for worse. Notable cases are found in the studies of Feng Shui[2], Vastu Shastra[3] and Tajul muluk[4] which are all various forms of doctrines that concentrate on the prosperity of human beings by locating proper placement. The question is how to identify it in reality. The problem of placement is what Thomas Huxley also tried to convey in his classic 'Man's place in Nature[5]' by raising the query on the problem of ascertainment of the place, with his deep concern 'what are the limits of our power over nature?' The interesting accounts from over painted engravings at Lascaux[6] and the peculiar place-finding attempt of Gotama right before his nirvana[7] adds more curiosity. What was the distinctive ability that enabled people to find places that "seemed to speak of "something else[8]", "the centers that brought

---

2) Feng shui is a pseudoscience originating from China, which claims to use energy forces to harmonize individuals with their surrounding environment. Source: "Feng Shui," Wikipedia (accessed April 28, 2018), https://en.wikipedia.org/wiki/Feng_shui.

3) Vastu shastra is a traditional Hindu system of architecture which literally translates to "science of architecture. Source: "Vastu shastra," Wikipedia (accessed April 28, 2018), https://en.wikipedia.org/wiki/Vastu_shastra.

4) Tajul Muluk is the most commonly used name for the Malay system of geomancy, comprising metaphysical and geomantic principles considered when siting or designing buildings to improve and maintain well-being. Source: "Tajul Muluk," Wikipedia (accessed April 28, 2018), http://en.wikipedia.org/wiki/Tajul_muluk.

5) Thomas Huxley, Man's place in nature and other essays. London and Toronto: J. M. Dent&Sons, 1927.

6) Karen Armstrong's 'The case for god' poses the similar interest about the placement. In her investigation on the frescoes and engravings in the underground caverns of Lascaux in the Dordogne, she writes "They often painted new pictures over old images, even though there was ample space nearby. It seems that location was crucial and that, for reasons we cannot fathom, some places were deemed more suitable than others." Karen Armstrong, The Case for God (New York: Anchor, 2010), p. 28.

7) "…First, he circled the tree, trying to find the place where all the previous Buddhas had sat when they had won through to Nibbana, but wherever he stood, "the broad earth heaved and sunk, as though it was a huge cartwheel lying on its hub, and somebody was treading on its rim." Eventually, Gotama approached the eastern side of the tree, and when he stood there, the ground remained still. Gotama decided that this must be the 'immovable spot' on which all the previous Buddhas had positioned themselves, so he sat down in the asana position facing the east, the region of the dawn, in the firm expectation that he was about to begin a new era in the history of humanity." The whole episode is eloquently described in the Nidana Katha, the scripture that captures the story of Gotama Buddha. Karen Armstrong, Buddha (New York: Penguin Books, 2004), pp. 88-89.

8) Ibid, p. 41. Original references: Eliade, Patterns in Comparative Religion, 367–88.; Mircea Eliade, The Sacred and the Profane: The Nature of Religion, trans. Willard R. Trask (New York, 1959), 50–54, 64; Mircea Eliade, Images and Symbols: Studies in Religious Symbolism, trans. Philip Mairet (Princeton, N.J., 1991), pp. 37–56.

heaven and earth together and where the divine potency seemed particularly effective[9]?"

2. Ek-stasis (Ek[out of]+Stasis[to stand])

The questions concerning the ascertainment of the place and the conceptions of a certain type of perceptive ability can be associatively linked to one general postulation. That is, for acquiring a proper and correct awareness of a subject, the observer needs to abandon conventional and self-oriented outlook and attentively surrender all sensory-based perceptions[10]. The ancient Greek word 'Ekstasis' captures this mental operation with its meaning "stepping out" from a habitual, self-bound consciousness that enabled man to apprehend a reality that is called "god" [11]. The prefix 'ek (extra)' distinctively implies 'a conscious effort of erasing or annihilating', which is the core exertion in the whole procedure that is closely correlated to the history of religious practices. Extending from this basis, in any attempts for acquiring a deeper awareness of a subject, the perception that is successfully detached from sensory inputs is what is called for. The extra-sensorial engagement is what needs to be operated[12]. Extrasensory perception (ESP)[13] is a reception of information not gained through the recognized physical senses. It is a form of direct

---

9) Ibid, p. 47.
10) The author classifies the perception into three categories. 1.' Sensory perception' involves, in a traditional sense, reception of information gained through the physical senses such as sight, hearing, taste, smell, and touch. 2. 'Higher sensory perception' concerns a dealing of a larger amount of information acquired by senses. Well known examples are the manifestations of psychic abilities such as telepathy, clairaudience, trans-temporal operations involving pre or retro-cognition and etc. Due to such restraints, it still relies on the sensory organs, and the processing of organization, identification and interpretation of the brain. 3. See above for Extrasensory perception.
11) Karen Armstrong, The Great Transformation: The Beginning of Our Religious Traditions (New York: Anchor, 2007), p. 467.
12) Other related notions such as 'noetic quality' driven by altered states of consciousness(W. James), 'Numinous' (R. Otto), 'de-automatization' (A. Deikman), and diverse 'mystical practices' in world religious order share the same primacy of dropping 'discursive intellect' over 'ready-to-be-revealed truth'.
13) The term was adopted by Duke University psychologist J. B. Rhine to denote psychic abilities such as intuition, telepathy, psychometry, clairaudience, and clairvoyance, and their trans-temporal operation as precognition or retrocognition. However, I argue for the different definition of ESP. Noel Sheehy; Antony J. Chapman; Wendy A. Conroy, Biographical Dictionary of Psychology (Taylor & Francis, 2002), p. 409.

perception, an immediate apprehension independent of any reasoning process. However, is there any proof that this particular type of perception is palpable? And most of all, can we facilitate this perception in everyday lives?

3. Extrasensory Perception as a way of seeing deeper reality

In the late 1970s, Dr. G. Goodheart published the results of his research on the application of kinesiology. He argued that the food with harmful ingredients decreases the strength of muscle whereas with healthy ingredients causes the opposite. Refined research on the relationship between muscle strength and emotional stimuli was conducted by Dr. J. Diamond[14]. From these observations, the significance has been drawn that human body is always in a certain cognitive state. What is compelling is that this particular cognition is something that humane intelligible fails to apprehend. The conclusive evidence is body knows something at a level far below conceptual consciousness and it was able to signal through muscle strength[15].

Among other body-awareness mechanisms, a technique called 'dowsing[16]' is a relatively easy way to detect such non-ordinary awareness. Numerous tests indicate that when engaged, the tools[17] give a clear response(s) at certain spots across the field. Such signals disclosed through the body are certainly things that are not in line with the rationale.

---

14) D. Hawkins, Power Vs Force (Carlsbad: Hay House Inc., 2005), p. 3.
15) Ibid, p. 3.
16) Dowsing is a 'type of divination employed in attempts to locate ground water, buried metals or ores, gemstones, oil, grave sites, and many other objects and materials, as well as so-called currents of earth radiation (Ley lines), without the use of scientific apparatus'. "Dowsing," Wikipedia (accessed April 28, 2018), https://en.wikipedia.org/wiki/Dowsing. Similar applications such as BPE-Method, radiesthesie, rhabdomancy, bio-location and others may have different names but shares the same principles of operation.
17) Tools for dowsing can be several. Mostly L-shaped and Y-shaped rod is used and in some cases a pendulum is also employed.

What these phenomenal evidence capture is the confirmation of 'other' perceptive system that is at work. This system is able to cognize something the ordinary mind ignores. Like involuntary muscles that contract without conscious control or the respiratory system that provides oxygen to the body at its own self-regulation, this is the system of perception that is 'profoundly natural' but somehow veiled in oblivion. How does this system of knowing relate to the understanding of space?

4. Ancient placement rediscovered

Identification of ESP in human cognition has ignited critical search for its proper application. Throughout the years of concentrating and deepening the conscious experience of it in diverse fields, what is known as 'space' has come to be apprehended from a fresh perspective. Numerous field researches have been executed in the ancient heritages around the world and the existence of certain forces have been discovered and classified in terms of their subtle coherency to the built manifestation. Diverse mounds, dolmens, stone circles, statues, temples, and churches have emerged as coordinately positioned entities within proper resonance with the forces. It is well known that throughout the history people have taken great interests in inquiring ways to harmonize the human dwelling with the surrounding environment. They all implicate the belief that there are flows of forces[18] at play on the surface of the earth that affect the condition of human life. What ESP has brought forth was the 'fitting' verification that such forces do exist in nature.

From the years of observation carried out by 'Self-realization Institute' in Korea which has been expertizing in the field of ESP and other contemplative practices over 30 years, a total of 15 force types have been compiled as the effective forces to built environment and human condition. What follows next is the description of one particular force[19] that has been

---

18) Well known terms are 'qi' from Feng shui, 'prana' from Vastu Shastra and the modern conceptions on the similar conviction include terms like 'Ley line' and diverse energetic grid patterns that run across the field.
19) There are total of 15 force types which have been compiled as the effective forces to built environment and human condition. The study has been carried out by 'Self-realization Institute' in Korea led by Master Sirl, who has been expertizing in the field of ESP and other contemplative practices over 30 years.

measured on the ancient heritages of spiritual significance.

- Cylindrical force from above -

This is a type of force that falls perpendicularly from above in the shape of 'cylinder'. 'Above' refers to the celestial domain which suggests that it is some kind of 'interaction' point between the earth and the celestial. It might be seen as 'cosmic pillar' or 'axis mundi[20]' as some of the myths briefly address. The force has a configural duality that every positive force has a corresponding force of negativity.

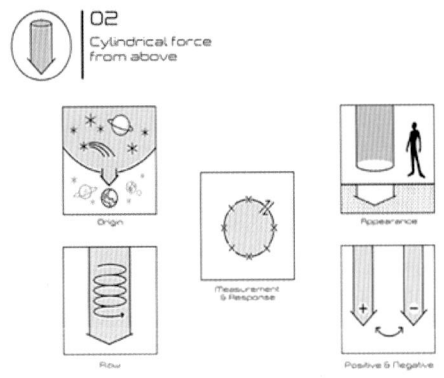

Fig 1. Features of 'Cylindrical force from above'. Illustration by H.S Suh

Interestingly, almost every known 'sacred[21]' places and buildings were measured to be under the influence of this force type. The cause for this distinctive correlation is not explicitly apprehended but if the purpose of the religion is to lead the devotees to resemble 'cosmos' or be 'Nature', the spatial quality that holds for such premise must be in line with it, by placing its architecture at the very same quality[22] so that people could encounter the ultimate subsequently. This leads to a probable interpretation of why people in the

---

20) In certain beliefs and philosophies, it is the still point of calm, the world center where Heaven and Earth are connected, and the spot on which human beings encounter the Real and the Unconditioned. Karen Armstrong, Buddha(New York: Penguin Books, 2004), p. 89.
21) Sacred places refer to the places that are known to have functioned as religious or spiritual worship such as temples, sanctuaries, mosques, churches, and shrines.
22) It is the place where the divine energies pour into the world, where humanity encounters the Absolute and becomes more fully itself. Ibid, p. 90.

ancient talked about the notion of 'positive spot' or 'divine site' where their god or spiritual leader must sit.

Fig 2. Buddha statues in Korea with the 'Cylindrical force from above'. Photograph and drawing by H.S Suh

Fig 3. Great Pyramids and Great Sphinx in Giza with the influencing forces of 'Cylindrical force from above'. Photograph and drawing by H.S Suh

the task of human beings to realize this 'given-ness' and prove it by actual exercise. I hope the contents of this paper offers an inkling of what is possible in the search for the architecture that is sacred and timeless.

부 록2

(사)한국정신과학학회 소개
부설 정신과학문화원 소개
기탐지평가사 제도 소개
토지 인증제도 소개

서울 강남구 테헤란로 53길 17, 청송빌딩 3층, 02-538-7871, bmsscience@naver.com

인간과 자연계에서 나타나는 다양한 정신능력과 자연현상들 가운데에는 기존의 과학에서 무시하거나 인정하지 않는 능력과 현상들이 있다. 이러한 능력과 현상들은 실제로 존재하는 인간의 능력이며 자연현상들로서 단순히 기존의 과학으로 이해되지 않는다고 해서 도외시할 수 없다. 하지만 이를 이해하고 설명하기 위해서는 서양의 심신이원적인 기계론적 사고체계를 뛰어넘는 전혀 다른 새로운 과학적 세계관이 필요하다. 이 세계관은 인간과 우주 또는 정신과 물질이 하나라는 심신일원적인 전체론적 세계관을 의미한다. 이 전체론적 세계관은 이미 동양에서 수 천년 전부터 보편화되어 온 사고체계이다.

현대과학과 자본주의에 의해 야기된 현대사회의 문제점들은 환경의 오염을 비롯하여 자원의 고갈, 핵폭탄에 의한 전쟁의 위협, 오존층 파괴로 인한 기상이변, 식량부족, 지구의 사막화, 범죄의 증가, 가치관의 혼란, 도덕성 상실, 각종 질병의 확산 등 열거하기 어려울 정도로 많다. 이 문제점들은 크게 1)자연파괴와 2)인간성 상실의 두 가지로 나누어 볼 수 있다.

이는 모두 인간과 자연을 물질적인 존재로만 인식하고 인간의 정신을 무시한 서양의 우주관에서 비롯된 병폐라고 해도 과언이 아니다. 한국정신과학학회는 이러한 문제점을 해결하기 위해, 인간과 자연에 대한 깊은 이해와 깨달음을 바탕으로, 서양의 기계론적 사고체계에서 벗어나 동양의 전체론적 사고체계 아래 1)기존의 과학이 설명하지 못하였던 다양한 정신현상과 자연현상들을 포괄적으로 설명할 수 있는 새로운 과학적 패러다임의 창출과 2)자연을 파괴하지 않는 신과학기술의 개발 및 3)인간에 내재되어 있는 무한한 잠재능력을 개발하여, 인류사회에 응용될 수 있는 새로운 과학을 창출하는 것을 목적으로 하고 있다.

본 학회는 이러한 목적을 달성하기 위해 1)전통사상 연구 2)초의식 연구 3)생체에너지 연구 4)신과학 연구 등 4 가지 기본적인 연구분야에서 학문적인 연구와 정보 교환의 중추적인 역할을 수행하고 있다. 기존 주류적인 사고체계를 따르면 해석할 수 없는 다양한 현상들을 제대로 이해하고 해석하려면 기존의 습관적인 사고체계를 벗어나, 정신과 물질이 하나라는 아주 오래된 동/서양의 고대의 지혜와 양자물리학의 주장을 근거로 새로운 사고체계를 익혀야한다. 이에 본 학회는 의식과 물질이 하나라는 심신일원론적 사고에 입각해서 밝혀낸 인간과 자연에 관한 사실들을 학술대회, 월례회 등을 통해서 연구업적으로 발표해왔다. 본 학회가 주장하고 보급하고자 하는 이러한 새로운 사고체계는 이제 우리나라뿐만 아니라 세계의 여러나라가 직면한 한계를 넘어설 창조와 혁신의 세계를 활짝 열 사고체계이다. 소위 의식의 지평을 열어 Paradigm Shift를 일어나게 하는 바로 그 사고체계이기도 하다.

본 학회는 앞으로 각종 학술대회와 강연회 및 학회지 발간 등을 통한 출판 활동과 국제적인 학술교류 등을 주도적으로 추진할 것이다. 다가오는 미래에는 인간의 무한한 잠재능력의 개발과 자연에 대한 깊은 깨달음을 바탕으로 하는 새로운 정신과학적 세계관이 펼쳐질 수 있도록 최선의 노력을 할 예정이다.

(사)한국정신과학학회 부설 정신과학문화원

사람들은 대개 몸과 마음의 건강을 따로따로 생각합니다. 더욱이, 막상 가슴 아픈 일이 생겨야 몸도 같이 망가짐을 알지만, 마음의 건강을 다지는 일은 생각 밖에 있습니다. 마음의 건강을 지나치는 것입니다. 즉 건강한 육체에 건전한 정신이 깃든다는 말은 곧잘 하면서도, 몸을 단련하여 정신의 건강을 다진다는 생각은 하지 않습니다. 여기까지 생각하면 건강은 몸과 마음 모두에 연관된 것으로 동의합니다.

그러나 또 있습니다. 영혼의 안녕입니다. 그래서 세계보건기구도 여러 나라의 상치되는 의견을 조정하여 영혼의 건강을 건강의 덕목으로 삽입하였습니다. 대체로 영혼은 종교의 영역으로 치부합니다. 그렇다고 종교가 없으면 영혼이 없고, 종교가 달라진다고 영혼도 바뀌는 것은 아닙니다. 종교가 있건 없건 영혼은 존재하고, 따라서 그들의 세계는 있습니다. 영혼의 존재와 세계를 현재 지식으로 직접 알 수 없다면, 간접적인 방법으로라도 알고자 합니다. 바로 (사)한국정신과학학회와 부설 문화원이 추구하는 목적 중의 하나입니다.

우리의 전통 속에는, 오랜 동안 잊힌 채 지났지만, 분명히 영혼의 건강을 다스리는 지혜가 있었고, 비밀스럽게 이어져 왔습니다. 비밀스러우면 보편성이 사라지고 잘못 전달되므로 들어내게 하고 고쳐야 함도 학회와 문화원의 할 일입니다.

사람이 사람다우려면 몸이 건강해야 합니다. 몸이 어떤 이유로 장애가 있어도 마음이 건강하면 겉보기로 멀쩡한 사람보다 장애 이외의 질병 없이 행복하게 삽니다. 몸이 건강하면 영혼도 같이 건강해집니다. 거꾸로 영혼이 건강하면 정신이 건전하고, 몸 또한 질병 상태를 벗어납니다. 어떤 의학으로도 고치지 못하는 질병을 가진 사람이 특정 종교에 귀의하여 거짓말 같이 낫는 경우가 증명합니다. 사람을 사람 되게 하는 정신, 그 정신의 바탕인 영혼이 아무리 훌륭해도 몸이 없으면 일단 사람이 아닙니다. 몸은 그만큼 중요합니다. 몸을 닦아서 건전한 정신을 담고, 그 건전한 정신을 바탕으로 영혼의 세계를 풍요롭게 만듭니다.

정신과학문화원은 이에 대한 연구를 하고 있습니다. 전통 지혜와 건강 습득 방법을 집중적으로 연구한 분들이 주축이 되어 실체적인 연구를 지속하고 있습니다. 지식과 지혜는 나눌수록 커진다고 생각합니다. 문화원에서 진행하고 있는 연구 범위의 틀에 매이지 않으려고 노력하며 관련된 다양한 지식과 타 수행방식 또한 존중하며 장점들을 배우려고 합니다. 아모쪼록 많은 분들의 관심과 동참 바라며 앞으로 문화원이 다양한 분야에 새로운 성찰을 제공해줄 수 있는 장이 될 수 있도록 노력하겠습니다.

기탐지평가사 제도

그동안 우리 사회는 서양과학에 맹신적이어서 눈에 보이지 않는 것을 감지할 수 있는 능력을 외면하였고, 오히려 우리의 우수한 전통에 기인한 많은 지혜와 현상을 인정하지 못하였다. 예컨대 본 학회의 여러 회원들이 감지할 수 있는 수맥은 과학적인 장비로 검증하지 못한다는 이유로 무시되었고, 무당은 신과 대화가 가능한 초능력자들이지만 정당한 대우를 받지 못하였다. 중국은 기공사 제도를 국가적으로 운영하고있다. 우리나라는 기나 기공에 관한 역사는 오래되었으나 제도상 기준이 없어 누가 정말 실력자인지, 그 실력의 평가기준은 무엇인지 모호할 뿐이다. 따라서 이러한 현상을 연구하는 학회로서는 능력을 검증할 수 있는 방법과 기준을 마련하여 능력자로서 당당하게 대접받을 수 있는 바탕을 마련하는 것이 필요하다고 보았고 이에 정신과학문화원은 2004년 개원 후 첫 번째 사업으로 기를 측정하는 능력이 있는 사람, 즉 "기탐지평가사"라는 명칭으로 검정기준 및 육성 방안을 마련하고 자격증을 발행하고있다. "기탐지평가능력" 가운데 첫째 관문인 수맥을 검지할 수 있는 능력을 "기탐지능력 3등급", 전통 풍수지리에서 논하는 형기생기를 검지할 수 있는 능력을 "기탐지능력2급", 마지막으로 신성하고 성스러운 공간과 그에 상응하는 지기를 탐지할 수 있는 능력을 "기탐지능력1급"으로 규정하고 검정시험을 실시해오고있다.

- 기탐지평가사 시험 검정기준

① 3급 검정기준: 수맥을 탐지하고 수맥도를 정확하게 그려낼 수 있는 능력
② 2급 검정기준: 전통풍수에서 명당을 찾을 수 있는 기준이 되는 "형기생기(形氣生氣)"를 탐지할 수 있는 능력
③ 1급 검정기준: 석굴암, 마니산 참성단, 이집트 피라미드, 앙코르왓트, 그리스 신전, 스톤헨지, 우드헨지, 각종 고인돌 등의 신성한 입지를 탐지할 수 있는 능력
- 측정하는 수단은 어떤수단 - 도구(기역자 봉 또는 동자, 추, 펜둘럼 등)사용, 손의 촉감이나 시력을 포함한 오감, 청신(請神)-도 불문한다.
- 2급은 3급, 1급은 2급 자격 합격자에 한하여 응시자격이 주어짐.

- 응시자격

① 학력, 경력, 국적 제한 없음
② 다만 자격증 발급 시 민법이 정하는 금치산자 등 사회활동에 제한적 인사는 제외

- 검정인증 소지자 혜택

① 학회 홈페이지에 합격자 명단 상시 공지

② 하급자에 대한 지도자 자격 부여

③ 언론 매체 및 외부의 탐지사 요청시 우선 추천

④ 향후 학회 컨설팅사업의 대외 컨설턴트로 활용

※ 기탐지 평가사의 컨설팅은 터의 지기 감별을 통해 유해/유익 정도를 정확하게 파악함은 물론 유해한 경우 해당하는 지기를 상쇄시키는 형상 에너지적인 처방까지 아우르는 서비스이다. 처방을 통해 유해한 곳은 유익한 곳으로 변화하며 그 터에 사는 사람들의 건강, 행복, 풍요의 증진에 유익한 영향을 끼치는 명당으로 기능하게된다.

토지품질(명당)인증제도 소개

인체가 전자파에 영향 받듯이 인체는 지구 자체의 의하여 발생하는 비정상적 에너지나 파동에 의하여 영향 받는다. 전자기파도 유해한 것이 있고 치료에 활용되는 것도 있듯이 지구가 발생하는 에너지와 파동도 인체에 유해한 것도 있고, 유익한 것도 있다. 땅 밑에 수맥이 지나는 자리에 장기간에 걸쳐서 지속적으로 노출되면 병에 걸리기 쉽다는 것은 이미 잘 알려져 있다. 예민한 사람은 잠깐 동안만 노출되어도 느끼기도 한다. 그 외에도 동양에서는 풍수지리라고 하여 좋은 자리를 택하고 나쁜 자리를 피하고자 하는 노력을 기울여 왔다.

(사)한국정신과학학회는 토지의 좋고 나쁨과 그 위치를 평가할 수 있는 능력을 갖춘 전문가들인 지기 탐지 평가사를 양성하고 인증해왔다. 사람들이 좋은 자리를 선택하고 나쁜 자리를 피하며 나아가서는 의도적인 파동을 생성해주는 도구를 이용하여 좋은 파동은 강화하고 나쁜 파동은 중화시킨다면 토지 사용의 효율성을 높일 수 있다. 이러한 취지에서 토지품질 인증제도를 운영하고 있다. 토지품질을 평가하여 신청한 토지 내에 수맥의 위치나 다른 좋고 나쁜 에너지들의 흐름 위치를 평가해준다. 또 그 질적 수준을 평가하여 우수한 품질의 토지에 대해서는 그에 해당하는 명당등급을 부여하고 있다.

- 심사절차

① 심사의뢰(지적도, 사진, 영상 등의 자료와 함께): 토지 혹은 주거 공간 관련 자료와 추구하는 용도, 사용자의 삶의 목표 명확히 기술 (서류심사비 납부)
② 서류심사: 1차 평가로 지적도에 의한 원격 심사로 이루어짐
- 서류심사에서 명당등급 인증 가능 토지는 현장심사 단계로 들어간다.
- 명당등급에 못 미치는 토지는 종료하거나(간략한 피드백), 신청자가 원할 경우 현장 심사로 들어간다.
- 단, 지기 처방 후 처방된 토지에 대해서도 서류심사를 받을 수도 있다.

③ 현장 심사를 위한 심사비를 납부한다.
④ 현장 심사 준비(심사계획 수립, 심사위원회 구성, 일정수립, 기록방식 논의 등)
⑤ 현장 심사 실시
⑥ 심사위원 회의 및 평가

⑦ 보고서 작성(종합점수, 주요 지기 분포도, 용도 평면 스케치, 유해지기 차단 가능성 판단*별도 컨설팅)

⑧ 보고서 Feedback 및 인증서 수여(명당인증이 된 경우에만 인증서 수여)
- 우수한 토지가 아닌 경우는 명당 인증서는 부여하지 않는다. 다만 원토지는 우수품질에 못 미쳤으나 지기 처방을 통해서 토지 품질이 우수한 수준으로 간 경우에도 인증서를 부여한다.

'초감각적 지각' 탐구 보고서:
풍수지리와 건축

발 행 일 : 2021년 5월 20일(초판)
지 은 이 : 서 현 수
펴 낸 이 : 김 미 정
펴 낸 곳 : 창조 현진
　　　　　춘천시 강원대학길 1 천지관 2층
등　　록 : 강원도 춘천시 제302호
온라인주문 : knu7337@hanmail.net